GESTÃO DA QUALIDADE

O GEN | Grupo Editorial Nacional – maior plataforma editorial brasileira no segmento científico, técnico e profissional – publica conteúdos nas áreas de ciências sociais aplicadas, exatas, humanas, jurídicas e da saúde, além de prover serviços direcionados à educação continuada e à preparação para concursos.

As editoras que integram o GEN, das mais respeitadas no mercado editorial, construíram catálogos inigualáveis, com obras decisivas para a formação acadêmica e o aperfeiçoamento de várias gerações de profissionais e estudantes, tendo se tornado sinônimo de qualidade e seriedade.

A missão do GEN e dos núcleos de conteúdo que o compõem é prover a melhor informação científica e distribuí-la de maneira flexível e conveniente, a preços justos, gerando benefícios e servindo a autores, docentes, livreiros, funcionários, colaboradores e acionistas.

Nosso comportamento ético incondicional e nossa responsabilidade social e ambiental são reforçados pela natureza educacional de nossa atividade e dão sustentabilidade ao crescimento contínuo e à rentabilidade do grupo.

LUIZ CESAR RIBEIRO CARPINETTI

GESTÃO DA QUALIDADE
Conceitos e Técnicas

3ª Edição

gen | atlas

O autor e a editora empenharam-se para citar adequadamente e dar o devido crédito a todos os detentores dos direitos autorais de qualquer material utilizado neste livro, dispondo-se a possíveis acertos caso, inadvertidamente, a identificação de algum deles tenha sido omitida.

Não é responsabilidade da editora nem do autor a ocorrência de eventuais perdas ou danos a pessoas ou bens que tenham origem no uso desta publicação.

Apesar dos melhores esforços do autor, do editor e dos revisores, é inevitável que surjam erros no texto. Assim, são bem-vindas as comunicações de usuários sobre correções ou sugestões referentes ao conteúdo ou ao nível pedagógico que auxiliem o aprimoramento de edições futuras. Os comentários dos leitores podem ser encaminhados à **Editora Atlas Ltda.** pelo e-mail faleconosco@grupogen.com.br.

Direitos exclusivos para a língua portuguesa
Copyright © 2016 by
Editora Atlas Ltda.
Uma editora integrante do GEN | Grupo Editorial Nacional

Reservados todos os direitos. É proibida a duplicação ou reprodução deste volume, no todo ou em parte, sob quaisquer formas ou por quaisquer meios (eletrônico, mecânico, gravação, fotocópia, distribuição na internet ou outros), sem permissão expressa da editora.

Rua Conselheiro Nébias, 1384
Campos Elísios, São Paulo, SP – CEP 01203-904
Tels.: 21-3543-0770/11-5080-0770
faleconosco@grupogen.com.br
www.grupogen.com.br

Designer de capa: Leônidas Leite

Projeto Gráfico e Editoração Eletrônica: Lino Jato Editoração e Bureau

DADOS INTERNACIONAIS DE CATALOGAÇÃO NA PUBLICAÇÃO (CIP)
(CÂMARA BRASILEIRA DO LIVRO, SP, BRASIL)

Carpinetti, Luiz Cesar Ribeiro
    Gestão da qualidade: conceitos e técnicas / Luiz Cesar Ribeiro Carpinetti. – 3. ed. – [3. Reimpr.]. – São Paulo: Atlas, 2019.

    Bibliografia.

    ISBN 978-85-97-00391-8

    1. Controle de qualidade 2. Qualidade total – Gerenciamento I. Título.

09-12501
CDD-658.4013

Dedico este livro aos seus leitores.

Material Suplementar

Este livro conta com o seguinte material suplementar:

- *Ilustrações da obra em formato de apresentação (restrito a docentes)*

O acesso ao material suplementar é gratuito. Basta que o leitor se cadastre em nosso *site* (www.grupogen.com.br), faça seu *login* e clique em GEN-IO, no menu superior do lado direito.

É rápido e fácil. Caso haja alguma mudança no sistema ou dificuldade de acesso, entre em contato conosco (gendigital@grupogen.com.br).

genio
GEN | Informação Online

GEN-IO (GEN | Informação Online) é o ambiente virtual de aprendizagem do GEN | Grupo Editorial Nacional, maior conglomerado brasileiro de editoras do ramo científico-técnico-profissional, composto por Guanabara Koogan, Santos, Roca, AC Farmacêutica, Forense, Método, Atlas, LTC, E.P.U. e Forense Universitária. Os materiais suplementares ficam disponíveis para acesso durante a vigência das edições atuais dos livros a que eles correspondem.

Sumário

Introdução, 1

Parte I Evolução da Gestão da Qualidade, 9

  1 **A Evolução do Conceito e da Prática da Gestão da Qualidade, 13**

      1.1 O conceito da qualidade, 13

      1.2 A prática de gestão da qualidade, 16

          1.2.1 As contribuições de Juran, 17

          1.2.2 As contribuições de Feigenbaum, 19

          1.2.3 As contribuições de Deming, 19

          1.2.4 As contribuições de Ishikawa, 21

      1.3 O TQC no estilo japonês, 22

      1.4 Gestão estratégica da qualidade, 23

      1.5 Gestão pela Qualidade Total (GQT), 23

      1.6 Análise dos custos da qualidade, 26

      Leitura complementar, 31

      Questões, 31

  2 **Fundamentos da Qualidade e Modelos de Gestão, 32**

      2.1 Fundamentos da gestão da qualidade, 32

          2.1.1 Foco no cliente, 33

          2.1.2 Visão sistêmica de processos, 36

          2.1.3 Melhoria contínua e abordagem científica, 41

          2.1.4 Liderança, comprometimento e envolvimento, 44

      2.2 Prêmios da qualidade: modelos de excelência em gestão, 45

          2.2.1 Prêmio Malcom Baldrige, 46

          2.2.2 Prêmio da Fundação Europeia de Gestão da Qualidade (EFQM), 47

2.2.3 Prêmio Nacional da Qualidade, 48
2.2.4 Prêmio Deming, 50

Leitura complementar, 50

Questões, 50

3 Sistema de Gestão da Qualidade ISO 9001, 51

3.1 Visão geral, 51

3.2 Principais alterações da ISO 9001:2015, 53

3.3 Requisitos do sistema da qualidade ISO 9001:2015, 56

3.3.1 Contexto da organização, 57
3.3.2 Liderança, 59
3.3.3 Planejamento, 60
3.3.4 Suporte, 61
3.3.5 Operação, 63
3.3.6 Avaliação e melhoria, 65

3.3 Integração com a ISO 14001, 67

3.3.1 Diferenças dos requisitos da ISO 14001:2015 em relação à ISO 9001:2015, 68
3.3.2 Integração dos sistemas de gestão da qualidade e ambiental, 69

3.4 Certificação de sistema de gestão, 70

Leitura complementar, 72

Questões, 72

Parte II Técnicas de Gestão da Qualidade nas Operações de Produção, 75

4 Ferramentas para o Controle e Melhoria da Qualidade, 79

4.1 As sete ferramentas da qualidade, 81

4.1.1 Estratificação, 81
4.1.2 Folha de verificação, 82
4.1.3 Diagrama de Pareto, 84
4.1.4 Diagrama de causa e efeito, 87
4.1.5 Histogramas, 91
4.1.6 Diagrama de dispersão, 94
4.1.7 Gráficos de controle, 97

4.2 Ferramentas gerenciais da qualidade, 98

4.2.1 Diagrama de relações, 98
4.2.2 Diagrama de afinidades, 100
4.2.3 Diagrama em árvore, 101
4.2.4 Matriz de priorização, 103
4.2.5 Matriz de relações, 104

4.2.6 Diagrama de processo decisório (Process Decision Program Chart), 106
4.2.7 Diagrama de atividades (diagrama de setas), 107
4.3 5S, 107

Leitura complementar, 110

Questões, 110

5 Desdobramento da Função Qualidade (QFD), 111
5.1 A matriz da qualidade, 111
   5.1.1 A tabela de requisitos dos clientes, 113
   5.1.2 A tabela das características da qualidade e matriz de relações, 117
5.2 As diferentes versões de QFD, 124
   5.2.1 Versão das Quatro Fases, 125
   5.2.2 O QFD das Quatro Ênfases, 127
5.3 Aplicações e benefícios do QFD, 128

Leitura complementar, 129

Questões, 129

6 Análise do Modo e do Efeito da Falha (FMEA), 130
6.1 Etapas do método FMEA, 131
6.2 Tabela FMEA, 132
6.3 Benefícios e dificuldades da aplicação do FMEA, 140
6.4 Outras técnicas de análise de falhas, 141

Leitura complementar, 142

Questões, 142

7 Seis Sigma, 143
7.1 Nível de qualidade de um processo Seis Sigma, 145
7.2 Estrutura organizacional do Seis Sigma, 148
7.3 Método DMAIC, 150
7.4 Variações do método DMAIC, 153
7.5 Aplicação do Seis Sigma, 154

Leitura complementar, 155

Questões, 155

8 Técnicas Aplicadas ao Seis Sigma, 156
8.1 Mapeamento de processos, 157
8.2 Análise de capabilidade de processos de fabricação, 159
8.3 Teste de hipótese, 161
8.4 Gráficos de controle para variáveis, 164

8.5 Análise de sistemas de medição, 170

8.6 Análise de variância (ANOVA), 173

8.7 Experimentos fatoriais, 176

8.8 Experimentos fatoriais fracionários e princípios do método Taguchi, 182

Leitura complementar, 186

Questões, 187

Parte III Gestão Estratégica da Qualidade, 189

9 Desdobramento e Gestão de Estratégias de Qualidade e Melhoria, 193

9.1 Estratégia de manufatura, 193

9.2 Gerenciamento pelas diretrizes, 196

9.3 Requisitos de análise crítica e melhoria contínua da ISO 9001, 198

9.4 Desdobramento e implementação de melhorias estratégicas, 199

Leitura complementar, 204

Questões, 204

10 Sistemas de Medição de Desempenho, 205

10.1 Indicadores de desempenho: resultado e tendência, 207

10.2 Produtividade e eficiência, 210

10.3 Modelos de sistemas de medição de desempenho, 212

10.4 Projeto conceitual de um sistema de medição de desempenho, 215

10.5 Sistema informatizado de medição de desempenho, 227

10.6 Uso e revisão do sistema de medição de desempenho, 229

Leitura complementar, 230

Questões, 230

11 *Benchmarking*, 231

11.1 Conceituação, 231

11.2 Processo de *benchmarking*, 234

11.3 Fontes de informação de *benchmarking*, 235

11.4 Indicadores e melhores práticas, 236

11.5 Bases de dados de *benchmarking*, 237

11.6 Aspectos legais do *benchmarking*, 238

Leitura complementar, 239

Questões, 240

Apêndice, 241

Introdução

A gestão da qualidade é vista hoje, tanto no meio acadêmico como no empresarial, como um fator estratégico para a melhoria de competitividade e produtividade. Essa importância da gestão da qualidade decorre de um longo processo de evolução do conceito e da prática de gestão da qualidade, que contou com contribuições importantes de vários estudiosos, com destaque para Juran, Deming, Feigenbaum e Ishikawa.

A partir da década de 1950, o conceito de qualidade, que até então era relacionado apenas à perfeição técnica de um produto, evoluiu para adequação do produto ao uso. Por essa conceituação, qualidade pode ser desdobrada em várias características ou atributos que podem conferir ao produto adequação ao uso: além de atributos relacionados ao desempenho técnico, confiabilidade e durabilidade, outros atributos como facilidade de uso, instalação, assistência pós-venda, estética, imagem da marca, impacto ambiental e serviços relacionados, entre outros, podem ser considerados. Como essas características ou atributos de qualidade do produto são muitos e de diversos tipos, o conjunto de atributos desejáveis e a intensidade de cada atributo dependem do tipo de produto, do mercado para o qual ele se destina, do custo do ciclo de vida do produto que o mercado está disposto a pagar e, por último, do que a concorrência oferece.

Ou seja, para conquistar mercados e se manter competitivo, é preciso atender aos requisitos dos clientes quanto a produtos e serviços. O raciocínio é muito simples: clientes satisfeitos representam faturamento, boa reputação, novos pedidos, resultados para a empresa, empregos e remuneração para os funcionários. Ao contrário, cliente insatisfeito pode resultar em má reputação, dificuldade de conseguir novos pedidos, perda de faturamento e dificuldade de se manter no negócio.

Portanto, a qualidade deixou de ser um conceito relacionado apenas a aspectos técnicos, incluindo também demandas do mercado consumidor, com o objetivo de incorporar ao produto ou serviço atributos que os tornem mais atrativos e que interfiram positivamente na decisão de aquisição do produto ou serviço.

Essa evolução do conceito da qualidade a partir da perspectiva do mercado levou a um cenário em que os consumidores se tornaram mais exigentes quanto aos produtos e serviços que lhes são oferecidos. No Brasil e em outros países, a exigência dos clientes foi intensificada por regulamentações, como o Código de Defesa do Consumidor, fazendo com que as empresas, especialmente as que atuam em mercados com concorrência, passem a dar maior atenção aos clientes.

Além de adequação do produto ao uso, o preço também é um requisito importante. O preço de aquisição é, em muitos casos, um dos únicos requisitos que podem ser completamente avaliados no ato da compra. Portanto, ainda que em alguns casos o cliente esteja disposto a pagar mais por perceber maior benefício, de um modo geral (e num mercado com competição verdadeira), a qualidade será ponderada pelo preço: ganha quem atender os requisitos pelo menor preço praticado.

A gestão da qualidade também tem por objetivo reduzir os desperdícios e os custos da não qualidade nas operações de produção, melhorando a eficiência do negócio e permitindo preços mais competitivos. O raciocínio também é simples: menores desperdícios, menores custos, possibilidade de preços mais competitivos, maiores chances de manter e conquistar mercados, resultados positivos para a empresa e mais competitividade.

A ampliação do conceito de qualidade ampliou igualmente o escopo das práticas de gestão da qualidade. Como os requisitos de adequação do produto ao uso incluem não apenas requisitos intrínsecos ao produto, mas também requisitos extrínsecos ao produto, como aqueles relacionados à condição de entrega, serviços de pós-venda, entre outros, as atividades e técnicas de gestão da qualidade devem ser realizadas em todas as etapas do ciclo de vida do produto para que se minimize a chance de não atendimento dos requisitos de adequação ao uso.

Outro marco importante da evolução da prática da gestão da qualidade foi o reconhecimento de que o atendimento de requisitos de adequação ao uso na maioria das vezes não é imediato, mas decorre de um processo cíclico de aprendizagem. Por essa visão, gerenciar a qualidade é melhorar continuamente, maximizando a chance de satisfação dos clientes quanto ao atendimento de requisitos e minimizando a ocorrência de falhas e desperdícios. Mas como melhorar continuamente requer recursos, normalmente limitados, a estratégia de melhoria será influenciada também pelo que a concorrência oferece. Portanto, em ambientes competitivos, como é o caso da indústria automobilística, bens de consumo, entre outros, a gestão da qualidade tem como objetivo principal contribuir para a melhoria da competitividade do negócio frente à concorrência. Essa compreensão da relação entre atendimento de requisitos de adequação ao uso e competitividade torna a gestão da qualidade estratégica para o sucesso do negócio.

Com essa visão, a gestão da qualidade amplia ainda mais seu escopo, incluindo uma dimensão de gestão estratégica das operações de produção. Ou seja, além da gestão do atendimento dos requisitos e redução de desperdícios nas operações de produção, a gestão da qualidade objetiva o desenvolvimento de ações de melhoria a partir da análise de prioridades estratégicas para a competitividade do negócio.

Essas atividades de gestão da qualidade no ciclo de vida do produto podem ser agrupadas em dois níveis de gestão:

- nível estratégico: nesse nível, a gestão estratégica da qualidade se integra e é direcionada pela estratégia do negócio e tem por objetivo gerenciar a melhoria e mudança para capacitar a empresa a atender, de forma melhor ou igual à concorrência, aos requisitos dos clientes dos segmentos de mercado que a empresa escolheu atender e ao mesmo tempo gerar resultados financeiros satisfatórios. As decisões estratégicas sobre como competir no mercado devem guiar os esforços de melhoria da qualidade e redução de desperdícios. Além dessas questões, a gestão estratégica da qualidade inclui um processo iterativo de revisão de progresso, que consiste na análise de desempenho da empresa decorrente das decisões planejadas e implementadas e replanejamento e implementação de ações, visando à obtenção de resultados que garantam a competitividade e sustentabilidade do negócio;

- nível operacional: nesse nível, a gestão da qualidade se integra com as atividades de gestão dos processos de realização do produto (processos da cadeia de valor e de suporte). Ela tem por objetivo garantir que os atributos de produto e outros requisitos dos clientes sejam atendidos da melhor forma possível, ao mesmo tempo buscando melhoria de resultados e redução de custos da não qualidade e outros desperdícios decorrentes da falta de eficiência do sistema produtivo para gerar resultados que atendam às demandas dos clientes. Também nesse caso, a gestão da qualidade é um processo iterativo de planejamento, ação e revisão de progresso na direção da melhoria contínua dos resultados (atendimento de expectativas quanto a atributos de produto e outros requisitos) e redução dos custos da não qualidade e outros desperdícios que geram ineficiência do sistema produtivo.

A Figura 1 ilustra esses dois processos de gestão da qualidade nos níveis estratégico e operacional, que se integram aos processos de gestão estratégica do negócio e de gestão das operações dos processos de realização de produto e suporte.

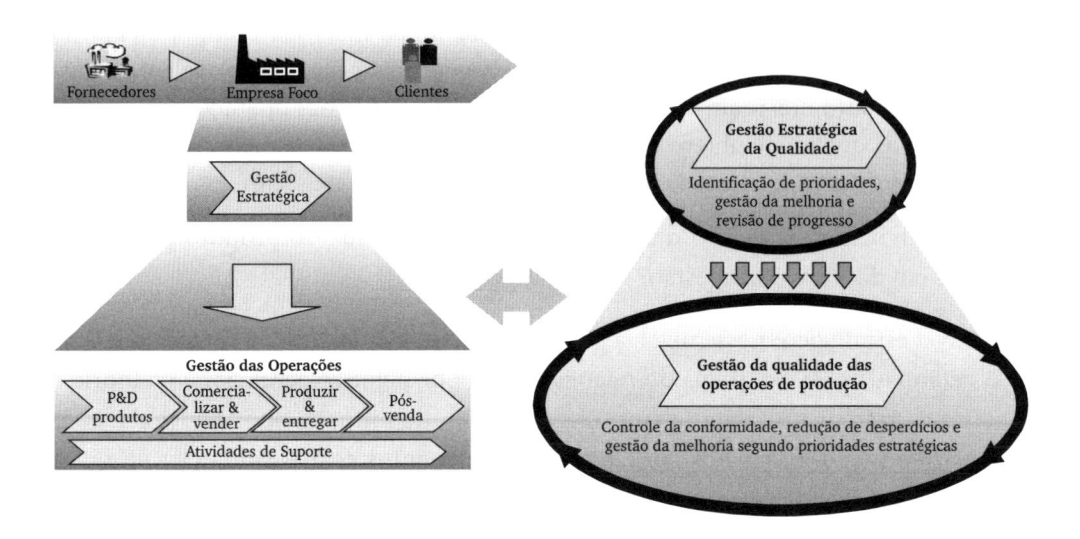

Figura 1 Gestão da qualidade: estratégica e das operações de produção.

O método básico de gestão da qualidade é o ciclo PDCA (*Plan-Do-Check-Act*) de análise da situação atual, planejamento de ações, ação, revisão de progresso e replanejamento de ações. O PDCA se aplica tanto para a gestão estratégica como para gestão das operações. A aplicação do PDCA pode ser assistida por um conjunto de técnicas, qualitativas ou quantitativas, que auxiliam os processos de tomada de decisão do ciclo PDCA para a gestão da qualidade e melhoria. Quando usadas em nível estratégico, em geral as técnicas auxiliam a:

- identificar prioridades de melhoria;
- identificar e analisar causas fundamentais;
- planejar ações de melhoria e avaliar progresso.

Quando usadas em nível operacional, em geral as técnicas auxiliam a:

- controlar a conformidade da produção (atendimento de requisitos);
- reduzir ou evitar custos da não qualidade.

A Figura 2 ilustra algumas técnicas mais importantes apresentadas neste livro, agrupadas em função do nível estratégico ou operacional.

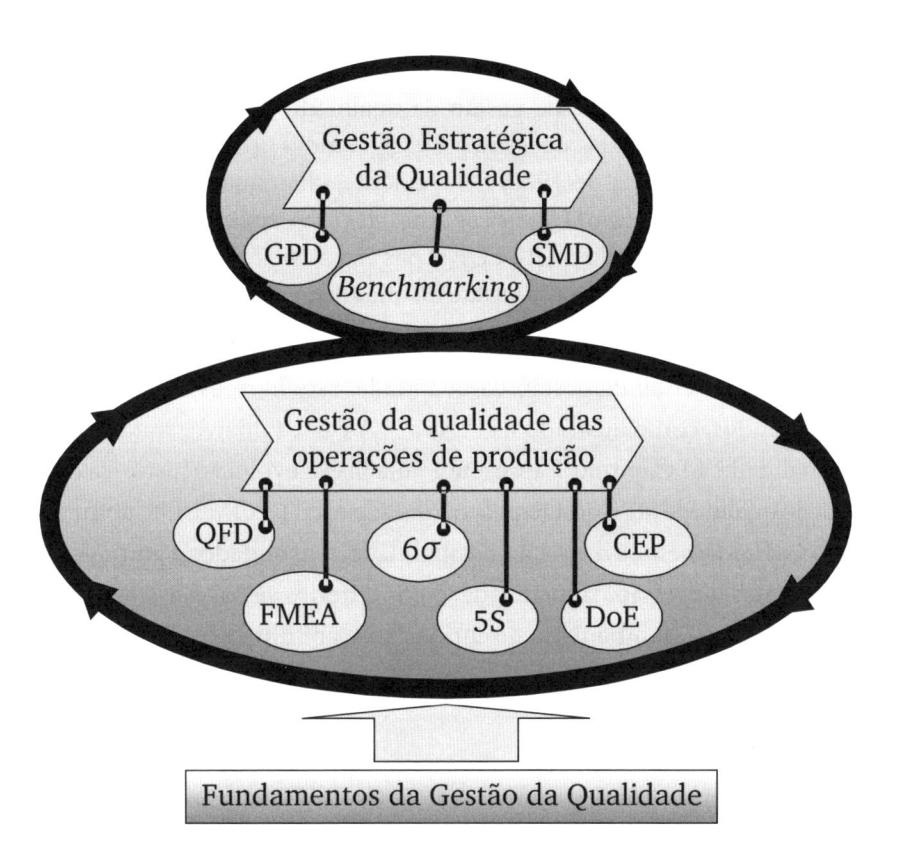

Figura 2 Principais métodos de gestão da qualidade nos níveis estratégico e operacional.

Para que os conceitos de gestão da qualidade sejam praticados, é fundamental que haja foco no cliente e comprometimento de todos com esses propósitos. Além do comprometimento, a gestão da qualidade depende fortemente da capacitação e motivação das pessoas. Esses são alguns dos fundamentos da gestão da qualidade que dão base de sustentação para a aplicação desses conceitos e técnicas de gestão, como ilustrado na Figura 2.

Outro conceito fundamental para a gestão da qualidade é o de visão sistêmica da inter-relação das atividades do ciclo produtivo para a gestão da qualidade e melhoria, conceito esse capturado pelo modelo de sistema da qualidade ISO 9001, desenvolvido com o objetivo de gerenciar a qualidade sistemicamente e estrategicamente, minimizando a chance de não atendimento dos requisitos do cliente, reduzindo desperdícios e melhorando a gestão da qualidade em dimensões estratégicas para a melhoria da competitividade do negócio.

A partir das teorias e ensinamentos dos chamados gurus da qualidade (principalmente Juran, Deming, Feigenbaum, Ishikawa e Crosby), esses fundamentos de gestão se consolidaram em uma teoria de gestão da qualidade, inicialmente desenvolvida e praticada no Japão nas décadas de 1950 a 1970, como TQC Japonês, e depois, especialmente a partir da década de 1980, no Ocidente, chamada de gestão da qualidade total, ou TQM (do inglês *Total Quality Management*). A aplicação dos fundamentos e técnicas de gestão da qualidade total (TQM) nas empresas foi também fomentada pelo estabelecimento de premiações para gestão da qualidade de excelência, inicialmente no Japão e nos EUA, e depois na Europa e em diversos países, inclusive Brasil.

Com base nessa visão da gestão da qualidade, este livro está organizado em três partes e 11 capítulos, como ilustrado na Figura 3. A Parte I do livro trata da evolução da gestão da qualidade. O Capítulo 1 apresenta uma breve evolução histórica do conceito e da prática de qualidade até a gestão pela qualidade total (TQM). O Capítulo 2 discute em detalhes os fundamentos da gestão da qualidade consolidados a partir do TQM. Os principais prêmios de gestão da qualidade, cujos critérios se baseiam nos fundamentos da gestão da qualidade, também são discutidos no Capítulo 2.

```
┌─────────────────────────────────────────────────────────┐
│         Parte III – Gestão estratégica da qualidade     │
│  ┌───────────────────────────────────────────────────┐  │
│  │ Capítulo 9: Desdobramento e gestão de             │  │
│  │ estratégias da qualidade e melhoria               │  │
│  ├───────────────────────────────────────────────────┤  │
│  │ Capítulo 10: Medição de desempenho                │  │
│  ├───────────────────────────────────────────────────┤  │
│  │ Capítulo 11: Benchmarking                         │  │
│  └───────────────────────────────────────────────────┘  │
└─────────────────────────────────────────────────────────┘
                    ⇧         ⇧         ⇧
┌─────────────────────────────────────────────────────────┐
│              Parte II – Técnicas de gestão da           │
│            qualidade nas operações de produção          │
│  ┌───────────────────────────────────────────────────┐  │
│  │ Capítulo 4: Ferramentas da qualidade              │  │
│  ├───────────────────────────────────────────────────┤  │
│  │ Capítulo 5: QFD – Desdobramento da função qualidade│ │
│  ├───────────────────────────────────────────────────┤  │
│  │ Capítulo 6: FMEA – Análise do modo e efeito da falha│ │
│  ├───────────────────────────────────────────────────┤  │
│  │ Capítulo 7: Seis Sigma                            │  │
│  ├───────────────────────────────────────────────────┤  │
│  │ Capítulo 8: Técnicas usadas no Seis Sigma         │  │
│  └───────────────────────────────────────────────────┘  │
└─────────────────────────────────────────────────────────┘
                    ⇧         ⇧         ⇧
┌─────────────────────────────────────────────────────────┐
│                 Parte I – Evolução da                   │
│                  gestão da qualidade                    │
│  ┌───────────────────────────────────────────────────┐  │
│  │ Capítulo 1: Evolução da gestão da qualidade       │  │
│  ├───────────────────────────────────────────────────┤  │
│  │ Capítulo 2: Fundamentos de gestão da qualidade    │  │
│  ├───────────────────────────────────────────────────┤  │
│  │ Capítulo 3: Sistema da qualidade ISO 9001         │  │
│  └───────────────────────────────────────────────────┘  │
└─────────────────────────────────────────────────────────┘
```

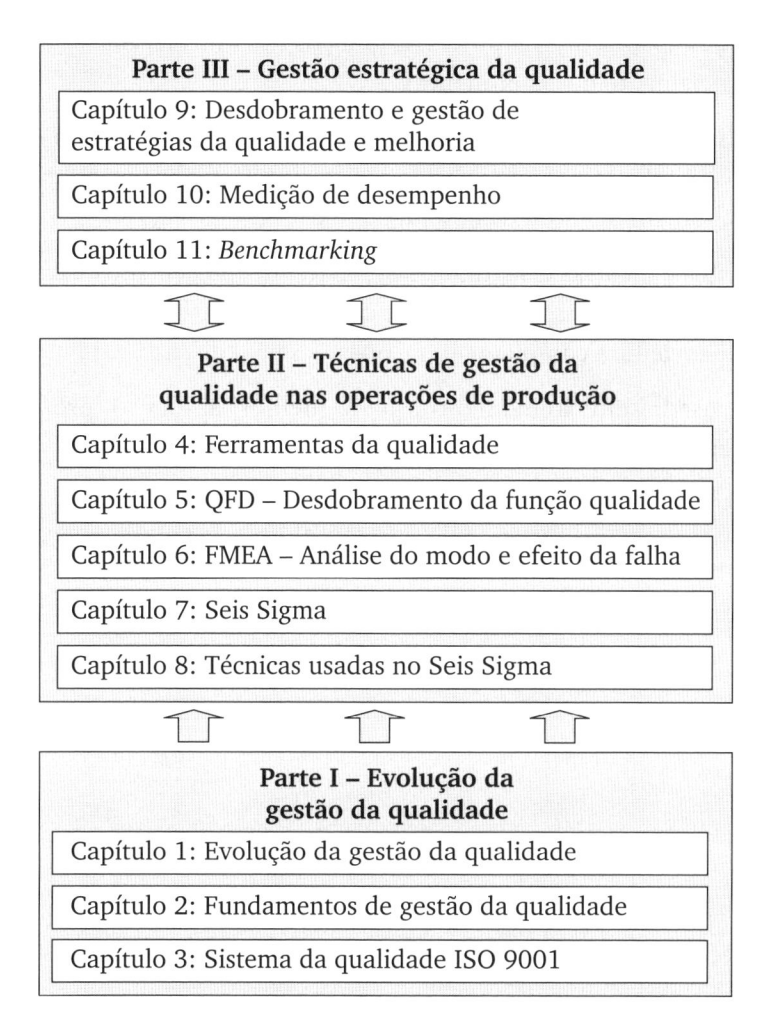

Figura 3 Organização do livro.

O Capítulo 3 apresenta e discute os requisitos do modelo de sistema de gestão da qualidade estabelecidos pela norma ISO 9001. A partir de uma visão sistêmica da gestão da qualidade, como estabelecido pelos requisitos da ISO 9001, o leitor poderá melhor entender a necessidade e aplicabilidade das técnicas discutidas a partir do Capítulo 4.

A Parte II apresenta várias técnicas desenvolvidas para a gestão da qualidade nas operações de produção. O Capítulo 4 apresenta técnicas usadas na gestão da qualidade, agrupadas como as sete ferramentas clássicas e as sete ferramentas gerenciais. Os Capítulos 5, 6 e 7 apresentam e discutem, respectivamente, os métodos QFD, FMEA e Seis Sigma. O Capítulo 8 trata em mais detalhes das técnicas usadas no Seis Sigma, como análise de capabilidade de processo, gráficos de controle, análise de sistemas de medição e planejamento de experimentos.

Para finalizar, a Parte III apresenta e discute os métodos de gestão estratégica da qualidade. O Capítulo 9 trata sobre gestão estratégica da qualidade, enquanto os Capítulos 10 e 11 abordam medição de desempenho e *benchmarking*.

Os conceitos e técnicas discutidos neste livro são apresentados e explicados com exemplos de fácil compreensão. No final de cada capítulo, o leitor encontra referências bibliográficas para leitura complementar e questões para discussão.

Quando usado em treinamento, para melhor apoiar o professor, o *site* www.grupogen.com.br disponibiliza as figuras do livro.

PARTE I

Evolução da Gestão da Qualidade

As principais contribuições dos gurus da qualidade e eventos históricos a partir dos anos 1950, com grande influência dos EUA e do Japão, levaram ao surgimento de uma nova abordagem de gestão da qualidade, a qualidade total, que nos anos 1980 e 1990 teve grande repercussão nos meios acadêmicos e empresariais. O Capítulo 1 apresenta um pouco dessa evolução histórica do conceito e da prática da qualidade ocorrida em paralelo à evolução da industrialização e dos conceitos e abordagens de gestão da produção.

A abordagem de gestão da qualidade que se consolidou a partir dessa evolução se fundamenta em vários conceitos fundamentais de gestão, como melhoria contínua, abordagem científica, visão de processos, liderança, comprometimento e envolvimento, entre outros, que criam uma base fundamental não apenas para a gestão da qualidade, mas para a gestão das operações como um todo. Para fomentar a aplicação dos conceitos e técnicas de gestão da qualidade, foram criados, especialmente a partir dos anos 1980, prêmios da qualidade, como o prêmio americano, o europeu e outros. O Capítulo 2 discute os conceitos fundamentais de gestão da qualidade e apresenta resumidamente os principais prêmios da qualidade.

A evolução da gestão da qualidade levou ao surgimento, já a partir dos anos 1950, dos primeiros sistemas de gestão da qualidade, criados com o objetivo de estabelecer um conjunto de atividades que interagem para garantir o atendimento dos requisitos dos clientes ao longo do ciclo produtivo. Em 1987, a Organização Internacional de Padronização, a ISO, criou o primeiro modelo internacional de sistema da qualidade, cujos requisitos formam a ISO 9001. Atualmente, o modelo ISO 9001 está em sua quarta versão e é largamente adotado pelas empresas, especialmente nas cadeias automotiva, linha branca, eletroeletrônico, entre outras, com destaque para o setor manufatureiro. O Capítulo 3 apresenta e discute os requisitos da ISO 9001, assim como o processo de certificação.

A Evolução do Conceito e da Prática da Gestão da Qualidade

1.1 O conceito da qualidade

Qualidade é uma das palavras-chave mais difundidas junto à sociedade e também nas empresas (ao lado de palavras como *produtividade, competitividade, integração* etc.). No entanto, existe certa confusão no uso desse termo. A confusão existe devido ao subjetivismo associado à qualidade e também ao uso genérico com que se emprega esse termo para representar coisas bastante distintas. Assim, para muitos, qualidade está associada a atributos intrínsecos de um bem, como desempenho técnico ou durabilidade. Sob essa perspectiva, um produto com melhor desempenho teria mais qualidade que um produto equivalente, mas com desempenho técnico inferior. Já para outros, qualidade está associada à satisfação dos clientes quanto à adequação do produto ao uso. Ou seja, qualidade é o grau com que o produto atende satisfatoriamente às necessidades do usuário durante o uso.

Ainda um terceiro entendimento de qualidade, que no passado costumava ser geralmente dominante no ambiente fabril, é aquele que vê qualidade como atendimento das especificações do produto. A qualidade seria avaliada pelo grau de conformidade do produto fabricado com suas especificações de projeto.

Há ainda aqueles que associam qualidade ao valor relativo do produto. Por essa perspectiva, um produto de qualidade é aquele que apresenta o desempenho esperado a um preço aceitável, e internamente à empresa apresenta um nível de conformidade adequado a um custo aceitável.

Essa multiplicidade de entendimentos, analisada por Gavin (1992), retrata em parte a evolução do conceito de qualidade ao longo do século XX. Até o início dos anos 1950, a qualidade do produto era entendida como sinônimo de perfeição técnica. Ou seja, a conceituação da qualidade era focada tanto no produto como na produção. A partir da década de 1950, com a divulgação do trabalho de Juran, qualidade passou a ser conceituada como satisfação do cliente quanto à adequação do produto ao uso. E, para que haja satisfação, é preciso que haja ausência de defeitos e presença de atributos que tornem o produto adequado ao uso pretendido e, portanto, causem satisfação.

O entendimento predominante nas últimas décadas e que certamente representa a tendência futura é a conceituação de qualidade como satisfação dos clientes. Essa definição contempla adequação ao uso ao mesmo tempo em que contempla conformidade com as especificações do produto. A ISO adota essa conceituação ao definir qualidade como "grau no qual um conjunto de características inerentes satisfaz a requisitos" (ISO, 2005).

Analisando essa definição, percebe-se que existem várias características que conferem qualidade a um produto. Como essas características ou parâmetros de qualidade do produto são muitos e de diversos tipos, para efeito de simplificação é conveniente agrupá-los em atributos da qualidade perceptíveis para o usuário, conforme apresentados na Tabela 1.1.

Tabela 1.1 Atributos da qualidade de produto.

Atributo	Descrição
Desempenho técnico ou funcional	Grau com que o produto cumpre a sua missão ou função básica.
Facilidade ou conveniência de uso	Inclui o grau com que o produto cumpre funções secundárias que suplementam a função básica.
Disponibilidade	Grau com que o produto encontra-se disponível para uso quando requisitado (por exemplo: não está "quebrado", não encontra-se em manutenção etc.)
Confiabilidade	Probabilidade que se tem de que o produto, estando disponível, consegue realizar sua função básica sem falhar, durante um tempo predeterminado e sob determinadas condições de uso.
Mantenabilidade (ou manutenibilidade)	Facilidade de conduzir as atividades de manutenção no produto, sendo um atributo do projeto do produto.
Durabilidade	Vida útil média do produto, considerando os pontos de vista técnico e econômico.
Conformidade	Grau com que o produto encontra-se em conformidade com as especificações de projeto.
Instalação e orientação de uso	Orientação e facilidades disponíveis para conduzir as atividades de instalação e uso do produto.
Assistência técnica	Fatores relativos à qualidade (competência, cortesia etc.) dos serviços de assistência técnica e atendimento ao cliente (pré, durante e pós-venda).
Interface com o usuário	Qualidade do ponto de vista ergonômico, de risco de vida e de comunicação do usuário com o produto.

Atributo	Descrição
Interface com o meio ambiente	Impacto no meio ambiente, durante a produção, o uso e o descarte do produto.
Estética	Percepção do usuário sobre o produto a partir de seus órgãos sensoriais.
Qualidade percebida e imagem da marca	Percepção do usuário sobre a qualidade do produto a partir da imagem e reputação da marca, bem como sua origem de fabricação (por exemplo, "made in Japan").

Além desses atributos e da percepção da qualidade do produto, a análise da qualidade do produto tem pouco sentido prático se não for acompanhada de correspondente análise econômica sob o ponto de vista do usuário. O usuário incorre em custos com o produto desde o instante da aquisição até o descarte. A soma de todos os custos de responsabilidade do usuário, durante a vida útil do produto, é chamada de custo do ciclo de vida do produto, que pode ser desdobrado em: custos de aquisição; custos de operação; custos de manutenção e reparo; e custos de descarte. Por essa perspectiva, um produto de qualidade é aquele que no mercado apresenta o desempenho esperado a um preço aceitável (ou, se possível, avaliar, a um custo do ciclo de vida aceitável), e internamente à empresa apresenta um nível de conformidade adequado a um custo aceitável.

A satisfação dos clientes quanto à qualidade de um produto depende ainda da relação entre a expectativa sobre o produto no momento da aquisição e a percepção adquirida sobre o produto no momento do consumo. Essa relação denomina o que é chamado de qualidade percebida. Assim, existirá satisfação quando a percepção superar a expectativa e vice-versa.

Atualmente, o mercado consumidor, governo e cadeias produtivas, especialmente em alguns nichos, estão se tornando mais atentos a questões ambientais. Por exemplo, grandes empresas de comércio ou fabricação de móveis de madeira exigem selo verde, que comprova que a madeira usada não foi extraída de forma predatória de florestas naturais. Nesses casos, a satisfação do cliente estará condicionada à percepção sobre o impacto que o produto e processos produtivos podem causar ao meio ambiente. A imagem da marca, relacionada a questões ambientais e sociais, pode também interferir nas decisões de consumo dos clientes.

Outro aspecto importante é que existem atributos de produto ou serviço que não são solicitados pelos clientes em função da ignorância sobre esses atributos. A partir do momento em que uma inovação de produto ou serviço é lançada, essa inovação passa a ser um requisito de produto solicitado pelo cliente e que afetará a sua satisfação quanto à adequação do produto ao uso. É o que se chama de atributos latentes.

Esse processo evolutivo do conceito da qualidade foi bem caracterizado por Shiba, Graham e Walden (1993), que disseram que a evolução do conceito da qualidade passou pelos seguintes estágios:

- adequação às especificações;
- adequação ao uso;
- adequação ao custo;
- adequação a requisitos latentes.

Essa evolução do conceito da qualidade levou a uma correspondente evolução das práticas de gestão da qualidade, como discutido a seguir.

1.2 A prática de gestão da qualidade

Até o período que antecedeu a Revolução Industrial, a qualidade era uma atividade de autocontrole, realizada pelos artesãos. Nessa fase, o artesão desenvolvia todas as atividades: concepção, escolha de materiais, produção e comercialização, mantendo um contato direto com os clientes. Produziam-se pequenas quantidades de cada produto, e as peças eram ajustadas manualmente.

No início do século XX, com o advento da produção em massa e das teorias de Administração Científica da Produção, lançadas por F. W. Taylor, a prática do controle da qualidade mudou substancialmente. O controle de qualidade passou a ser atividade externa à produção, realizada pelo inspetor da qualidade. Ou seja, a inspeção tinha por objetivo separar os produtos bons dos defeituosos, antes de serem despachados para o consumidor. As atividades de inspeção foram relacionadas mais formalmente com o controle de qualidade a partir de 1922, com a publicação da obra *The control of quality in manufacturing*, de G. S. Radford.

No final da década de 1920, W. Shewhart, trabalhando no Laboratório Bell, desenvolveu as Cartas de Controle de Processo. Por meio da introdução de simples, mas fundamentais, ferramentas estatísticas, ele mostrou ser possível estabelecer um modelo estatístico de variabilidade máxima da resposta de um processo produtivo (baseado nas causas crônicas de variabilidade) e a partir desse modelo (linha central e limites da carta de controle) monitorar a qualidade do processo de fabricação.

Entretanto, as teorias lançadas por Shewhart esbarravam nos princípios de administração da produção de acordo com os moldes tayloristas (segundo o qual à produção não cabe controlar a qualidade) e, consequentemente, algumas décadas se passaram até que as Cartas de Controle se difundissem como ferramenta de controle de qualidade.

A partir do final da década de 1930, H. F. Dodge e H. G. Romig, também do Laboratório Bell, desenvolveram técnicas para a inspeção de lotes de produtos por amostragem, baseadas na abordagem probabilística para a previsão da qualidade do lote a partir da qualidade da amostra. As técnicas de Inspeção por Amostragem se consolidaram como ferramenta de controle de qualidade muito mais rapidamente do que as técnicas propostas por Shewhart, principalmente por não se chocarem com a filosofia dominante de inspeção final da qualidade dos produtos. Muito pelo contrário, essas técnicas em muito simplificaram e aumentaram a precisão do processo de inspeção.

Assim, na primeira metade do século passado, tanto o desenvolvimento conceitual como as práticas de controle da qualidade eram voltados para a inspeção e controle dos resultados dos processos de fabricação, para garantir a conformidade dos resultados com as especificações portanto limitada ao processo de fabricação. A partir da década de 1950, a prática de gestão da qualidade ganhou uma nova dimensão, expandindo-se para as etapas mais a montante e a jusante do ciclo de produção, envolvendo toda a organização. Contribuíram para isso as teorias dos gurus da qualidade, como Juran, Feigenbaum, Deming e Ishikawa, apresentadas a seguir.

1.2.1 As contribuições de Juran

Com a publicação do *Manual de controle da qualidade*, em 1950, de Juran, o controle da qualidade ganha nova dimensão, incluindo todas as atividades do ciclo produtivo do desenvolvimento ao pós-venda. Juran argumentava que, para adequação do produto ao uso, todos os processos, direta ou indiretamente relacionados ao ciclo produtivo, devem ser direcionados para o atendimento das expectativas do cliente. Ou seja, o conceito de qualidade devia ser incorporado a todos os processos da organização, desde o planejamento do produto, passando pelo projeto e desenvolvimento, aquisição, produção, comercialização e pós-venda. Ao conjunto de atividades que tem por objetivo incorporar qualidade ao produto, não importando em que parte da organização essas atividades sejam realizadas, Juran denominou de Função Qualidade. A Figura 1.1 ilustra o efeito da função qualidade no ciclo produtivo, que Juran chamou de espiral do progresso na qualidade. A espiral ilustra também o aspecto evolutivo da satisfação do cliente, pela retroalimentação ao ciclo produtivo de informações coletadas em pesquisas de mercado sobre desempenho de produto no pós-venda e serviços associados.

Um primeiro ponto importante a destacar é que essa visão expressa pela função qualidade ressalta a importância de se estabelecer relações de cliente-fornecedor entre os processos ao longo da cadeia produtiva, definidos por Juran como o triplo papel dos processos. Ou seja, além de produtor, cada processo é ao mesmo tempo cliente e fornecedor.

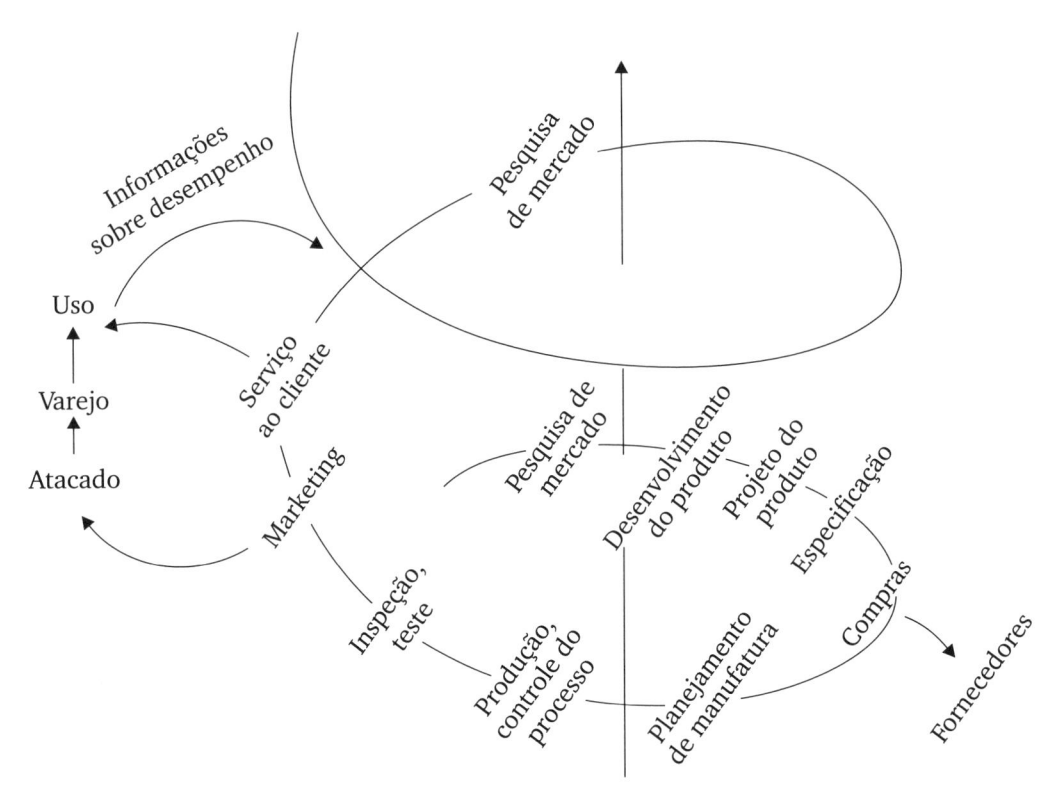

Figura 1.1 Espiral do progresso na qualidade de Juran.

Outro ponto importante a destacar é que, partindo-se da premissa de que para oferecer produtos aos clientes que atendam às suas expectativas, é preciso que existam atividades ao longo do ciclo produtivo que garantam que os produtos serão livres de deficiências e terão os atributos desejáveis, qualquer lacuna ou ausência dessas atividades pode comprometer o atendimento das expectativas dos clientes. Essa ampliação do conceito e das atividades de gestão da qualidade levou ao que mais tarde o autor chamou ampliação do pequeno Q (atividades focadas no controle da produção de produtos manufaturados) para o grande Q (atividades de gestão da qualidade no ciclo de vida do produto, incluindo produtos e serviços).

Juran também propôs uma metodologia para o desenvolvimento dessas ações da qualidade, chamada Trilogia de Controle da Qualidade, como um processo cíclico de gerenciamento composto de planejamento, controle e melhoria da qualidade.

Outra contribuição importante foi a série de seminários proferidos por Juran, em 1954, no Japão, que marcou o começo de um processo gradual de transição entre o controle estatístico da qualidade e o controle da qualidade total.

1.2.2 As contribuições de Feigenbaum

Uma contribuição similar foi dada por Feigenbaum, que, em 1951, em seu livro célebre *Controle da qualidade total*, definiu as atividades de controle da qualidade como sendo (Figura 1.2):

- controle de projeto;
- controle de material recebido;
- controle de produto;
- estudo de processos especiais.

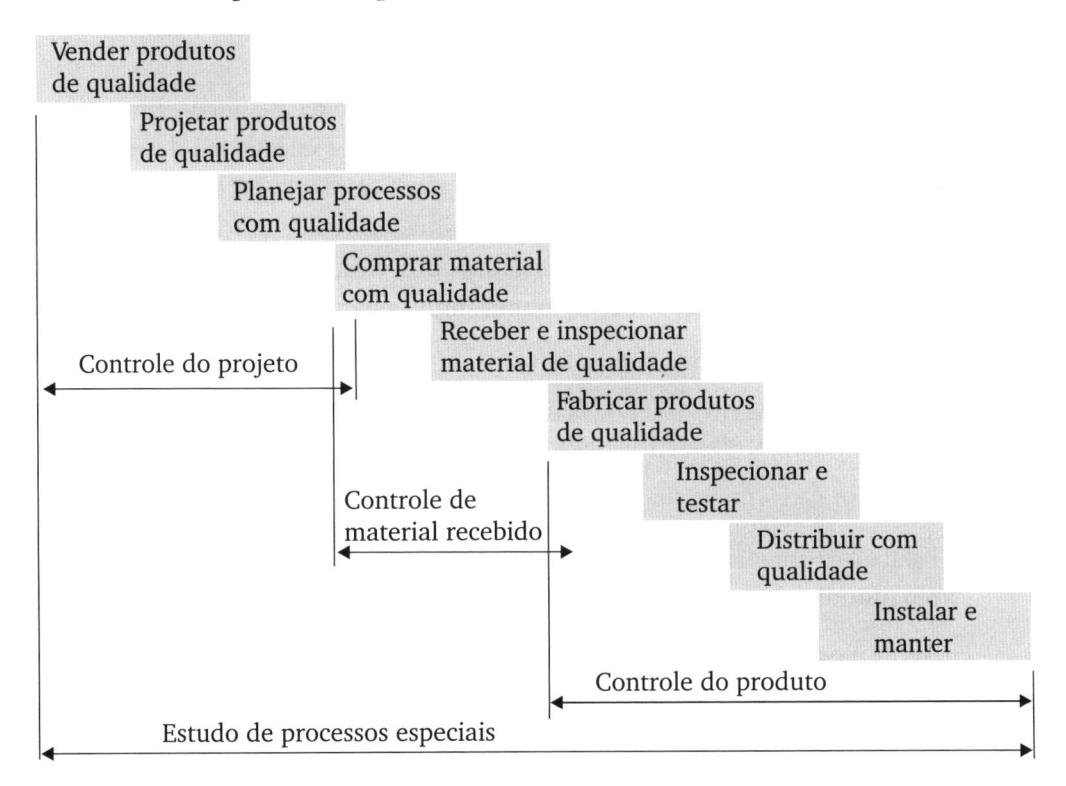

Figura 1.2 Atividades de controle da qualidade segundo Feigenbaum.

1.2.3 As contribuições de Deming

Assim como Juran e Feigenbaum, W. Edwards Deming tornou-se um dos mais reconhecidos e influentes pioneiros da qualidade, especialmente no Japão e, mais tarde, nos EUA. Formado em engenharia, com doutorado em física pela Universidade de Yale, Deming trabalhou por vários anos na Western Electric, onde se especializou na aplicação de técnicas estatísticas para o controle da qualidade. Entretanto, o seu conhecimento em técnicas estatísticas de controle da qualidade não foi devidamente absorvido pela indústria americana do pós-guerra, pela simples razão de não se perceber, naquela época, necessidade em se investir em qualidade, já que a indústria americana não sofria concorrência e vivia um período de explosão de consumo. Esse acontecimento serviu para que anos mais tarde ele formulasse suas ideias sobre gerenciamento da qualidade.

Entretanto, do outro lado do mundo, o Japão, destruído pela guerra, precisava reerguer sua indústria de bens de consumo. No final dos anos 1940, alguns industriais japoneses perceberam que a qualidade de seus produtos poderia ser o diferencial necessário para que os produtos japoneses (até então tidos como de baixa qualidade) pudessem competir no mercado internacional. Nessa época, Deming foi convidado para proferir uma palestra sobre conceitos de controle estatístico da qualidade. Entretanto, percebendo que a audiência seria formada por industriais e executivos de empresas, Deming preferiu, ao invés de falar sobre técnicas estatísticas, focar a atenção do empresariado em outros aspectos, filosóficos e culturais, que mais tarde se tornaram célebres como os 14 pontos de Deming. As ideias lançadas por Deming tiveram um impacto tão forte na indústria japonesa, que o TQC japonês surgiu a partir daí.

Só muitos anos mais tarde, depois de o Japão demonstrar para o mundo sua superioridade em qualidade, é que Deming passou a ser solicitado por empresas americanas a proferir palestras sobre seus ensinamentos em gestão da qualidade.

Os 14 pontos de Deming, sua mais famosa contribuição, são apresentados a seguir:

1. Estabeleça constância de propósitos para a melhoria do produto e do serviço, objetivando tornar-se competitivo, manter-se em atividade e gerar empregos.
2. Adote a nova filosofia. A administração deve acordar para o desafio, conscientizar-se de suas responsabilidades e assumir a liderança na transformação.
3. Não dependa da inspeção para atingir a qualidade. Incorpore qualidade desde o começo.
4. Abandone a prática de aprovar orçamentos com base somente no preço.
5. Melhore constante e continuamente cada processo. Melhore a qualidade e a produtividade; em consequência, os custos diminuirão.
6. Institua treinamento no local de trabalho.
7. Adote e institua a liderança. O papel da liderança deve ser de ajudar as pessoas e os recursos tecnológicos a trabalharem melhor.

8. Elimine o medo para que todos trabalhem de modo eficaz.

9. Elimine as barreiras entre os departamentos de forma que as pessoas possam trabalhar em equipes.

10. Elimine metas numéricas, *slogans* e exortações para os trabalhadores que causem relações adversárias.

11. Elimine quotas numéricas e gerenciamento por objetivos. Substitua por liderança.

12. Remova as barreiras que roubam das pessoas a satisfação e o orgulho pelo trabalho.

13. Adote um forte programa de educação, treinamento e automelhoria.

14. Faça da transformação um trabalho de todos e ponha todos para trabalhar nisso.

Ainda outra contribuição fundamental de Deming, juntamente com Walter Shewhart, foi o ciclo de Deming-Shewhart, ou Ciclo PDCA, como se tornou mais conhecido. Diferentemente de Juran e Feigenbaum, cujas contribuições foram mais instrumentais, relacionadas às práticas de controle da qualidade, Deming contribuiu para mudar a cultura organizacional e os fundamentos administrativos e de gestão de recursos humanos.

O impacto do seminário proferido por Deming no Japão em 1950 foi tanto que, a partir de 1951, foi instituído o prêmio Deming de controle da qualidade no Japão.

1.2.4 As contribuições de Ishikawa

As contribuições teóricas de Ishikawa têm influência de Deming e Juran. Sua contribuição é o desenvolvimento da visão ampla da qualidade, a ênfase no seu lado humano, o desenvolvimento e o uso de ferramentas da qualidade. Para Ishikawa, qualidade total implica em participação de todos e no trabalho em grupos ao invés de individual. Isso o levou à criação dos círculos de controle da qualidade, que devem ser parte de um programa mais amplo de qualidade.

Vendo o processo como um conjunto de causas que devem ser controladas para se obter bons produtos e serviços, ele desenvolveu o diagrama de causa e efeito, conhecido também como diagrama de Ishikawa (apresentado no Capítulo 4).

Ishikawa classificou as técnicas de controle estatístico em três grupos de complexidade crescente. O primeiro grupo é formado pelas sete ferramentas que requerem um conhecimento por todos da companhia e podem ser usadas na análise e resolução de 90% dos problemas de qualidade. São elas: Análise de Pareto, Diagrama de Causa e Efeito (Diagrama de Ishikawa), Histograma, Cartas de Controle, Folha de Verificação, Gráfico de Dispersão e Fluxograma. Os métodos estatísticos intermediários formam o segundo grupo e são para uso dos especialistas da qualidade e por alguns gerentes responsáveis por qualidade em sua seção. Esses métodos requerem algum conhecimento estatístico, mas podem ser aprendidos por alguns gerentes. Eles incluem: inspeção amostral, estimativas estatísticas e projeto de experimentos. O último grupo é formado por métodos estatísticos avançados, para uso dos especialistas em qualidade. Eles incluem análise multivariável, técnicas de pesquisa operacional, entre outras. Essas técnicas são usadas nos programas Seis Sigma e serão discutidas nos Capítulos 4 e 8.

1.3 O TQC no estilo japonês

A partir da segunda metade da década de 1950, programas de rádio e televisão sobre qualidade eram transmitidos pela Rede Japonesa de Rádio e Televisão. Em 1962, a JUSE (Japanese Union of Scientists and Engineers) iniciou atividades de grupo no local de trabalho chamadas de círculos de controle da qualidade (CCQ), que mais tarde tornaram-se internacionalmente conhecidos e praticados.

Em um simpósio sobre qualidade realizado pela JUSE, no Japão, em 1968, o controle da qualidade total no estilo japonês foi caraterizado pelos seguintes seis pontos:

- participação de todos os departamentos e envolvimento de todos os empregados com o controle da qualidade total;
- entusiasmo por educação e treinamento em qualidade;
- atividades de Círculos de Controle da Qualidade;
- auditorias do presidente e participação no Prêmio Deming de Qualidade;
- uso de métodos estatísticos, das sete ferramentas da qualidade e outros métodos avançados;
- campanhas nacionais de promoção da qualidade: mês da qualidade, vários simpósios e seminários.

O movimento japonês da qualidade continuou seu processo de evolução, durante a década de 1970, até tornar-se internacionalmente valorizado e referência para o desenvolvimento do movimento da qualidade total no Ocidente.

1.4 Gestão estratégica da qualidade

A evolução do controle da qualidade no Ocidente, especialmente nos Estados Unidos, a partir das ideias desenvolvidas por Juran, Deming e Feigenbaum, aconteceu principalmente devido à perda, a partir da década de 1970, de mercado e competitividade das empresas americanas para os seus concorrentes japoneses, com produtos de qualidade e confiabilidade superiores. O desempenho da indústria japonesa e o desenvolvimento do TQC japonês tornaram-se claros exemplos de como a satisfação dos clientes quanto à qualidade do produto poderia ser usada como instrumento de vantagem competitiva. Era preciso vincular qualidade com a satisfação dos clientes e não com o atendimento às especificações. Ou seja, o predomínio da perspectiva externa, do mercado, em relação à visão interna, da produção. Juran expressou essa visão da qualidade no que ele chamou de visão interna e visão externa, conforme ilustra a Tabela 1.2.

Tabela 1.2 Duas visões da qualidade, segundo Juran.

Visão interna	Visão externa
Compare o produto com as especificações	Compare o produto com a concorrência e com os melhores
Consiga que o produto seja aceito na inspeção	Garanta satisfação ao longo da vida útil do produto
Previna contra defeitos na fabricação e no campo	Atenda as necessidades dos clientes
Qualidade centrada na fabricação	Cobre todas as funções
Uso de referências internas para medir qualidade	Uso de referências baseadas no cliente para medir qualidade
Qualidade vista como uma questão técnica	Qualidade vista como uma questão gerencial
Esforços coordenados pelo gerente da qualidade	Esforços coordenados pela alta gerência

Essa visão da qualidade impulsionou uma nova cultura organizacional e uma nova forma de gerenciamento no mundo ocidental, que se tornou bastante conhecida e associada à Gestão pela Qualidade Total, conforme discutido na próxima seção.

1.5 Gestão pela Qualidade Total (GQT)

Juran conceituou a GQT (ou TQM – Total Quality Management) como "o sistema de atividades dirigidas para se atingir clientes satisfeitos (*delighted*), empregados com responsabilidade e autoridade (*empowered*), maior faturamento e menor custo". Já o Departamento de Defesa dos EUA conceituou a GQT como "atividades de melhoria contínua envolvendo todos em uma organização, em um esforço totalmente integrado na direção da melhoria do desempenho em cada nível da organização. Esta melhoria de desempenho é direcionada para satisfazer objetivos como qualidade, custo, prazo, missão e objetivos [...]. Essas atividades são focadas no aumento da satisfação do cliente/usuário". Ainda uma outra conceituação para a GQT diz: "TQM é uma estratégia de fazer negócios que objetiva maximizar a competitividade de uma empresa através da melhoria contínua da qualidade dos seus produtos, serviços, pessoas, processos e ambiente."

A partir das citações apresentadas acima, pode-se perceber que as definições apresentam a gestão pela qualidade total como uma estratégia de fazer negócios que objetiva maximizar a competitividade de uma empresa por meio de um conjunto de conceitos fundamentais de gestão e técnicas de gestão da qualidade. Nesse sentido, a Gestão da Qualidade pode ser entendida como uma filosofia ou uma abordagem de gestão que se constitui de um conjunto de fundamentos que se reforçam mutuamente e que são sustentados por um conjunto de técnicas.

No Japão, a JUSE definiu e divulgou, a partir da década de 1970, um conjunto de conceitos fundamentais e práticas que caracterizavam o sistema japonês de qualidade. São eles: qualidade em primeiro lugar e satisfação total do cliente; *market in* – visão orientada pelo mercado; o próximo processo na cadeia de valor é um cliente; gerenciamento baseado em fatos; controle de processo; controle da qualidade a montante – nas fases de marketing e desenvolvimento de produtos; atenção aos poucos mas vitais – priorização; ação preventiva para eliminar erros recorrentes; respeito ao trabalhador – participação total; e comprometimento da alta gerência.

Vários textos e artigos publicados na década de 1990 identificam os conceitos fundamentais da GQT. As contribuições dos diferentes autores são, de um modo geral, coincidentes ao apontar como fator de sucesso para a GQT uma cultura organizacional que valorize melhoria contínua, abordagem científica, foco no cliente, educação, treinamento, envolvimento e comprometimento de todos, começando pela alta gerência.

A partir dos anos 1980, e no Brasil principalmente a partir dos anos 1990, a GQT foi largamente implementada em empresas de vários segmentos industriais e de serviços, de pequeno, médio e grande portes, no Brasil e no mundo. Até o começo da década de 1990, o índice de refugo em empresas de manufatura brasileiras chegava a ser cem vezes maior que o norte-americano ou europeu e até mil vezes superior ao japonês. Com a abertura da economia ocorrida no começo da década de 1990, qualidade e custo passaram a ser critérios competitivos importantes para as empresas brasileiras. Já em 1992, pesquisa da Confederação Nacional da Indústria revelava que 68% das grandes companhias nacionais já atingiam elevado grau de uso de tecnologias para aumentar a qualidade e produtividade. Uma nova pesquisa, realizada em 1994 também pela Confederação Nacional da Indústria, envolvendo 1.356 empresas, indicava que, em comparação com a pesquisa realizada em 1992, houve evolução favorável no relacionamento da indústria com os seus clientes e fornecedores. É certo, portanto, que o movimento da qualidade ocorrido no Brasil na última década foi bastante benéfico, não só pela melhoria da qualidade de seus produtos e serviços, mas também pela transformação cultural pela qual essas empresas passaram, em decorrência da adoção de novos modelos de gestão.

Ao longo da década de 1990, várias empresas adotaram programas da qualidade total. Uma das razões para essa grande difusão de programas da qualidade total possivelmente está relacionada a programas governamentais, como o Programa Brasileiro de Qualidade e Produtividade e o Prêmio Nacional da Qualidade. A exigência de certificados da qualidade ISO 9001 por várias cadeias produtivas também ajudou a reforçar essa tendência.

A partir de 2000, a expressão *gestão da qualidade total* foi se tornando menos usada e substituída por *gestão da qualidade*. Programas de qualidade total, largamente implementados nas empresas nos anos 1980 e 1990, foram substituídos por outros programas de gestão da qualidade e melhoria. No meio acadêmico, as pesquisas relacionadas à gestão da qualidade total também perderam um pouco do brilho das décadas passadas. Prêmios da qualidade foram reformatados para prêmios de excelência em gestão, como é o caso do prêmio europeu, conferido pela Fundação Europeia de Gestão da Qualidade (EFQM).

No entanto, apesar dessa mudança de terminologia e abordagem, a gestão da qualidade continuou com importância crescente. Várias são as evidências dessa crescente importância da gestão da qualidade:

- os consumidores e o mercado cada vez mais exigem qualidade (presença de atributos e ausência de defeitos) a um mais baixo preço;
- conceitos como foco no cliente, melhoria contínua, envolvimento e comprometimento são valorizados e desenvolvidos nas empresas que são referência em termos de gestão de desempenho;
- o Programa Seis Sigma, para a melhoria da qualidade e redução de desperdícios, que é uma evolução dos programas de qualidade total, vem se tornando cada vez mais popular no meio empresarial, sendo largamente implementado tanto em processos industriais como em processos administrativos;

- outros programas atualmente bastante adotados pelas empresas, como Produção Enxuta, têm forte influência dos conceitos e técnicas da gestão da qualidade total;
- o sistema de gestão da qualidade ISO 9001, cujo certificado vem sendo cada vez mais exigido e adotado como evidência de que a empresa detentora do certificado gerencia minimamente a qualidade, também é outro bom exemplo da atualidade e pertinência dos conceitos e técnicas de gestão oriundos dos programas de qualidade total;
- várias técnicas desenvolvidas a partir das iniciativas da qualidade total ganharam grande importância, como FMEA, 5S, ferramentas estatísticas e gerenciais, e continuam sendo largamente empregadas.

Todas essas evidências listadas acima mostram claramente que a gestão pela qualidade total, ainda que a onda da qualidade total tenha passado, deixou raízes profundas nas empresas.

1.6 Análise dos custos da qualidade

Como discutido anteriormente, a gestão da qualidade no nível das operações de produção visa a melhoria do desempenho no atendimento dos requisitos dos clientes e ao mesmo tempo a redução dos custos da não qualidade. Como a gestão da qualidade implica em investimentos, a análise do custo *versus* benefício de um investimento também deve ser um fator a ser ponderado nas decisões relacionadas à melhoria de resultados e redução dos custos da não qualidade. Os parágrafos seguintes apresentam a análise tradicionalmente feita sobre custos da qualidade justaposta com uma visão mais contemporânea, baseada no conceito de melhoria contínua e gestão estratégica da qualidade.

De um modo geral, os custos da qualidade englobam os custos decorrentes da falta de qualidade, assim como os custos para se obter qualidade. Os custos da qualidade podem ser classificados em:

- custos devido a falhas internas: são custos associados com defeitos (erros, não conformidades etc.), detectados antes do despacho do produto. Esses custos desapareceriam se os produtos fossem isentos de defeitos. Exemplos de custos decorrentes de falhas internas são:
    - refugo: material, horas de trabalho etc.;

- retrabalho: horas de retrabalho;
- reinspeção, reteste: horas de trabalho de reinspeção de produtos retrabalhados;
- inspeção total: horas de trabalho em inspeção total de lotes com nível de qualidade inaceitável;
- redução de preço de venda devido à baixa qualidade;

- custos devidos a falhas externas: são custos associados com defeitos encontrados no produto depois de comercializado. Esses custos também desapareceriam se os produtos fossem isentos de defeitos. Exemplos desses custos são:
  - custos de assistência técnica no período de garantia;
  - custos de rompimento de contrato por não atendimento das especificações de qualidade;
  - custos por ações na justiça;

- custos de avaliação da qualidade: são os custos decorrentes das atividades de verificação do grau de conformidade com os requisitos de qualidade. Exemplos desses custos são:
  - inspeção e teste de recebimento: os custos das atividades de verificação da qualidade de componentes/produtos comprados de fornecedores;
  - inspeção em processo;
  - inspeção final e teste;
  - auditorias de qualidade;
  - manutenção da rastreabilidade e acuracidade de equipamentos de inspeção e teste;

- custos de prevenção: são os custos decorrentes das atividades necessárias para reduzir ao mínimo os custos devido a falhas e os custos de avaliação. Exemplos desses custos são:
  - planejamento da qualidade: são os custos de todas as atividades que coletivamente criam o planejamento amplo e detalhado das metas da qualidade;
  - revisão de novos produtos em desenvolvimento: são os custos decorrentes das atividades de incorporação e garantia da qualidade do produto na fase de desenvolvimento;

- controle de processo: são os custos decorrentes das atividades de controle de qualidade do processo;
- auditorias da qualidade: são os custos de avaliação da execução de atividades da qualidade;
- qualificação e desenvolvimento de fornecedores: são os custos de avaliação da qualidade de fornecedores previamente à seleção de fornecedores e durante o contrato de fornecimento;
- treinamento: são os custos de treinamento em programas de qualidade.

O modelo econômico tradicionalmente adotado para ilustrar a variação do custo total da qualidade (decorrente dos custos parciais), em função do nível de qualidade de conformidade (atendimento às especificações), é mostrado na Figura 1.3.

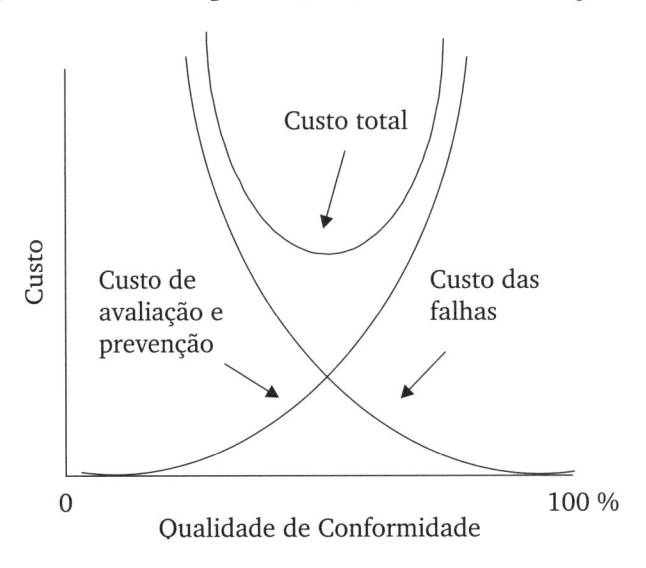

Figura 1.3 Modelo econômico do custo da qualidade (JURAN, 1993).

A consideração da contribuição relativa dos custos parciais da qualidade na composição do custo total, com base nesse modelo econômico, pode ser útil na indicação de possibilidades de redução do custo total da qualidade. Para isso, a curva do custo total da qualidade é dividida em três zonas. Na zona à esquerda do ponto ótimo, os custos devido a falhas são muito maiores do que os custos de prevenção de falhas. Portanto, existe uma oportunidade de redução de custos através da melhoria da qualidade de conformação. De outro modo, segundo esse modelo, quando os custos de avaliação são maiores que os custos das falhas, o nível de qualidade sendo praticado não é sustentável economicamente. Ou seja, supõe-se que existe uma porcentagem de defeituosos que deve ser esperada na produção e que é considerada viável economicamente. Dessa forma, a partir de certa porcentagem decrescente de defeituosos, a sua redução seria mais cara do que as economias resultantes dela. Essa porcentagem aceitável de defeituosos é conhecida como Nível Aceitável de Qualidade.

Entretanto, um aspecto importante a se considerar é que esse modelo convencional não leva em consideração os custos subjetivos, possivelmente decorrentes da falta de qualidade, como:

- desperdício e ineficiência;
- perda de vendas decorrente de nível de qualidade insuficiente;
- custos de reprojeto por razões de qualidade (ou falta de qualidade);
- custos extras de fabricação, possíveis horas extras de trabalho;
- refugo não computado;
- custos adicionais devido à excessiva variabilidade do processo.

Ainda um outro custo bastante subjetivo é o decorrente da impossibilidade de conquista de novos mercados pela falta de competitividade na satisfação do cliente.

O questionamento principal desse modelo é que ele não leva em conta que os custos de prevenção e detecção, como capacitação para a gestão da qualidade e utilização dos conceitos e técnicas discutidos nos próximos capítulos, além da adoção de alguns conceitos fundamentais de gestão e da implementação de um sistema de gestão da qualidade, como discutido nos Capítulos 2 e 3, são de fato investimentos, que são amortizados no tempo. E esses investimentos levam a uma redução dos custos da não qualidade, como ilustrado na Figura 1.4, e a uma melhoria no nível de qualidade. Portanto, no médio prazo, o nível de qualidade aceitável, correspondente ao ponto de menor custo total, desloca-se para a direita, no sentido de melhoria da qualidade, como ilustrado na Figura 1.5. E a empresa se torna mais competitiva, pois passa a oferecer ao mercado produtos e serviços que melhor atendem aos requisitos do mercado e com custos da não qualidade menores.

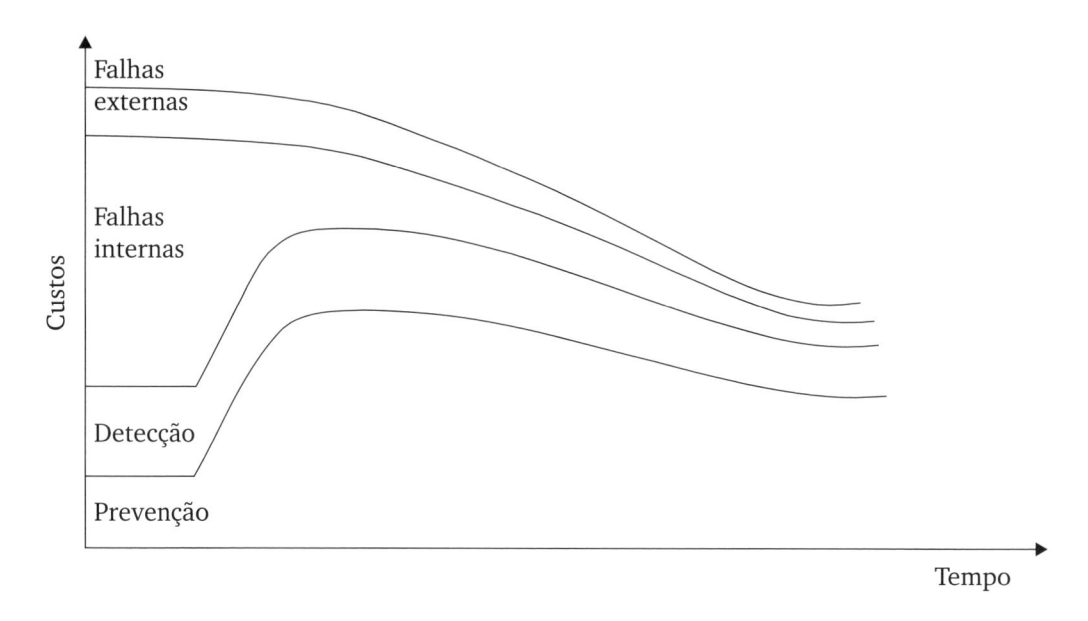

Figura 1.4 Variação dos custos da qualidade, no tempo, com o aumento das atividades de prevenção e detecção (adaptado de SLACK, 1993).

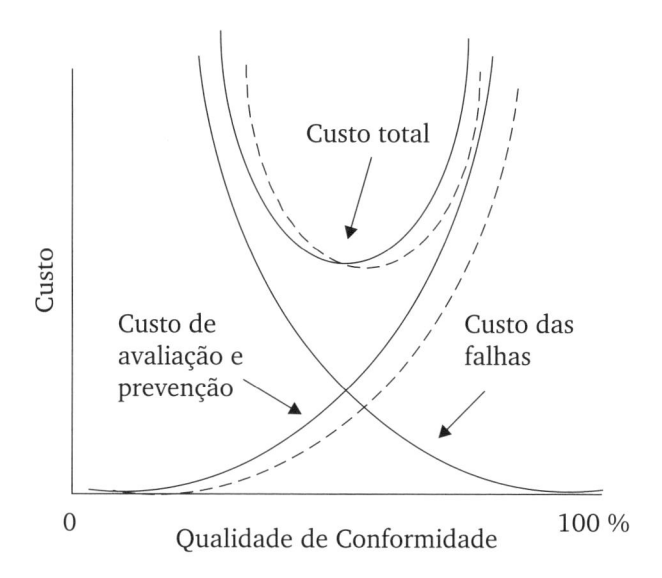

Figura 1.5 Melhoria da qualidade e manutenção dos custos totais da qualidade.

Leitura complementar

CAMPOS, V. F. *Qualidade total*: padronização em empresas. Belo Horizonte: Fundação Christiano Ottoni, Universidade Federal de Minas Gerais, 1991.

DEMING, W. E. *Qualidade*: a revolução da administração. São Paulo: Marques Saraiva, 1990.

FEIGENBAUM, A. V. *Total quality control*. New York: McGrawHill, 1991.

GARVIN, D. A. *Gerenciando a qualidade*. Rio de Janeiro: Qualitymark, 1992.

JURAN, J. M. *Planejando para a qualidade*. São Paulo: Makron Books, 1993.

_____; GRYNA, F. M. *Controle de qualidade handbook*. São Paulo: McGrawHill, 1991. 2 v.

ISHIKAWA, K. *Controle de qualidade total à maneira japonesa*. Rio de Janeiro: Campos, 1993.

SHIBA, S.; GRAHAM, A.; WALDEN, D. *A new American TQM*. Portland, Oregon: Productivity Press, 1993.

SLACK, N. *Vantagem competitiva em manufatura*. São Paulo: Atlas, 1993.

Questões

1. Ainda que qualidade tenha múltiplos significados, para o propósito de gestão, existe uma conceituação contemporânea de qualidade. Explique em detalhes esse conceito. Qual o conceito adotado em sua empresa?

2. Por que, nas últimas décadas, gestão da qualidade se tornou tão importante? Considere a evolução do conceito da qualidade. Qual a importância da gestão da qualidade em sua empresa?

3. Quais as principais contribuições de Juran e Deming? Em que aspectos as contribuições desses autores se diferenciam e se complementam?

4. Quais as principais características do TQC Japonês e do TQM? A sua empresa coloca em prática alguns dos conceitos do TQM?

5. Como a gestão da qualidade pode contribuir para a melhoria de resultados financeiros de sua empresa?

6. Quais são os custos da qualidade? Qual a crítica que se faz ao modelo econômico de custo da qualidade?

Fundamentos da Qualidade e Modelos de Gestão

2.1 Fundamentos da gestão da qualidade

A gestão da qualidade como estratégia competitiva parte do princípio de que a conquista e a manutenção de mercados dependem de foco no cliente, para se identificarem requisitos e expectativas e oferecer valor ao mercado. Para isso, as empresas não só necessitam identificar requisitos, mas precisam também se organizar de forma que esses requisitos identificados na pesquisa de mercado sejam devidamente transmitidos por todo o ciclo do produto. Dessa necessidade surgiram os conceitos de cliente interno e de visão sistêmica da cadeia interna como um conjunto de processos e atividades inter-relacionadas, com relações de cliente-fornecedor.

A gestão da qualidade como estratégia competitiva também parte do princípio de que o ciclo do produto, incluindo a pesquisa de mercado com foco no cliente, leva a uma contínua identificação de novos requisitos e necessidades. Ao mesmo tempo, em um mercado verdadeiramente competitivo, empresas concorrentes estarão igualmente se esforçando para melhor atender às expectativas do mercado. Daí surge o conceito de melhoria contínua de produtos e processos, de forma a poder oferecer maior valor ao mercado.

A gestão da melhoria, em particular a melhoria contínua, requer um esforço de análise da situação atual, visando ao planejamento e à implementação de melhorias. Daí a importância do conceito de abordagem científica para a tomada de decisão baseada em dados e fatos.

Esse conjunto de conceitos fundamentais requer um esforço de liderança, comprometimento e envolvimento de todos em busca da melhoria da eficácia e da eficiência da estratégia competitiva. E, portanto, liderança, comprometimento e envolvimento são também conceitos fundamentais da gestão da qualidade.

A Figura 2.1 ilustra o relacionamento entre esses conceitos e a gestão da qualidade. Esses conceitos são tratados em mais detalhes nas próximas seções.

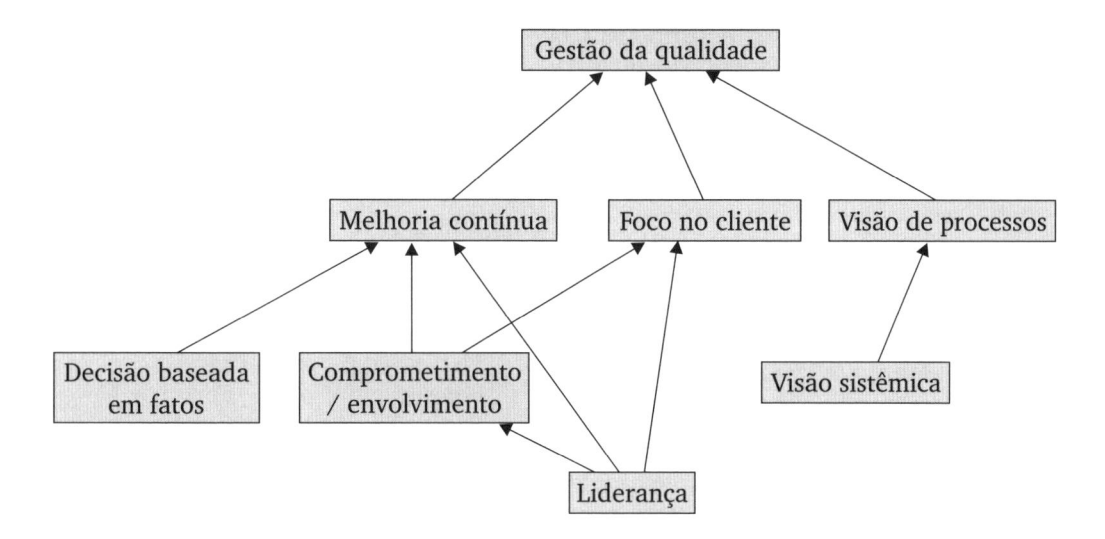

Figura 2.1 Relacionamento entre conceitos fundamentais de gestão da qualidade.

2.1.1 Foco no cliente

O conceito de foco no cliente relaciona-se com duas questões fundamentais: trazer a visão do mercado sobre requisitos de produtos e serviços para dentro da empresa (*market in*); e garantir que toda a organização esteja focada no atendimento desses requisitos. Isso implica em práticas de gestão voltadas para as seguintes questões principais:

- Quem são os clientes?
- Como identificar requisitos dos clientes e avaliar grau de atendimento desses requisitos?
- Como focar a organização no atendimento dos requisitos?

Sobre a primeira questão, os clientes externos podem ser vários e de diferentes tipos. Os consumidores finais, para os quais os produtos ou serviços se destinam, não são os únicos clientes, nem talvez os mais importantes para uma empresa em particular. A posição da empresa na cadeia de fornecimento à qual ela pertence e a configuração dessa cadeia definem quem são e quais os diferentes tipos de clientes, diretos e indiretos, como ilustrado na Figura 2.2, para um fabricante de autopeças.

Depois de mapeados os clientes, a empresa pode se utilizar de vários recursos para capturar os requisitos dos clientes e avaliar o grau de satisfação dos clientes. O contexto da cadeia em que a empresa se insere, o tipo de relacionamento e o número de clientes são os principais fatores para a definição dos métodos para o levantamento dos requisitos dos clientes e também para avaliação da percepção dos clientes quanto aos produtos e/ou serviços oferecidos. A literatura específica apresenta várias técnicas sobre o assunto.

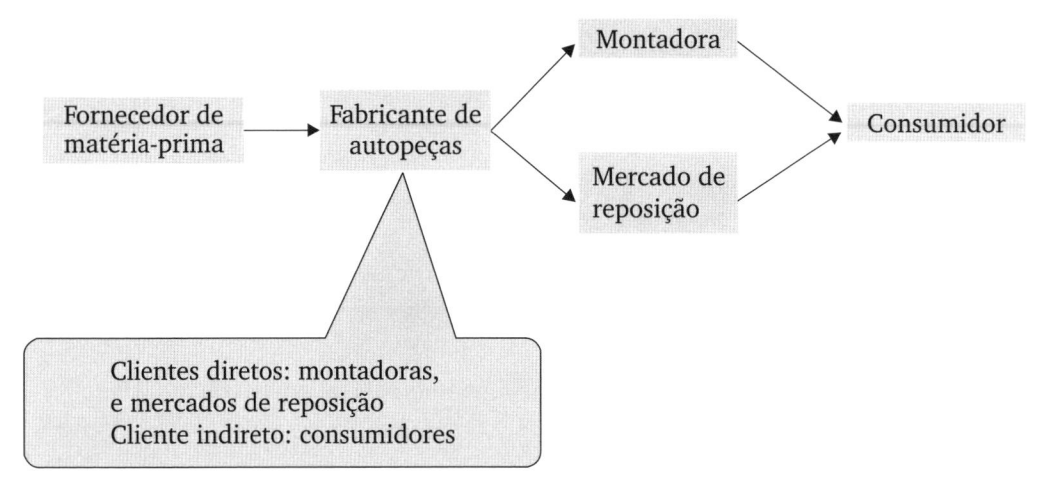

Figura 2.2 Exemplo de clientes e cadeia de fornecimento.

Um ponto muito importante é que o conceito de foco no cliente se estende a outras partes interessadas, os *stakeholders*, do inglês. Nessa categoria de *stakeholders* se incluem, além dos clientes, os acionistas, parceiros da cadeia de suprimentos, funcionários, e em alguns casos agências reguladoras e organismos governamentais. A empresa deve, portanto, focar e procurar atender às expectativas de todos eles. A Tabela 2.1 exemplifica alguns *stakeholders* e suas expectativas.

Tabela 2.1 Exemplo de *stakeholders* e suas expectativas.

Stakeholder	Expectativas
Clientes	Atendimento de requisitos.
Funcionários	Ambiente desafiador e gratificante; talento reconhecido; compensação financeira.
Cadeia de suprimentos	Acordos de longo prazo; relações mutuamente benéficas.
Acionistas	Valor econômico; lucratividade; valorização da marca.
Agências reguladoras	Atendimento às normas vigentes, responsabilidade social.

Quanto à última questão, como focar a organização no atendimento dos requisitos dos clientes, um conceito bastante útil desenvolvido por Juran é o de "triplo papel das funções". Segundo Juran, todas as funções desenvolvidas dentro de uma organização incorporam três papéis: de cliente, que recebe de um fornecedor interno informações ou materiais para serem processados; de processador, que executa as atividades previstas; e de fornecedor, que entrega as informações ou produtos processados para o próximo cliente interno. A Figura 2.3 ilustra esse conceito.

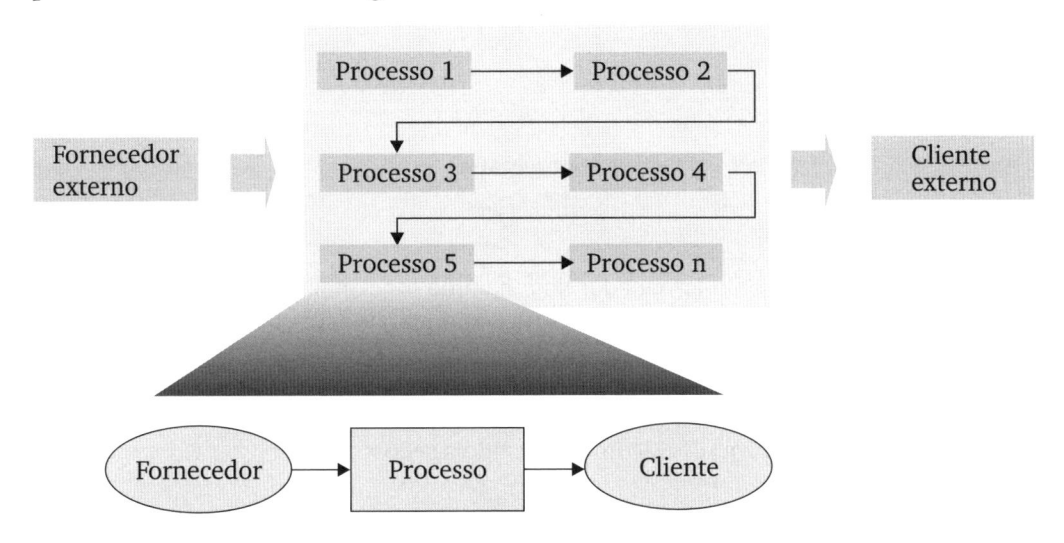

Figura 2.3 Triplo papel das funções segundo Juran.

Esse conceito explicita a importância, para aumentar a chance de garantir o atendimento dos requisitos dos clientes externos, e também outros requisitos relacionados à eficiência das operações, de que haja uma clara identificação das relações internas de cliente-fornecedor de todas as áreas da empresa direta ou indiretamente relacionadas aos processos de atendimento de pedidos da cadeia interna de valor. A Figura 2.4 ilustra um exemplo de relações cliente-fornecedor para uma área de suporte de uma empresa de manufatura, onde a seta indica relação de fornecimento.

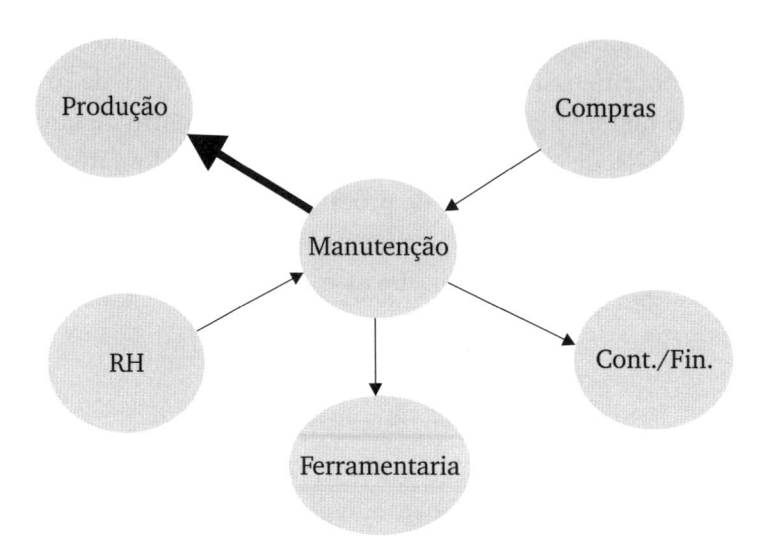

Figura 2.4 Relações cliente-fornecedor de uma área funcional em empresa de manufatura.

Esse conceito de cliente interno remete a outro conceito bastante importante, que é de visão sistêmica de processos, como discutido a seguir.

2.1.2 Visão sistêmica de processos

Um processo pode ser entendido como uma atividade ou grupo de atividades que transformam uma ou mais entradas (informação, material) em uma ou mais saídas, através da agregação de valor à entrada e utilizando-se de recursos organizacionais. Portanto, um processo se caracteriza por entradas e saídas, atividades e relacionamentos ou fluxos, de material e/ou informação. Os processos de uma empresa são genericamente classificados como processos de negócio, que incluem atividades relacionadas a processamento físico e de informação. Um processo de negócio de aquisição inclui processamento de informação, por exemplo atividades administrativas de compra, assim como processamento de materiais, como nas atividades de recebimento e inspeção dos materiais.

Todas as atividades de uma empresa necessárias para o atendimento do mercado podem ser agrupadas em processos (ou processos de negócio). Dependendo do tipo de empresa, do produto e sistema produtivo, os processos e o relacionamento entre eles podem variar. De modo geral, os processos envolvidos para o atendimento do mercado são agrupados como uma cadeia interna de valor. Ou seja, uma sequência de processos e atividades necessárias para agregação de valor e de entrega dos produtos/serviços aos clientes. A Figura 2.5 apresenta um modelo de referência de processos de negócio de uma organização genérica conforme proposto pela APQC (*American Productivity and Quality Center*), onde as atividades e processos são classificados como primários ou de suporte à cadeia interna de valor.

Processos primários:

| Avaliar mercado & clientes | → | Desenvolver visão & estratégia | → | Desenvolver produtos & serviços | → | Comercializar & vender | → | Produzir & entregar | → | Faturar & pós-venda |

Processos de suporte:

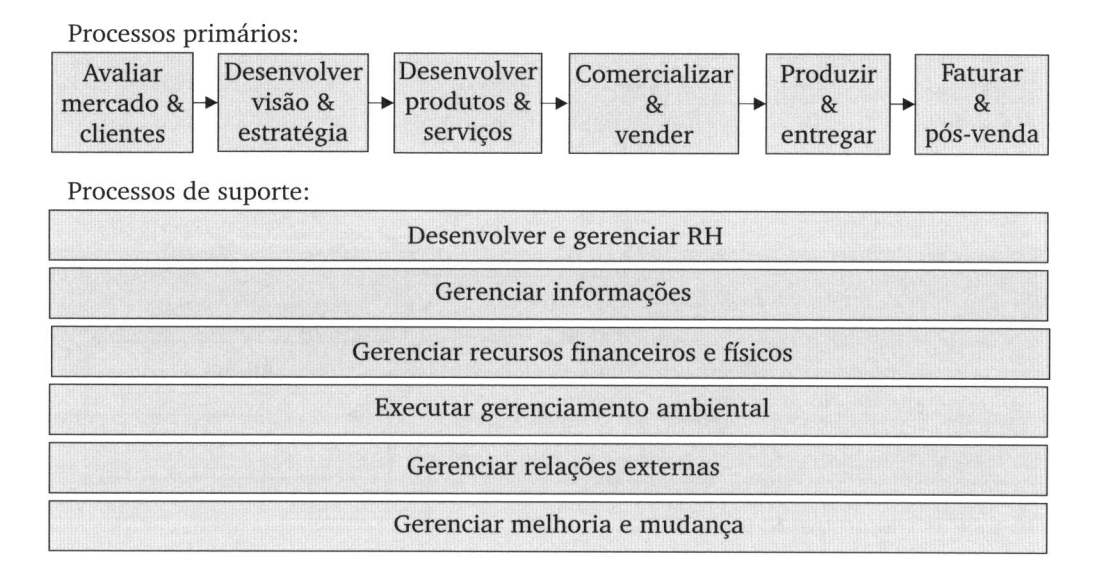

- Desenvolver e gerenciar RH
- Gerenciar informações
- Gerenciar recursos financeiros e físicos
- Executar gerenciamento ambiental
- Gerenciar relações externas
- Gerenciar melhoria e mudança

Figura 2.5 Modelo de referência de processos de negócio (APQC).

Outra característica dos processos é que existe uma hierarquia entre eles. Ou seja, como os processos são formados por um conjunto de atividades, que são formadas por outro conjunto de atividades, pode-se dizer que os processos se subdividem em processos menores, atividades e tarefas, como ilustrado na Figura 2.6.

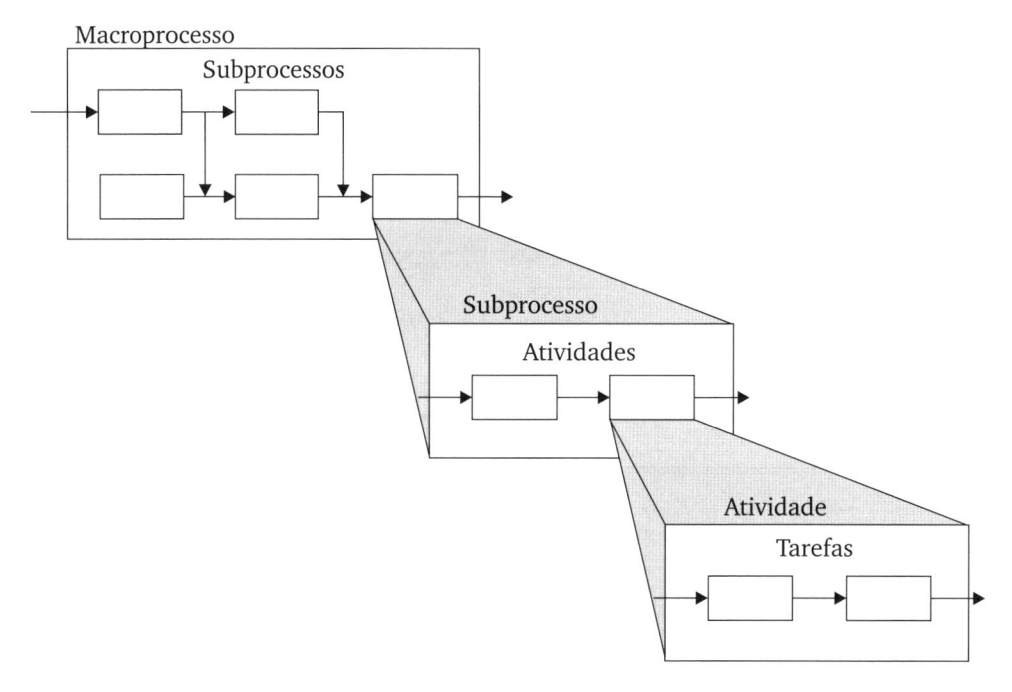

Figura 2.6 Hierarquia de processos.

Esses processos e atividades atravessam a estrutura funcional da organização horizontalmente, envolvendo pessoas de diferentes áreas funcionais, como ilustrado na Figura 2.7 para os processos de desenvolvimento de produto, produção e serviço ao cliente. Ou seja, a realização das atividades e processos de uma cadeia interna de valor necessita da integração de diferentes áreas de conhecimento, que normalmente são agrupadas por funções, que definem a estrutura funcional da organização.

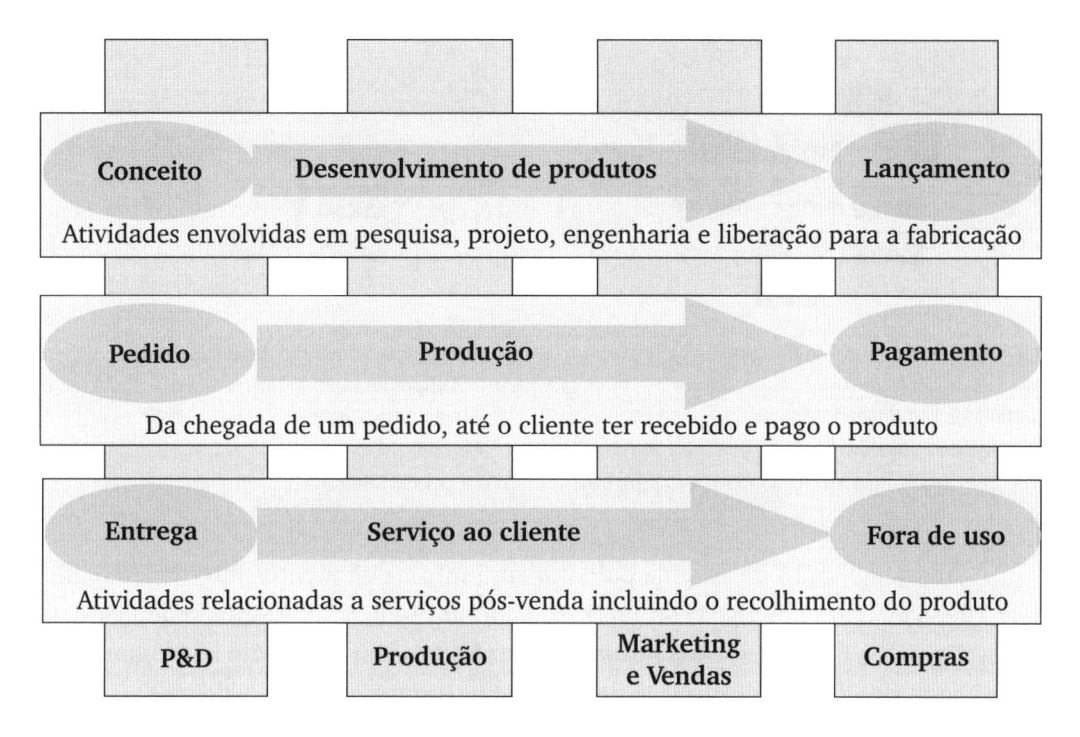

Figura 2.7 Processo de atendimento de pedido cruzando diferentes áreas funcionais.

Essa visão de processos incorpora o conceito de cliente interno discutido na seção anterior, tornando mais evidentes as relações cliente-fornecedor. Tal visão por processos pode ajudar a minimizar ou eliminar barreiras entre departamentos, contribuindo para promover a integração entre as diferentes funções, eliminando os chamados silos funcionais. A Figura 2.8 ilustra a contraposição entre uma empresa com visão de processos e integração das funções *versus* uma empresa com silos funcionais, sem visão de processos.

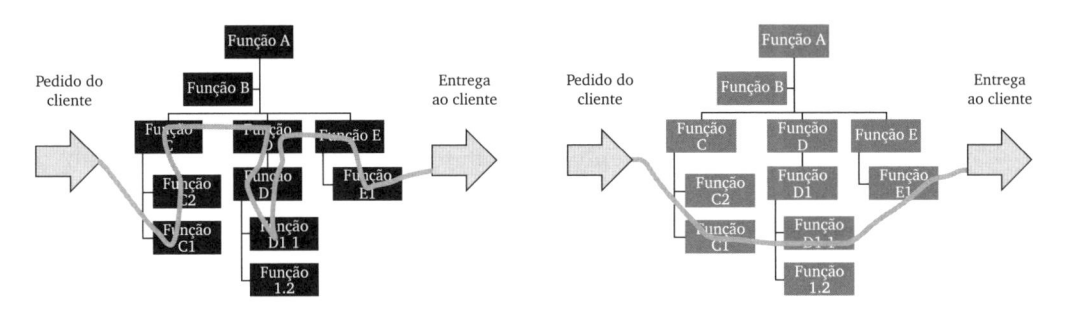

Organização sem visão de processos:
- silos organizacionais;
- falta de compreensão do todo.

Organização com visão de processos:
- compreensão do todo;
- maior integração.

Figura 2.8 Organização com *versus* sem visão de processos.

Como a definição de sistema é de um conjunto de elementos interdependentes que interagem com objetivos comuns formando um todo, cujo resultado depende da soma/interação das partes, percebe-se que essa visão da empresa como um conjunto de processos e atividades de realização do produto na cadeia interna de valor corresponde a uma visão sistêmica da organização.

A valorização da visão sistêmica e de processos levou ao surgimento, nos anos 1990, da abordagem de gestão por processos, ou *Business Process Management* (BPM). O gerenciamento por processos se desenvolveu no Ocidente como uma forma de gerenciamento a partir da percepção da necessidade de se vencer as barreiras interfuncionais que tanto atrapalham a administração das empresas.

Em paralelo ao desenvolvimento dessa abordagem, foram desenvolvidas várias técnicas para a modelagem de processos de negócio. As técnicas de modelagem mais comuns são:

- MER: Modelo Entidade Relacionamento;
- IDEF: *Integrated Computer Aided Manufacturing Definition*: possui três métodos complementares: IDEF0 – modelamento de funções; IDEF1 – modelamento de dados; e IDEF2 – modelo operacional integrando os dois modelos anteriores;
- EPC: *Event Driven Process Chain*: descreve a sequência lógica das funções e eventos envolvidos em um processo de negócios.

Essas técnicas são apresentadas em detalhes na dissertação de mestrado de George Sousa, 1999.

2.1.3 Melhoria contínua e abordagem científica

A melhoria de desempenho de produtos e processos pode ser obtida a partir de duas abordagens, complementares, porém diferentes: melhoria contínua e melhoria radical. A melhoria radical, como o próprio nome sugere, pressupõe uma mudança radical no conceito ou projeto do produto ou processo. Em se tratando de processos industriais, a melhoria pode ser obtida, por exemplo, pela aquisição de um novo equipamento de produção. A informatização dos processos de negócio, como, por exemplo, a implantação de sistemas ERP, é outro exemplo de mudança que pode levar a uma melhoria radical do desempenho da empresa. Normalmente, essas melhorias radicais implicam em grandes investimentos e uma ruptura ou mudança radical no modo de operação. Outra característica marcante da melhoria radical é que as decisões de mudança são tomadas a partir da alta gerência, já que são decisões que normalmente implicam em investimentos e grandes mudanças.

Já a melhoria contínua, também como o próprio nome sugere, é uma abordagem para a melhoria que se caracteriza como um processo de contínuo aperfeiçoamento de produtos e processos na direção de grandes melhorias de desempenho. A melhoria contínua se caracteriza por ser um processo iterativo, cíclico. Ou seja, a partir da avaliação dos resultados obtidos, da investigação e conhecimento adquiridos com uma ação de melhoria sobre um determinado objeto de estudo, podem-se propor novas ações de melhoria, o que levaria a um ciclo virtuoso de melhoria. Uma ação de melhoria radical pode ser complementada por ações de melhoria contínua. Por exemplo, a implantação de um sistema ERP deve ser seguida por um longo processo de melhoria contínua do desempenho dos processos. Da mesma forma, o desempenho de um novo equipamento pode ser melhorado por um processo contínuo de ações de melhoria a partir do uso e aprendizado adquirido sobre o equipamento.

Essa iteratividade típica da melhoria contínua torna o processo sistemático. Ou seja, segue-se um conjunto de etapas padrão. Os japoneses chamam melhoria contínua de Kaizen, que significa mudar para melhor. O método mais genérico de processo de melhoria contínua é o ciclo PDCA, ou ciclo Deming-Shewhart. As quatro etapas do PDCA, mostradas na Figura 2.9, são:

> **(P) Planejamento**: em um ciclo completo, inclui: identificação do problema; investigação de causas raízes; proposição e planejamento de soluções;
>
> **(D) Execução**: preparação (incluindo treinamento) e execução das tarefas de acordo com o planejado;
>
> **(C) Verificação**: coleta de dados e comparação do resultado alcançado com a meta planejada;
>
> **(A) Ação corretiva**: atuação sobre os desvios observados para corrigi-los. Se necessário, replanejamento das ações de melhoria e reinício do PDCA.

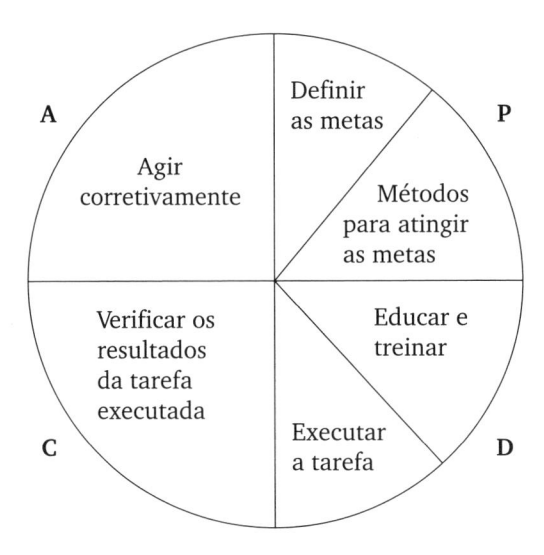

Figura 2.9 Ciclo PDCA.

O processo de melhoria contínua também é bem caracterizado por Shiba et al. (1993), conforme ilustrado na Figura 2.10. Nesse processo, as atividades se agrupam em: atividades intelectuais, de identificação de problemas e proposição de soluções; e atividades práticas no chão de fábrica, de coleta de dados e implementação de soluções.

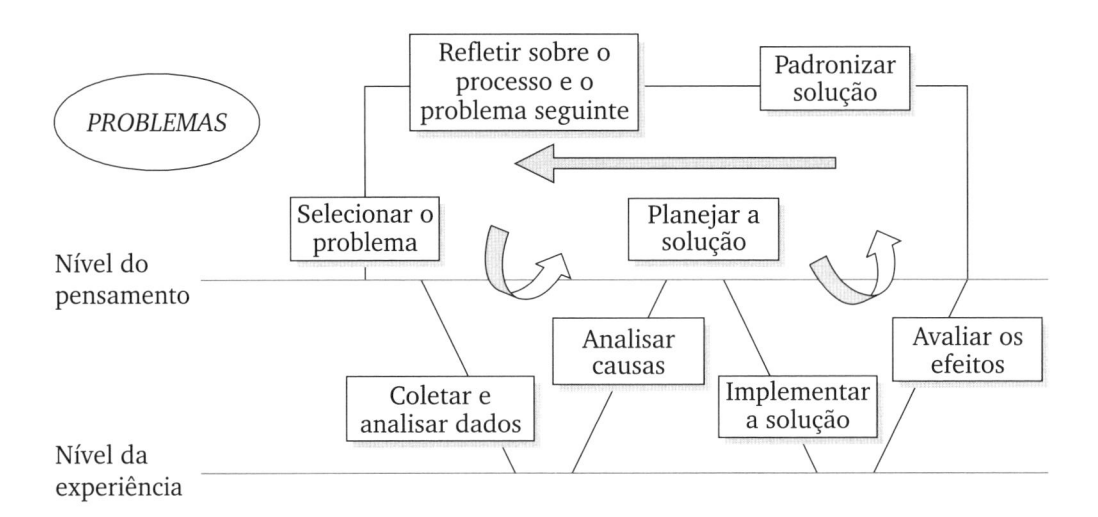

Figura 2.10 Processo de melhoria contínua segundo Shiba et al. (1993).

Uma versão mais detalhada do método PDCA é o Método de Análise e Solução de Problemas (MASP), também conhecido como *QC Story*. O método, ilustrado na Figura 2.11, inclui as fases de:

PDCA	Fluxo-grama	Fase	Objetivo
P	1	Identificação do problema	Definir claramente o problema e a necessidade de melhoria
P	2	Observação	Investigar as características específicas do problema
P	3	Análise	Descobrir as causas fundamentais do problema
P	4	Plano de ação	Conceber um plano para bloquear as causas fundamentais
D	5	Ação	Bloquear as causas fundamentais
C	6	Verificação	Verificar se o bloqueio foi efetivo
C	?	(Bloqueio foi efetivo)	
A	7	Padronização	Prevenir contra o reaparecimento do problema
A	8	Conclusão	Documentar todo o processo para recuperação futura

Figura 2.11 Etapas do método de análise e solução de problemas (MASP).

1. identificação do problema: nessa fase, procura-se identificar os problemas mais críticos e, portanto, mais prioritários;

2. observação: objetiva a caracterização completa do problema para aumentar a chance de se identificarem as causas do problema;

3. análise: nessa fase, busca-se levantar as causas raízes ou fundamentais do problema em questão;

4. plano de ação: depois de identificadas as supostas causas fundamentais, o objetivo desta fase é elaborar e detalhar um plano de ação para a eliminação ou minimização dos efeitos indesejáveis das causas fundamentais. Ou seja, objetiva-se bloquear as causas fundamentais;

5. ação: consiste na implementação do plano de ação;

6. verificação: consiste na avaliação de resultados para verificação se a ação foi eficaz na eliminação ou minimização do problema. Caso o resultado não tenha sido satisfatório, o processo é reiniciado pela observação e análise do problema. Caso contrário, segue-se para a próxima etapa;

7. padronização: visa introduzir as ações implementadas na rotina de operação do processo ou atividade, de forma a prevenir o reaparecimento do problema;

8. conclusão: o processo é finalizado com o registro de todas as ações empreendidas e resultados obtidos, para posterior recuperação de informações e histórico.

Outra característica marcante do processo de melhoria contínua é o uso da abordagem científica, especialmente nas fases de priorização de problemas, observação e análise de causas raízes e avaliação de resultados. A abordagem científica é o processo pelo qual a tomada de decisão decorre de uma série de atividades logicamente sequenciadas. É um processo decisório sistemático, baseado em informações completas, dados e fatos pesquisados e raciocínio lógico. A abordagem científica para a tomada de decisão se contrapõe ao "achismo", na opinião não fundamentada por evidências, dados e fatos.

A adoção dos conceitos de abordagem científica e melhoria contínua para a gestão da qualidade levou ao desenvolvimento de vários métodos e técnicas que objetivam auxiliar nesse processo de levantamento e priorização de problemas, levantamento e análise de causas raízes, implementação de ações e avaliação de resultados. Várias dessas técnicas serão discutidas nos capítulos seguintes.

Sendo a melhoria contínua um processo de aprendizagem organizacional, o professor inglês John Bessant (BESSANT; FRANCIS, 1999) apresenta teorias sobre níveis de maturidade e modelos evolucionários de capacitação em melhoria contínua. Outro ponto a destacar é que a literatura mais recente vem tratando melhoria contínua como inovação, em particular inovação incremental.

2.1.4 Liderança, comprometimento e envolvimento

Liderar é a capacidade de influenciar pessoas a fazer algo de boa vontade, a empregar seu talento na busca de resultados eficazes. A liderança como estilo de gestão motiva as pessoas, diferentemente da imposição baseada na autoridade hierárquica. O líder compartilha sua visão de organização, delega autoridade e responsabilidade, avalia e desenvolve pessoas, administra discussões e resistências.

O conceito da liderança para a gestão da qualidade parte do pressuposto de que foco no cliente e melhoria contínua só serão incorporados à cultura organizacional se houver liderança para a qualidade, com visão de longo prazo de comprometimento com a qualidade e ambiente adequado para que as pessoas se tornem completamente envolvidas e comprometidas com os objetivos de foco no cliente e melhoria contínua.

As pessoas são a "matéria-prima" mais importante na organização. Consequentemente, o total comprometimento e envolvimento delas permitem um melhor aproveitamento desses recursos em prol da organização. O comprometimento e o envolvimento das pessoas dependem de vários fatores, como motivação, capacitação e métodos de trabalho. A motivação para o trabalho, para a melhoria e mudança, por sua vez, também depende de uma série de fatores. As pessoas procuram não apenas remuneração adequada, mas espaço e oportunidade de demonstrar aptidões, participar, crescer profissionalmente e ver seus esforços reconhecidos. Satisfazer tais aspirações é multiplicar o potencial de iniciativa e trabalho. No entanto, o envolvimento e comprometimento das pessoas dependem de uma sinalização da liderança da empresa sobre a importância de ter comprometimento e envolvimento. Para isso, a alta gerência deve instituir métodos de trabalho adequados, como trabalho em equipe e gestão participativa. Deve também promover estilos de liderança, entre os cargos de chefia, que promovam a participação e a motivação para a melhoria contínua. E, por último, deve estabelecer mecanismos de reconhecimento e recompensas pelos esforços e resultados decorrentes do maior comprometimento e envolvimento.

Esses temas de gestão de pessoas são apropriadamente tratados por autores como Peter Scholtes (1999) e John Kotter (1995).

2.2 Prêmios da qualidade: modelos de excelência em gestão

O desenvolvimento das práticas de gestão da qualidade vem sendo fomentado, entre outras formas, pelo estabelecimento, em diversos países, de premiações em gestão da qualidade. Esses prêmios são geridos por órgãos governamentais, como é o caso dos EUA, ou por organizações não governamentais, como é o caso do Brasil, Japão e União Europeia. O primeiro prêmio a ser instituído foi o prêmio Deming, criado pela JUSE, no Japão em 1951. A partir das décadas de 1980 e 1990, os prêmios da qualidade foram instituídos em vários países no Ocidente.

De modo geral, os prêmios estabelecem uma série de critérios de gestão, com pontuação, compondo um modelo de referência em gestão da qualidade. As empresas que concorrem ao prêmio têm que demonstrar para a equipe avaliadora que suas práticas de gestão estão de acordo com os critérios de excelência em gestão. As premiações são dadas por categorias, que variam um pouco de prêmio para prêmio, mas em geral incluem empresas de manufatura, serviços e pequenas empresas.

As informações sobre os processos de premiação e como concorrer estão disponíveis na Internet. Os próximos tópicos apresentam os critérios adotados pelos principais prêmios internacionais, além do prêmio brasileiro.

2.2.1 Prêmio Malcom Baldrige

O Prêmio Nacional da Qualidade Malcom Baldrige (Malcom Baldrige National Quality Award – MBNQA), dos EUA, foi instituído em 1987 pelo Presidente Reagan, com o objetivo de incentivar a melhoria da qualidade e competitividade da indústria americana. O prêmio é administrado pelo NIST (National Institute of Standards and Technology), um órgão da administração federal, sediado em Washington. São seis categorias de premiação: manufatura; serviços; pequenos negócios; educação; serviços de saúde; e sem fins lucrativos. O NIST define também três conjuntos de critérios, com algumas variações em função da categoria da premiação: negócio, educação ou serviços de saúde. O *site* http://www.baldrigepe.org apresenta todas as informações sobre o prêmio, que são atualizadas anualmente.

De modo geral, o modelo de excelência em gestão é baseado em sete critérios inter-relacionados, como ilustrado na Figura 2.12. Para cada um desses critérios, a organização que se submete a uma avaliação para premiação deve procurar responder a uma série de questões. Cada um desses critérios recebe no máximo a pontuação indicada na Tabela 2.2, de um total de 1.000 pontos.

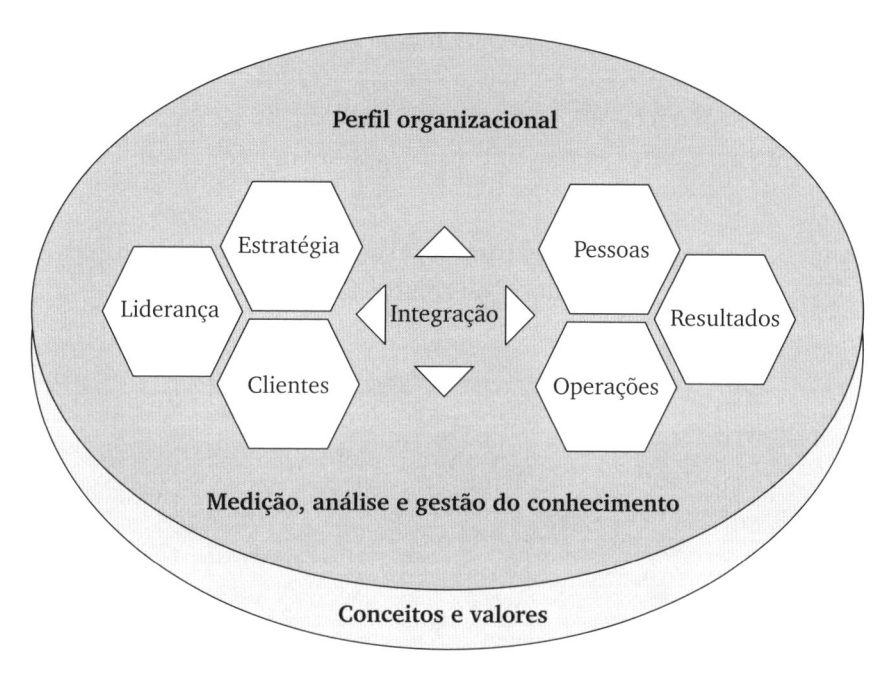

Figura 2.12 Modelo de excelência em gestão, prêmio Malcom Baldrige.[1]

Tabela 2.2 Pontuação dos critérios do modelo de excelência Malcom Baldrige.[1]

Critérios	Pontuação
Liderança	120
Estratégia	85
Clientes	85
Medição, análise e conhecimento	90
Pessoas	85
Operações	85
Resultados	450
Total	1.000

2.2.2 Prêmio da Fundação Europeia de Gestão da Qualidade (EFQM)

A Fundação Europeia para a Qualidade (EFQM) foi fundada em 1989, também com o objetivo de difundir e fomentar a cultura de gestão da qualidade entre as empresas da comunidade europeia. Com esse propósito, ela criou um sistema de premiação que se baseia em um modelo de excelência em gestão com critérios e pontuação muito

---
[1] Baldrige Performance Excellence Program, 2016.

parecidos aos do prêmio americano. A premiação é concedida em quatro categorias: grandes empresas, setor privado e público com ou sem fins lucrativos, e pequenas e médias empresas, também no setor privado e público com ou sem fins lucrativos. O site <www.efqm.org> apresenta todas as informações sobre o prêmio, que são atualizadas anualmente.

A Figura 2.13 apresenta os critérios e o peso de cada um deles. Os critérios são classificados como meios viabilizadores ou como resultados.

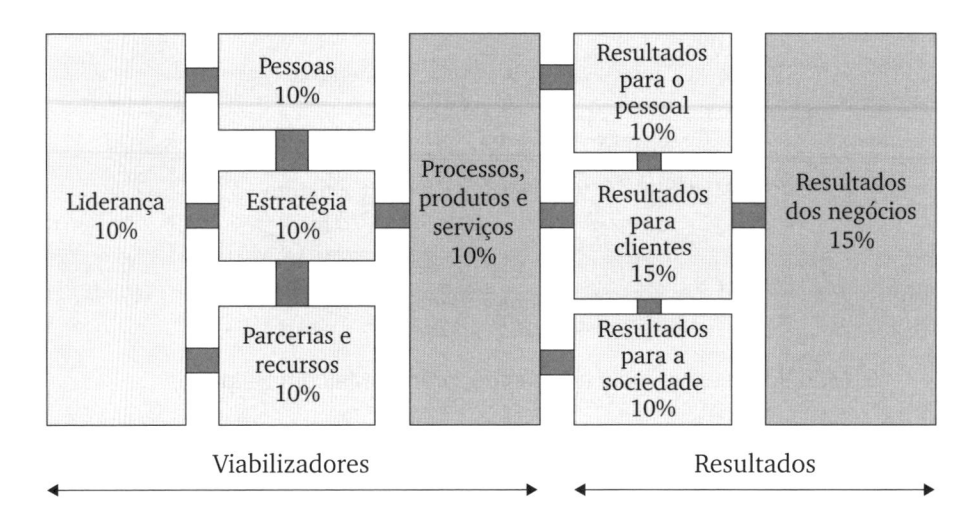

```
                    Pessoas              Resultados
                     10%                  para o
                                          pessoal
                                           10%
                    ┌──────────┐      ┌──────────┐
  Liderança         Estratégia    Processos,   Resultados     Resultados
    10%               10%          produtos e    para        dos negócios
                                    serviços    clientes         15%
                                      10%         15%
                    Parcerias e                Resultados
                    recursos                     para a
                      10%                       sociedade
                                                  10%

              Viabilizadores                Resultados
         ◄──────────────────►          ◄──────────────────►
```

Figura 2.13 Modelo de excelência em gestão da EFQM.[2]

2.2.3 Prêmio Nacional da Qualidade

No Brasil, a Fundação Prêmio Nacional da Qualidade, hoje apenas Fundação Nacional da Qualidade, foi criada em 1991 com os mesmos propósitos da fundação europeia e do prêmio americano. O prêmio brasileiro é inspirado nos prêmios americano e europeu. O *site* <www.fnq.org.br> apresenta todas as informações sobre o prêmio, que também são atualizadas anualmente.

O modelo de excelência em gestão da FNQ, apresentado na Figura 2.14, contempla basicamente os mesmos critérios do prêmio americano. A exceção é o critério sociedade, que no modelo brasileiro recebe maior destaque.

---
[2] EFQM Excellence Model, 2012.

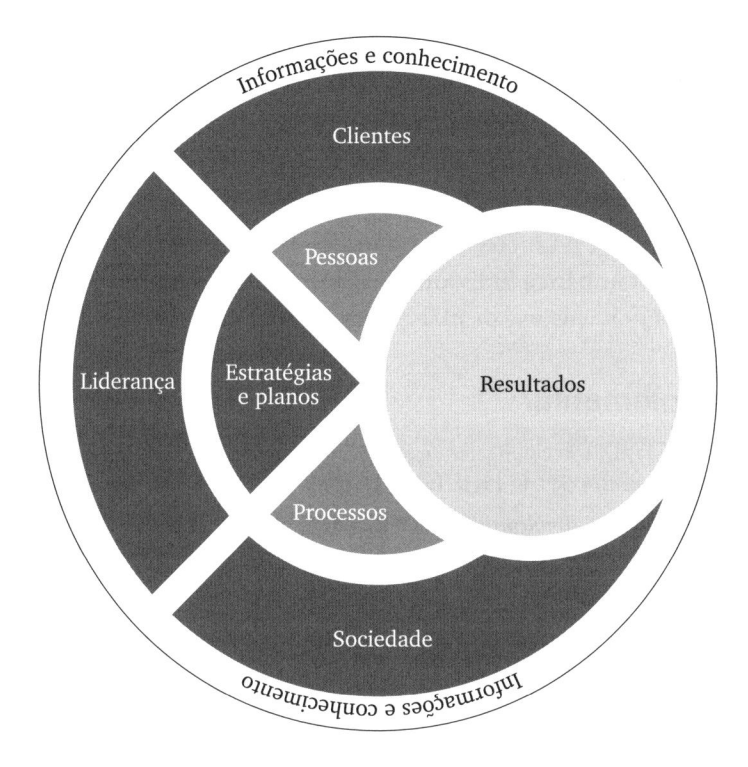

Figura 2.14 Modelo de excelência em gestão, Prêmio Nacional da Qualidade – PNQ.[3]

A Figura 2.15 apresenta a pontuação máxima em cada um dos critérios do modelo de excelência em gestão usados para premiação.

Critérios	Pontuação
1. Liderança	33
2. Estratégias e planos	20
3. Clientes	20
4. Sociedade	12
5. Informações e conhecimento	12
6. Pessoas	20
7. Processos	33
8. Resultados	100
Total	250

Figura 2.15 Pontuação máxima nos critérios do modelo de excelência em gestão usados para premiação.[3]

---

[3] Critérios Compromisso com a Excelência, 7ª edição, 2015, FNQ.

2.2.4 Prêmio Deming

O prêmio Deming foi instituído pela JUSE (Japanese Union of Scientists and Engineers) em 1951, em homenagem a Deming pela sua contribuição para o desenvolvimento da gestão da qualidade no Japão, mas principalmente como instrumento para disseminação e valorização dos conceitos e práticas de gestão da qualidade.

O prêmio Deming é o único entre os analisados que, além de ser concedido a empresas, é outorgado também a indivíduos. As informações sobre o prêmio estão contidas no site da JUSE, <www.juse.or.jp/e>.

Leitura complementar

BESSANT J.; FRANCIS, D. Developing strategic continuous improvement capability. *Int. J. Operations and Production Management*, v. 19, no 11, p. 1.106-1.119, 1999.

GOETSCH, D. L.; DAVIS, S. *Implementing total quality*. Columbus, Ohio: Prentice Hall, 1995. HARRINGTON, H. J. *Business process improvement:* the breakthrough strategy for total quality, productivity, and competitiviness. New York: MacGraw-Hill, 1991.

KOTTER, J. P. Leading change, why transformation efforts fail. Harvard Business Review, p. 59-67, March/Apr. 1995.

SHIBA S.; GRAHAM, A.; WALDEN, D. *A new American TQM*. Portland, Oregon: Productivity Press, 1993.

SCHOLTES, P. *O manual do líder*. São Paulo: Quality Mark, 1999

SOUSA, G. W. L. Aplicação de conceitos de modelagem e integração de empresas no gerenciamento de projetos de transformação organizacional: uma abordagem voltada à construção de sistemas de informação. 1999, 134 p. Dissertação (Mestrado). Escola de Engenharia de São Carlos, Universidade de São Paulo, São Carlos.

Questões

1. Como uma empresa pode colocar em prática o conceito de foco no cliente? Em que grau esse princípio é aplicado em sua empresa?
2. Como o conceito de visão por processos complementa o conceito de visão sistêmica?
3. Como o conceito de visão por processos colabora para focar no cliente?
4. Como a melhoria contínua se diferencia da melhoria radical? Dê exemplos.
5. Quais são as principais etapas do MASP?
6. O que é o conceito da abordagem científica? Como esse conceito colabora para a melhoria contínua/MASP?
7. Relacione os critérios dos prêmios americano e europeu com os conceitos de gestão da qualidade discutidos neste capítulo.
8. Quais as principais semelhanças e diferenças entre os prêmios brasileiro, americano e europeu?

Sistema de Gestão da Qualidade ISO 9001

3.1 Visão geral

Um sistema de gestão da qualidade tem como propósito evitar ou minimizar a ocorrência de casos de não atendimento de requisitos dos clientes (não conformidades), contribuindo assim para o bom atendimento e também para a redução de desperdícios. Para isso, a ISO propõe um conjunto de atividades de gestão que, se bem implementadas, devem contribuir para a redução de não conformidades e desperdícios. No entanto, a colocação em prática dessas atividades de gestão da rotina de produção de forma eficaz, que cumpram esses propósitos, depende de um conjunto de fatores fundamentais, ou princípios, como discutidos no Capítulo 2. Em primeiro lugar, é fundamental que haja liderança e total comprometimento de todos com esses propósitos. A alta gerência da empresa deve liderar e criar uma cultura de valorização da gestão da qualidade, implementação e manutenção do sistema de gestão. E para que haja de fato comprometimento de todos os envolvidos, a alta gerência precisa criar condições e dar o suporte necessário para a gestão da qualidade, disponibilizando recursos físicos e humanos necessários, conscientizando e capacitando recursos humanos, estabelecendo meios de comunicação eficazes e documentando atividades e resultados.

Como um sistema de gestão da qualidade abrange todas as atividades envolvidas na realização do produto para atendimento de pedidos, sua implementação requer visão de processos, além de um grande esforço de planejamento e revisão de progresso. É de se esperar que num primeiro momento o sistema de gestão não consiga atingir os objetivos planejados. Ou seja, os resultados dos processos de um sistema de gestão da qualidade precisam ser periodicamente avaliados e revistos para que, com o passar do tempo, consiga-se melhorar a eficácia do sistema. Portanto, a gestão da qualidade só se completa se for estabelecido um ciclo virtuoso de medição e análise dos resultados e ações de melhoria.

As atividades de gestão estabelecidas no sistema da qualidade ISO 9001 focam exatamente esses pontos: responsabilidades da direção para liderar o processo de gestão da qualidade; planejamento de objetivos e planos de ação e revisão, suporte para as atividades de gestão da qualidade; gestão da qualidade na operação de produção, avaliação de desempenho e melhoria dos processos de gestão. Colocar em prática e gerenciar minimamente bem essas atividades é exigência para que uma empresa obtenha um certificado ISO 9001. Por serem requeridas para certificação, essas atividades de gestão são chamadas de "requisitos" do sistema de gestão.[1] Os requisitos da ISO 9001:2015 estabelecem "o que" as empresas precisam colocar em prática, mas não entram em detalhes sobre "como" colocar em prática. Essa característica faz com que o sistema de gestão da qualidade da ISO seja aplicável a qualquer organização, de manufatura ou serviço, em qualquer setor da atividade econômica e de qualquer tamanho.

Em 1987, a ISO lançou a primeira edição das normas da série ISO 9000, baseada em experiências anteriores, especialmente a norma britânica BSI 5750. Em 2000, a ISO lançou a terceira edição da norma, incorporando várias mudanças e tendo como objetivo tornar o sistema mais robusto, de modo a rebater as críticas que vinham comprometendo a credibilidade dos certificados. Com essas mudanças, os requisitos do sistema da qualidade passaram a incorporar de maneira mais objetiva e concreta alguns princípios básicos de gestão da qualidade, tais como: foco no cliente, comprometimento, melhoria contínua, capacitação de recursos humanos, gestão por processos e decisão baseada em fatos. Em 2015, a ISO lançou a quinta edição da ISO 9001. Desta vez, o comitê da ISO (CT 176) encarregado de revisar a norma propôs alterações significativas na estrutura de requisitos do sistema de gestão, além de mudanças de terminologia, como será visto nas seções seguintes. As alterações representam uma evolução do sistema da qualidade, de tal forma que o sistema da qualidade ISO 9001 é tido hoje como uma referência de boas práticas em termos de gestão da qualidade para qualquer tipo e porte de organização.

Mas quem precisa de um certificado ISO 9001? Em muitos casos o cliente exige do fornecedor o certificado ISO 9001, como evidência de capacitação para o atendimento dos requisitos da qualidade e como exigência prévia para a aquisição do produto ou serviço. Também vem se tornando comum a exigência de mais de um certificado. Por exemplo, certificações da qualidade e ambiental. E como esses sistemas de gestão apresentam grande similaridade, com várias atividades em comum, caso a empresa necessite dos dois certificados, é mais racional que se implemente um único sistema, integrando os requisitos dos diferentes sistemas de gestão.

---

[1] O leitor deve ficar atento, pois o termo *requisito* aparece neste capítulo com dois significados distintos: requisitos dos clientes ou requisitos da ISO.

Os requisitos do sistema da qualidade ISO 9001:2015 são apresentados na seção 3.3. Antes, são comentadas as principais alterações da edição de 2015 em relação à edição de 2008.

3.2 Principais alterações da ISO 9001:2015

Em relação à edição de 2008, a última edição, de 2015, trouxe algumas alterações importantes na estrutura de requisitos. Segundo a ISO, essa versão da ISO 9001 segue a diretriz desenvolvida pela ISO[2] para a "estrutura de alto nível". Essa diretriz estabelece um padrão para a sequência de cláusulas, texto e terminologia. A maior parte das cláusulas da norma (4a em diante) detalha os requisitos do sistema. Cada um desses requisitos refere-se a um macroprocesso do sistema de gestão. E o conjunto desses requisitos compõe o modelo do sistema de gestão da qualidade proposto pela ISO. Na edição de 2008, o modelo de gestão era estruturado em cinco requisitos ou macroprocessos (cláusulas 4 a 8): sistema da qualidade; responsabilidade da direção; gestão de recursos; realização do produto; medição, análise e melhoria. Na edição de 2015, o sistema da qualidade passa a ser estruturado em sete requisitos ou macroprocessos (cláusulas 4 a 10): contexto da organização; liderança; planejamento; suporte; operação; avaliação de desempenho; e melhoria.

Apesar do maior número de cláusulas, não houve alteração significativa dos requisitos, mas sim uma adequação. O objetivo é, segundo a ISO, alinhar a estrutura de requisitos, texto e terminologia com os outros sistemas de gestão da ISO. A ISO 14001, na sua edição de 2015, também foi adequada para essa mesma estrutura de alto nível. A norma esclarece, em suas cláusulas iniciais, que a sequência estabelecida é consistente com a lógica dos processos de planejamento e gestão. A norma também enfatiza que as organizações não necessariamente precisam desenvolver um sistema de gestão com a mesma estrutura proposta pela estrutura de cláusulas da ISO 9001, mas claro que todos os requisitos devem ser atendidos.

A edição de 2015 da ISO 9001 traz algumas mudanças de terminologia:

- o termo *produto* refere-se indistintamente a *produto ou serviço*;
- *informação documentada* é usado em substituição aos termos *manual da qualidade, procedimentos documentados* e *registros*;
- *ambiente de operação de processos* em substituição ao termo *ambiente de trabalho*;
- *recursos de monitoramento e medição* ao invés de *equipamentos de monitoramento e medição*;

---

[2] ISO/IEC Directives, - Part 1- Consolidated ISO Suplement, 2015 (Apêndice 2 do Anexo SL). Em: www.iso.org/directives

- *produtos e serviços providos externamente* ao invés de *produtos adquiridos*;
- *provedores externos* ao invés de *fornecedor*;
- o termo *exclusão* não é mais empregado. No entanto, apesar de a norma não se referir a exclusões, a aplicabilidade dos requisitos da norma está condicionada às particularidades das operações de produção da organização. Ou seja, na prática, não houve alteração;

Em documento anexo ao texto da norma, a ISO esclarece que não há necessidade de as organizações alterarem a terminologia usada. Ou seja, os termos usados, como *registros*, *procedimentos*, *fornecedor*, entre outros, provavelmente continuaram a ser usados por serem mais adequados e fazerem parte do linguajar corrente. O texto da norma usa a expressão *produtos e serviços*, ao invés de somente *produtos* para se referir às entregas aos clientes, que podem ser bens materiais ou imateriais, sobre as quais se aplicam os requisitos dos clientes. Mas apesar dessa diferenciação, a norma não faz nenhuma exigência diferenciada em função do tipo de produto.

Além da mudança de terminologia, outra mudança importante é a adoção do conceito de risco. A norma define risco como o efeito da incerteza nos resultados. As não conformidades de produto ou não conformidades relacionadas a outros requisitos de clientes e outras partes interessadas são resultados que decorrem de certa dose de incerteza, ou risco das operações de uma organização. Portanto, o conceito de risco, no caso do sistema da qualidade, também se refere a avaliar os riscos de não atendimento dos requisitos das partes interessadas e de não consecução dos objetivos da organização. A noção de risco já estava implícita nos requisitos da ISO 9001, mas apenas nesta última edição é que o termo foi explicitamente adotado. Mas o conceito de risco tem também um significado mais amplo. A edição de 20015 da ISO 9001, diferentemente das edições anteriores, estabelece como requisito que a organização deve considerar riscos e oportunidades no planejamento do sistema da qualidade. Deve-se observar ainda que a adoção do termo *risco* decorre do objetivo da ISO de alinhar a terminologia usada nos sistemas de gestão, como ISO 9001 e ISO 14001.

Outra mudança importante em relação à ISO 9001:2008, que merece destaque, é que a ISO não mais estabelece como requisito a indicação de um representante da administração – RD. A norma mantém a exigência pela explicitação de papéis e responsabilidades sobre o sistema da qualidade dos diferentes elementos organizacionais. Pode ser que, com essa alteração, a ISO pretenda reforçar, na prática, o compartilhamento de responsabilidades sobre o sistema. Mas é provável que as organizações continuem a ter, por um bom tempo, um representante da administração.

Ainda outra mudança muito importante em relação às edições anteriores é que nessa edição de 2015 não há exigência por nenhum procedimento documentado. Na edição de 2008, essa exigência se limitava a poucas atividades, como controle de produtos não conformes e auditoria interna. A ISO 9001:2015 estabelece apenas que a organização deve manter procedimento e instruções na medida da sua necessidade. Ou seja, fica a cargo da organização definir se haverá alguma documentação que explicite suas atividades de gestão da qualidade. As exigências são de documentos de escopo, política e objetivos do sistema. Mas a ISO 9001:2015 exige vários registros, quando ela pede para "reter documentos".

Para os leitores já familiarizados com a edição de 2008, apresentamos a seguir as principais alterações no conjunto de requisitos da edição de 2015, que serão apresentados na próxima seção. O leitor não familiarizado com a edição de 2008 pode ir direto para a seção 3.3.

- A cláusula 4 continua tratando de requisitos gerais do sistema. Mas chama atenção para a necessidade de se entender o contexto em que a organização está inserida, necessidades e expectativas das partes interessadas, para que a partir disso defina-se o escopo do sistema e seus processos.
- Os requisitos de documentação, que antes estavam aninhados na cláusula 4, passam para a cláusula 7;
- O termo *informação documentada* substitui de forma genérica os termos *documento*, *procedimento documentado* e *registro*.
- A cláusula 5 passa a ser denominada Liderança. Os requisitos de planejamento, antes aninhados na cláusula 5, passam a fazer parte da cláusula 6, específica sobre planejamento do sistema da qualidade.
- A cláusula 7, denominada suporte, inclui os requisitos de documentação, comunicação e gestão de recursos (humanos e físicos), anteriormente espalhados pelas cláusulas 4, 5, 6 e 7 da edição de 2008;
- A cláusula 8 passa a ser denominada operação e inclui o requisito de controle de não conformidade, anteriormente na cláusula 8 da edição de 2008;
- A cláusula 9 inclui requisitos relacionados à avaliação de desempenho, antes agrupados na cláusula 8 da edição de 2008;
- A cláusula 10 inclui requisitos sobre melhoria do sistema, agrupados na cláusula 8 da edição de 2008.

3.3 Requisitos do sistema da qualidade ISO 9001:2015

Baseado nos princípios de gestão estabelecidos pela ISO 9000: 2015 e na experiência acumulada pelo comitê da ISO responsável pela revisão do sistema (*Technical Committee* – TC 176), o modelo de sistema de gestão da qualidade definido pela ISO na revisão de 2015 é detalhado em sete cláusulas da norma. São elas:

- Contexto da Organização (cláusula 4 da norma);
- Liderança (cláusula 5 da norma);
- Planejamento do Sistema de Gestão da Qualidade (cláusula 6 da norma);
- Suporte (cláusula 7 da norma);
- Operação (cláusula 8 da norma);
- Avaliação de Desempenho (cláusula 9 da norma);
- Melhoria (cláusula 10 da norma)

Cada uma dessas cláusulas da norma faz referência a uma série de atividades ou processos de gestão, que são requisitos para certificação na ISO 9001:2015. O requisito central do sistema é o da operação (cláusula 8 da norma), já que o objetivo do sistema é minimizar a ocorrência de erros nas operações que causem não atendimento dos requisitos dos clientes. A implementação dos requisitos de operação depende de outras atividades de gestão relacionadas aos outros requisitos do sistema. Primeiramente, o sistema da qualidade precisa ser planejado. Os requisitos da ISO 9001:2015 relacionados ao planejamento do sistema estão distribuídos entre as cláusulas 4 e 6. E para que o sistema seja eficaz, é preciso que haja comprometimento e envolvimento da liderança e, além disso, uma série de atividades de suporte ao sistema. A cláusula 5 trata de requisitos de liderança e a cláusula 7 trata de ações de suporte. Por último, o sistema precisa ser avaliado e melhorado. A cláusula 9 trata de requisitos de avaliação. A revisão do sistema é feita principalmente pela atividade de análise crítica do sistema pela alta direção. O resultado dessa atividade de análise crítica é a proposição de novas ações corretivas ou de melhoria. Finalmente, a cláusula 10 trata exatamente das atividades de implementação de ações de melhorias propostas na atividade anterior, de análise crítica.

A Figura 3.1, extraída da norma, ilustra as relações entre esses processos ou requisitos de gestão. Os processos das cláusulas 6, 7, 8, 9 e 10 formam um ciclo PDCA de melhoria. Todos os processos dessas cláusulas dependem da liderança, ou seja, do papel e das atividades de liderança requeridas pela ISO 9001:2015. As informações de entrada para definição e planejamento do sistema da qualidade são: a realidade da organização e o seu contexto; os requisitos dos clientes e necessidades e expectativas de outras partes interessadas. E os resultados, saídas do sistema da qualidade, são a satisfação dos clientes sobre os produtos e serviços. O tópico a seguir apresenta o conjunto de requisitos do sistema de gestão da qualidade.

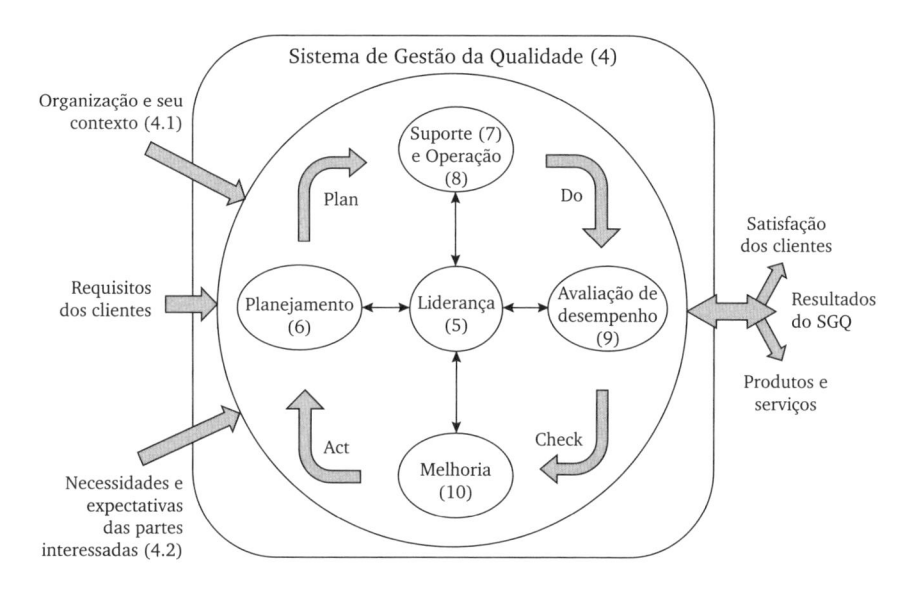

Figura 3.1 Modelo de sistema de gestão da qualidade da ISO 9001:2015 (NBR ISO 9001:2015).

3.3.1 Contexto da organização

A cláusula 4 apresenta requisitos relacionados à análise do contexto da organização particularmente relacionados a:

- análise do contexto da organização;
- necessidades e expectativas das partes interessadas;
- escopo do sistema;
- sistema da qualidade e seus processos de gestão.

Entendendo os contextos interno e externo relacionados ao sistema da qualidade

Na cláusula 4.1, a ISO 9001:2015 estabelece que a empresa deve determinar questões internas e externas relacionadas ao objetivo estratégico de desempenho das operações e que possam comprometer a eficácia de seu sistema da qualidade para a minimização do risco de não atendimento dos requisitos dos clientes. Como exemplo de questões relacionadas ao ambiente externo, podem ser citadas mudanças na política macroeconômica, nacional e internacional, mudanças relacionadas às questões legais e mudanças no mercado alvo e seus competidores. As questões internas que podem afetar o sistema da qualidade são várias e já são consideradas por exigência dos requisitos das cláusulas 7 e 8 da ISO 9001:2015, como por exemplo comprometimento e conscientização das pessoas com a qualidade e melhoria, conhecimento organizacional e competências. A análise dos ambientes externo e interno é um pré-requisito importante para as atividades de identificação das necessidades das partes interessadas e de planejamento e mudança do sistema, requisitos estabelecidos nas cláusulas 4.2 e 6 da ISO 9001:2015.

Identificação das necessidades e expectativas das partes interessadas

Nesse tópico, a ISO 9001:2015 estabelece que a empresa deve identificar as partes interessadas e seus requisitos (relevantes para o sistema de gestão), e monitorar constantemente essas informações. As necessidades dos clientes são os requisitos dos clientes. É muito importante que esses requisitos sejam completamente mapeados e que as expectativas quanto a eles sejam claramente identificadas. Ainda que bastante importantes, os clientes externos não são os únicos interessados no negócio (ou resultados do negócio). Outras partes interessadas importantes que devem ser consideradas quanto às suas necessidades e expectativas são os fornecedores e organismos reguladores. Os acionistas da empresa também são parte interessada, mas obviamente suas expectativas já são definidas a partir dos objetivos e metas estratégicas do negócio.

Determinação do escopo e processos do sistema de gestão

A empresa deve definir o escopo ou abrangência do sistema da qualidade. O escopo se refere a quais produtos e serviços fazem parte do sistema da qualidade; ou seja, quais produtos têm suas operações de produção e entrega gerenciadas respeitando os requisitos do sistema da qualidade da empresa. O texto da norma deixa claro que o sistema da qualidade da empresa deve contemplar todos os requisitos da ISO 9001:2015 aplicáveis às operações de produção e entrega dos produtos que estejam no escopo do sistema. A empresa pode excluir do sistema apenas requisitos relacionados a atividades que não façam parte da cadeia de valor do produto ou serviço incluído no escopo do sistema da qualidade. Na prática, as exclusões possíveis são de requisitos da cláusula 8, operação, e da cláusula 7.1.6, recursos de monitoramento e medição. Por exemplo, a empresa pode não realizar atividades no pós-entrega; portanto, nesse caso, o requisito relacionado a essa atividade não faria parte do sistema da qualidade da empresa. A empresa deve justificar a exclusão de algum requisito da norma. A ISO 9001:2015 estabelece que a informação sobre o escopo deve ser documentada (obrigatoriamente), incluindo detalhes sobre quais produtos e serviços fazem parte do escopo do sistema. E caso o sistema não inclua algum requisito da ISO 9001:2015, a justificativa para tal exclusão deve ser igualmente documentada. Mas deve-se observar que a única justificativa aceitável para a exclusão é o fato de o requisito não ser aplicável às atividades da cadeia de valor do produto ou serviço incluído no escopo do sistema.

O sistema de gestão da qualidade e seus processos

Esta cláusula enfatiza a importância da abordagem de processos para a gestão da qualidade. A norma estabelece que, para a implementação do sistema da qualidade, a organização deve determinar os processos de gestão da qualidade. Ou seja, os requisitos da ISO 9001:2015 devem ser implementados como processos de gestão, que requerem uma ou mais entradas, desenvolvem um conjunto de atividades e geram uma ou mais saídas. A ISO 9001:2015 estabelece que a organização deve determinar os processos necessários para o sistema de gestão da qualidade, estabelecendo também a sequência e interação entre eles, determinar recursos, designar autoridade e responsabilidade e melhorar a eficácia do sistema de gestão.

3.3.2 Liderança

A cláusula 5 da ISO 9001:2015 trata das responsabilidades da liderança. A alta gerência da organização deve prover evidências de liderança e comprometimento com o sistema de gestão da qualidade. Para isso, a seção 5.1 da ISO 9001:2015 estabelece vários requisitos relacionados às práticas e atitudes da alta gerência da organização. O primeiro desses requisitos é que a alta gerência da organização deve assumir a responsabilidade pela eficácia (ou falta de eficácia) do sistema da qualidade. Essa responsabilidade se desdobra em outras responsabilidades da liderança e comprometimento, destacadas a seguir, que visam assegurar a boa implementação de outros requisitos da ISO 9001:2015.

Foco no cliente

Nessa cláusula, a ISO 9001:2015 estabelece que a alta gerência deve demonstrar liderança e comprometimento com o princípio de foco no cliente e com as práticas gerenciais que fortaleçam o foco no cliente. Nesse tópico, a norma também enfatiza as responsabilidades de liderança e comprometimento para assegurar a boa implementação de outros requisitos da ISO 9001:2015.

Política da qualidade

A cláusula 5.2 da ISO 9001:2015 estabelece que a alta gerência deve se responsabilizar por definir, revisar e manter a política da qualidade assegurando que a política seja condizente com o propósito da organização, sirva de guia para a revisão dos objetivos da qualidade e que explicite o comprometimento com requisitos legais e com a melhoria contínua do sistema de gestão. A política da qualidade deve ser documentada.

Responsabilidade e autoridade

A ISO 9001:2015 estabelece que a alta gerência deve assegurar que sejam delegadas responsabilidade e autoridade a algumas pessoas com papéis relevantes para a implementação e manutenção do sistema da qualidade. Essa delegação de responsabilidade e autoridade deve ser comunicada e aceita por todos. Ou seja, ainda que a gestão da qualidade seja uma responsabilidade compartilhada por todos, algumas pessoas devem ter responsabilidades e autoridade específicas.

3.3.3 Planejamento

A partir da análise das informações sobre contexto e necessidades das partes interessadas, a ISO 9001:2015 estabelece como requisitos na cláusula 6 que o planejamento do sistema da qualidade inclua planos para tratar riscos e oportunidades, definição de objetivos da qualidade e planejamento da mudança, conforme comentado a seguir.

Plano de ações a partir da análise de riscos e oportunidades

Além de considerar, para o planejamento do sistema, os aspectos tratados nas cláusulas 4.1 e 4.2, a cláusula 6.1 da ISO 9001:2015 estabelece que a organização deve determinar os riscos e oportunidades que precisam ser contemplados para aumentar a chance de resultados desejáveis e prevenir ou reduzir a chance de efeitos indesejáveis. A ISO 9001:2015 introduz o conceito de análise de risco e oportunidades na etapa de planejamento do sistema de gestão. Apesar da novidade na norma, a análise de riscos e oportunidades é uma abordagem clássica da teoria de planejamento estratégico. A cláusula 6.1 também estabelece que as ações requeridas (para tratar os riscos e oportunidades) devem ser planejadas e implementadas e sua eficácia avaliada. Com base na eficácia das ações, elas podem ser revistas ou incorporadas aos procedimentos operacionais da organização.

Objetivos da qualidade

Na cláusula 5.1, a ISO 9001:2015 estabelece que a alta direção deve se comprometer e liderar vários esforços, entre eles a definição de objetivos da qualidade coerentes com o direcionamento estratégico e o contexto da organização. Já na cláusula 5.2, a norma estabelece que a política da qualidade deve servir de referência para a definição de objetivos da qualidade. Na seção 6.2, que trata sobre objetivos da qualidade, a norma define como requisito que a organização deve estabelecer objetivos da qualidade em funções, níveis e processos considerados relevantes para a gestão da qualidade. A organização deve (obrigatoriamente) documentar e reter esses registros sobre os objetivos da qualidade. Também nessa cláusula, a ISO 9001:2015 enfatiza que os objetivos de qualidade definidos pela organização devem considerar requisitos das partes interessadas e também devem ser compatíveis com a política da qualidade, monitorados, comunicados e atualizados quando necessário.

Planejamento de mudanças

Essa cláusula estabelece que quando a organização identifica a necessidade de mudança do sistema de gestão, essa mudança deve ser feita de forma sistemática ou planejada.

3.3.4 Suporte

A cláusula 7 da ISO 9001:2015 apresenta requisitos relacionados às ações de apoio para a implementação e manutenção do sistema da qualidade. Nessa cláusula, a ISO 9001:2015 considera vários elementos de suporte, de natureza mais objetiva, como infraestrutura material e documentação, e outros, de natureza mais subjetiva, como conhecimento organizacional e conscientização. As atividades e os recursos de suporte estabelecidos pela ISO 9001:2015 são comentados a seguir.

Recursos materiais e humanos

A organização deve determinar e prover as pessoas e recursos materiais necessários para operação e controle dos processos e para a efetiva implementação do sistema da qualidade.

Recursos de monitoramento e medição

A ISO 9001:2015 estabelece que, quando monitoramento ou medição é usado para evidenciar ou controlar a conformidade de produtos e serviços, a organização deve determinar os recursos necessários de forma que se obtenham resultados de monitoramento e medição válidos e confiáveis. A organização deve assegurar que os recursos são adequados para o tipo de medição e que são mantidos em boa condição. A seção 8.5 deste livro trata sobre análise de sistemas de medição, para verificação da adequabilidade de instrumento de medição.

Conhecimento organizacional

A ISO 9001:2015 estabelece que a organização deve determinar o conhecimento necessário para operação dos processos e conformidade dos produtos e serviços. Ainda segundo a norma, esse conhecimento deve ser mantido e disponibilizado de acordo com a necessidade.

Competências

Esse requisito da ISO 9001:2015 trata das competências ou habilidades requeridas das pessoas no ciclo de operação. A norma estabelece que a organização deve assegurar, por meio de capacitação e avaliação, que as pessoas tenham as competências requeridas. A organização deve também manter registros para evidenciar a competência das pessoas para o exercício do cargo.

Conscientização

A ISO 9001:2015 estabelece que pessoas trabalhando na organização devem estar conscientes da política e objetivos da qualidade, da contribuição que elas podem dar e das implicações em não atender aos requisitos de gestão da qualidade. A conscientização é um elemento essencial para que as pessoas se envolvam com a gestão da qualidade e melhoria.

Comunicação

A norma estabelece apenas que a organização deve determinar o que comunicar, interna e externamente, sobre o sistema de gestão da qualidade, quando, com quem e como.

Informação documentada

A norma estabelece que o sistema de gestão da qualidade da organização deve incluir informações documentadas exigidas por ela e informações documentadas consideradas pela organização como essenciais para que o sistema de gestão gere os resultados esperados. A ISO 9001:2015 usa o termo *informação documentada* para se referir a: documentos que contenham descrição sobre o que e como deve ser feito, conhecidos como procedimentos e instruções de trabalho; e documentos que contenham registros de resultados das operações. A ISO 9001:2015 estabelece requisitos para a criação, atualização e controle de documentos e registros.

3.3.5 Operação

Na cláusula 8, os requisitos são relacionados a várias atividades de gestão na cadeia interna de valor, como listado a seguir:

1. planejamento e controle;
2. determinação de requisitos de produtos e serviços;
3. projeto e desenvolvimento de produtos e serviços;
4. controle de produtos e serviços adquiridos externamente;
5. produção e provisão de serviços;
6. liberação de produtos e serviços.
7. controle de resultados de processos, produtos e serviços não conformes.

A Figura 3.2 apresenta essas atividades de gestão e procura ilustrar as relações e sequenciamento entre elas ao longo da cadeia interna de valor.

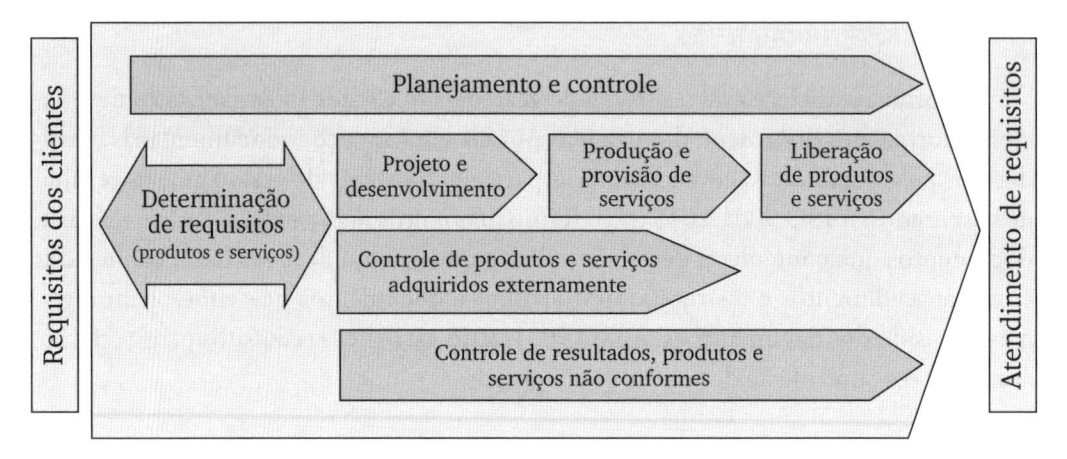

Figura 3.2 Requisitos de gestão da qualidade na operação.

Planejamento e controle

A primeira atividade, de planejamento e controle, estabelece que a organização deve planejar e controlar as atividades necessárias para a provisão de produtos e serviços em conformidade com os requisitos estabelecidos. O planejamento e controle envolvem todas as atividades do sistema de gestão na operação, iniciando pela atividade de determinação de requisitos dos clientes, sobre os produtos e serviços oferecidos.

Determinação de requisitos de produtos e serviços

Nessa cláusula, a ISO 9001:2015 estabelece que a organização deve estabelecer mecanismos e atividades para assegurar a boa comunicação com o cliente para que sejam feitas de forma adequada a determinação e a revisão dos requisitos dos clientes. Na determinação e revisão dos requisitos dos clientes, a organização deve assegurar que os requisitos sejam completamente definidos e que seja feita uma análise criteriosa da viabilidade em atendê-los.

Projeto e desenvolvimento de produtos e serviços

Na próxima etapa, de projeto e desenvolvimento, as atividades do sistema de gestão da qualidade têm por objetivo principal minimizar a chance de: os requisitos dos clientes não serem incorporados ao produto e serviços; as especificações de projeto não serem adequadas para minimizar a chance de não conformidade de produto; e as especificações de projeto não serem transmitidas para a produção. Para isso, a ISO 9001:2015 estabelece que a organização deve planejar seu processo de projeto e desenvolvimento de produtos e serviços, estabelecendo controles sobre o processo, sobre suas entradas e saídas e sobre alterações de projeto.

Controle de produtos e serviços adquiridos externamente

Como é muito comum que os produtos ou serviços entregues ao cliente incorporem produtos ou serviços adquiridos de terceiros, a ISO estabelece requisitos para a atividade de aquisição de produtos e serviços. Basicamente, a ISO 9001:2015 estabelece que a organização deve assegurar que as especificações e outros requisitos de produtos e serviços a serem adquiridos sejam completa e claramente definidos. A norma estabelece também que a organização deve estabelecer controles para avaliação dos produtos e serviços adquiridos, assim como para avaliação dos fornecedores.

Produção e provisão de produtos e serviços

Na etapa de produção, a ISO 9001:2015 estabelece que a organização deve assegurar que as informações e recursos necessários para a produção estejam disponíveis, que controles sobre os processos e resultados sejam estabelecidos e que as pessoas que executam as atividades tenham competência. Cabe à organização definir a melhor maneira de estabelecer esse controle, se por meio de procedimentos e instruções ou outra técnica qualquer. Também fazem parte do controle de produção assegurar a rastreabilidade dos produtos e a preservação dos produtos, inclusive aqueles pertencentes aos clientes ou fornecedores. A norma também exige controles sobre as atividades de atendimento aos clientes no pós-entrega.

Liberação de produtos e serviços

A ISO 9001:2015 estabelece que a organização deve estabelecer um procedimento apropriado para liberação do produto e serviço ao cliente, para a verificação final de que os requisitos para o produto e serviço foram atendidos. A norma não entra em detalhes sobre esse procedimento, a não ser que deve ser definido caso a caso.

Controle de resultados em não conformidade

Por último, caso produtos ou serviços não conformes sejam gerados, a norma exige que a organização tenha procedimentos para minimizar a chance de entrega aos clientes dos produtos não conformes, assim como para minimizar a chance de recorrência dessas não conformidades.

3.3.6 Avaliação e melhoria

Finalmente, o sistema precisa ser avaliado e melhorado. A cláusula 9 trata de requisitos de avaliação, incluindo avaliação da satisfação do cliente, auditoria interna e análise e avaliação de vários aspectos do sistema de gestão e resultados da operação. A revisão do sistema é feita principalmente pela atividade de análise crítica do sistema pela alta direção. Nessa atividade, são analisados todos os dados e informações coletadas na fase de avaliação, incluindo ações corretivas ou de melhoria em andamento. A análise crítica faz parte de um ciclo PDCA de melhoria contínua do sistema da qualidade, como ilustrado na Figura 3.3. Após o planejamento e implementação do sistema da qualidade, a alta direção, juntamente com os elementos organizacionais responsáveis pelo sistema da qualidade, deve periodicamente analisar criticamente as informações e dados resultantes da avaliação do sistema da qualidade, como definido no requisito 9.1.3, de análise e avaliação. O propósito da análise crítica é propor melhorias ou mudanças no sistema de gestão da qualidade, que devem ser planejadas, implementadas, avaliadas e analisadas criticamente em reuniões futuras. O resultado dessa atividade de análise crítica é a proposição de novas ações corretivas ou de melhoria. Finalmente, a cláusula 10 trata exatamente das atividades de implementação de ações de melhorias propostas na atividade anterior, de análise crítica.

Análise crítica

Saídas:
- Oportunidades de melhoria;
- Melhoria do sistema da qualidade;
- Necessidades de recursos.

Entradas:
- Situação das ações decididas em reuniões anteriores;
- Mudanças internas ou externas;
- Desempenho e eficácia do sistema de gestão da qualidade;
- Recursos disponíveis;
- Análise das ações para tratar riscos e oportunidades;
- Oportunidades de melhoria.

(Re) Planejamento do SGQ
- Análise de contexto;
- Necessidades e expectativas;
- Política e objetivos;
- Riscos e oportunidades;
- Ações de melhoria e mudança;
- Atividades de suporte e liderança;
- Atividades de operação e avaliação.

Avaliação de desempenho
- Satisfação do cliente;
- Auditoria interna;
- Não conformidades;
- Eficácia do SGQ;
- Avaliação do planejamento;
- Avaliação de fornecedores.

Implementação do SGQ
- Atividades de liderança e suporte;
- Atividades de operação da produção;
- Atividades de avaliação.

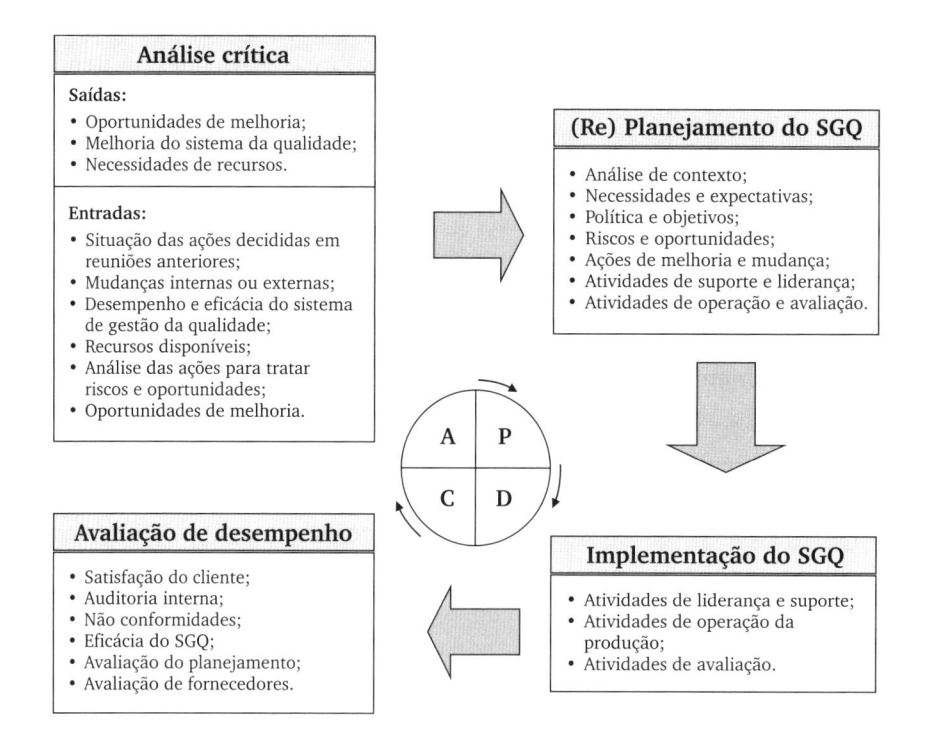

Figura 3.3 Análise crítica do sistema da qualidade: processo PDCA.

A Figura 3.3 é uma interpretação do ciclo PDCA de melhoria do sistema de gestão da ISO 9001:2015 e merece alguns comentários adicionais. Apesar de a cláusula 6 ser específica sobre planejamento, para implementar o sistema de gestão é preciso planejar todas as atividades, da liderança, de suporte, operação, avaliação e melhoria. Vários requisitos tratam sobre atividades ou fazem referência à necessidade de planejar as atividades de gestão da qualidade. Portanto, na etapa "Plan", além da cláusula 6, requisitos de planejamento estão também na cláusula 4 (processos de gestão) e na cláusula 8.1 (planejamento da operação). A etapa "Do" corresponde à implementação do sistema da qualidade, especialmente as atividades de suporte ao sistema da qualidade e as atividades de gestão da qualidade na operação, que foram planejadas na etapa anterior. Na etapa "Check", o sistema de gestão e os resultados das operações de produção são avaliados segundo os requisitos da cláusula 9. A análise crítica do sistema e proposição de melhorias, atividades das cláusulas 9 e 10, corresponde à etapa "Act", que leva a um replanejamento do sistema, reiniciando o PDCA de melhoria do sistema.

Como se pode deduzir, os princípios de gestão explicados no Capítulo 2 têm estreita relação com esses requisitos de gestão. Todos eles dependem da liderança e envolvimento das pessoas. Os princípios de foco no cliente, abordagem por processo e gestão de relacionamento estão mais claramente presentes nos requisitos de planejamento e operação. Os princípios de melhoria e decisão baseada em evidências se aplicam aos requisitos de avaliação e melhoria, mas também se aplicam a requisitos de operação. Certamente, a eficácia da implementação de um sistema de gestão vai depender do quanto esses requisitos fazem parte da cultura e das práticas de gestão da organização.

3.3 Integração com a ISO 14001

Uma forte tendência atual é a exigência de certificação de gestão ambiental, além de certificação de gestão da qualidade. Isso faz com que as organizações optem pela implementação de um sistema de gestão integrado, ou seja, que implementem atividades de gestão da qualidade e ambiental ao mesmo tempo, de forma a atender aos requisitos de ambas as normas. Isso é possível e desejável, pois várias das atividades de gestão são similares. O sistema de gestão ambiental ISO 14001 também passou por revisão e foi editado em 2015. A edição ISO 14001:2015 adotou a mesma estrutura de requisitos da ISO 9001:2015. Portanto, a integração com o sistema de gestão da qualidade é bastante óbvia. A seguir, são destacadas as principais diferenças da ISO 14001:2015.

3.3.1 Diferenças dos requisitos da ISO 14001:2015 em relação à ISO 9001:2015

A estrutura de alto nível das cláusulas do sistema de gestão ambiental, assim como a ISO 9001:2015, segue a diretriz desenvolvida pela ISO[3] para a "estrutura de alto nível". Essa diretriz estabelece um padrão para a sequência de cláusulas, texto e terminologia. Portanto, as cláusulas da ISO 14001:2015 são:

- Contexto da Organização (cláusula 4 da norma);
- Liderança (cláusula 5 da norma);
- Planejamento do Sistema de Gestão da Qualidade (cláusula 6 da norma);
- Suporte (cláusula 7 da norma);
- Operação (cláusula 8 da norma);
- Avaliação de Desempenho (cláusula 9 da norma);
- Melhoria (cláusula 10 da norma).

As cláusulas de contexto da organização (4), liderança (5), suporte (7), avaliação (9) e melhoria (10) são muito semelhantes, diferindo basicamente pelo fato de o foco do sistema ser a gestão ambiental e não da qualidade. Assim:

- na cláusula 4, a análise de contexto, necessidades e expectativas e escopo são relacionadas à gestão ambiental. As partes interessadas consideradas são aquelas que sejam relevantes para a gestão ambiental, como agências governamentais e reguladoras;
- na cláusula 5, a liderança deve estabelecer a política ambiental;
- na cláusula 7, as atividades de gestão são em suporte à gestão ambiental;
- nas cláusulas 9 e 10, a avaliação e as ações de melhoria consideram os resultados em termos de gestão ambiental da organização, assim como a eficácia do sistema ambiental.

Sobre a documentação do sistema, as mesmas exigências da ISO 9001:2015 também se aplicam à ISO 14001:2015.

As diferenças mais significativas estão concentradas nas cláusulas de planejamento (6) e operação (8), comentadas a seguir:

---

[3] ISO/IEC Directives, - Part 1- Consolidated ISO Suplement, 2015 (Apêndice 2 do Anexo SL). Em: www.iso.org/directives

Cláusula 6 – Planejamento

Nessa cláusula, a ISO 14001:2015 estabelece que a organização deve determinar riscos e oportunidades relacionados a aspectos ambientais, requisitos legais e outros requisitos. A expressão *aspecto ambiental* refere-se a qualquer parte da operação da organização, um equipamento ou um processo que possa causar impacto ao meio ambiente. Para a definição de riscos e planos, a ISO 14001:2015 estabelece que a organização deve determinar seus aspectos ambientais e as suas obrigações legais relacionadas aos aspectos ambientais (cláusulas 6.1.2 e 6.1.3). A partir dessa análise, a organização deve determinar seus planos de ação para a gestão ambiental e minimização dos impactos ambientais. A organização deve manter documentação relacionada a suas obrigações legais, assim como dos objetivos de gestão ambiental.

Cláusula 8 – Operação

Nessa cláusula, a norma estabelece que a organização deve implementar, controlar e manter os planos de ação para a gestão ambiental, necessários para atender aos requisitos de gestão ambiental estabelecidos a partir da análise de aspectos ambientais e obrigações legais. Outro requisito estabelecido nessa cláusula diz respeito à preparação e resposta a emergências. A norma estabelece que a organização deve estabelecer, implementar e manter procedimentos necessários para responder a situações de emergência como desastres ambientais. A norma estabelece que a organização mantenha a documentação considerada por ela como necessária para ter evidências de que os planos foram executados conforme planejado.

3.3.2 Integração dos sistemas de gestão da qualidade e ambiental

A integração dos sistemas de gestão ambiental e da qualidade é desejável, já que, como visto, existem grandes sobreposições entre os dois modelos de sistema de gestão. A integração mais imediata inclui as atividades de gestão em que os procedimentos gerais e requisitos de documentação são comuns em ambos os sistemas. Por exemplo, as atividades para suporte do sistema são basicamente as mesmas, mas com foco mais amplo, em gestão da qualidade e ambiental. O mesmo se aplica a outras atividades, conforme segue:

- análise de contexto da organização (cláusula 4);
- políticas e objetivos (cláusulas 5.2 e 6.2);
- suporte (cláusula 7);
- avaliação, análise crítica e melhoria (cláusulas 9 e 10);

Já os processos de planejamento para tratar riscos (6.1) e operação, ainda que façam parte do mesmo sistema de gestão integrado, são atividades distintas, com procedimentos distintos. Por exemplo, a cláusula 6.1 da ISO 14001:2015 estabelece que a organização deve determinar os aspectos ambientais e requisitos legais para em seguida planejar as ações. São ações de gestão específicas da gestão ambiental. Ou na cláusula 8.2, que estabelece requisitos para preparação e respostas a emergências. Da mesma forma, na cláusula 8 da ISO 9001:2015, os requisitos são específicos da gestão da qualidade. Portanto, para os requisitos das cláusulas 6.1 e 8 as atividades de gestão planejadas, previstas no "sistema de gestão integrado", são distintas, não se sobrepõem. Mas deve-se observar que os objetivos das atividades relacionadas a essas cláusulas podem se somar. Por exemplo, os requisitos das cláusulas 8.4, de controle de produtos adquiridos externamente, e 8.5, de produção, além de ter como objetivo a melhoria no atendimento dos requisitos dos clientes, podem e devem incluir requisitos relacionados à redução de impacto ambiental.

3.4 Certificação de sistema de gestão

A certificação de um sistema de gestão da qualidade é um processo de avaliação pelo qual uma empresa certificadora avalia o sistema de gestão de uma empresa interessada em obter um certificado e:

a) atesta que o sistema de gestão da empresa condiz com o modelo de sistema de gestão da qualidade (ISO 9001) ou ambiental (ISO 14001), ou ambos. Em outras palavras, avalia se o sistema de gestão da empresa contempla todos os requisitos estabelecidos pelas normas. Esse aspecto do processo de certificação é bem descrito pela expressão *Diga o que você faz para garantir a qualidade ou o meio ambiente*. O objetivo, portanto, é atestar a aderência do sistema de gestão projetado pela empresa como modelo de sistema estabelecido pelos requisitos da ISO 9001 ou ISO 14001;

b) atesta que foram encontradas evidências de que a empresa implementa as atividades de gestão tidas como necessárias para atender aos requisitos dos clientes e outras partes interessadas. Esse segundo aspecto da certificação é bem definido pelo dizer: "Demonstre que você faz o que você diz que faz para garantir a qualidade".

O processo de avaliação conduzido pela empresa certificadora é chamado de auditoria de terceira parte. Auditoria porque a avaliação tem um valor oficial; e de terceira parte por se tratar de uma auditoria realizada por um organismo independente, que não a própria empresa (primeira parte) ou um cliente da empresa (segunda parte). E a empresa certificadora, que audita e emite o certificado, é normalmente chamada de organismo certificador. A norma ISO 19011 – Diretrizes para auditorias de sistema de gestão da qualidade e/ou ambiental – estabelece orientações gerais para auditorias de sistema de gestão. O certificado não é emitido pela ISO, pois a ISO não emite certificados, mas apenas define um padrão de sistema da qualidade. A ISO recomenda inclusive que no material de divulgação do certificado não se use a expressão *certificado ISO*, para não se induzir o público a pensar que é um certificado emitido pela ISO. A ISO recomenda ainda que seja usada a expressão *certificado ISO 9001:2015* ou *certificado ISO 14001:2015*.

Os organismos certificadores, as empresas que emitem os certificados, são normalmente credenciados (ou acreditados, do inglês *accredited*) para a emissão de um certificado ISO 9001 ou ISO 14001. O credenciamento (ou a creditação) dos organismos certificadores é feito, no Brasil, pelo INMETRO, o Instituto Nacional de Metrologia, Normalização e Qualidade Industrial (ver<http://www.inmetro.gov.br/>), uma autarquia federal que tem entre as suas responsabilidades o credenciamento de laboratórios, organismos certificadores, inspeção de produtos, entre outras. O INMETRO, que coordena o sistema nacional de certificação no Brasil, é reconhecido internacionalmente como o organismo de credenciamento brasileiro, seguindo a tendência internacional atual de apenas um credenciador por país ou economia.

O credenciamento de organismos certificadores é voluntário e não obrigatório. No entanto, o credenciamento pelo INMETRO dá maior credibilidade ao organismo certificador, especialmente os nacionais, que não são credenciados em outros países.

Os certificados ISO 9001 e ISO 14001 têm validade de três anos. No entanto, as empresas certificadas devem passar por auditorias de manutenção, com periodicidade semestral ou anual. Nessas auditorias de manutenção, a empresa certificada, para manter seu certificado, deve prover evidências de que o sistema continua a atender os requisitos da norma e que não conformidades identificadas em auditorias anteriores receberam o devido tratamento. Após o período de três anos, a empresa passa por um processo de recertificação para renovação do certificado por igual período.

Dois pontos importantes sobre o certificado de sistema da qualidade merecem destaque. Primeiro, o certificado ISO 9001 não é um certificado de qualidade de produto. O certificado atesta que a empresa implementa um sistema de gestão da qualidade, baseado no modelo de requisitos normativos ISO 9001:2015, com o objetivo principal de atendimento dos requisitos dos clientes. É claro que é de se supor que com isso os produtos terão qualidade. Já um certificado de qualidade de produto atesta que o produto passou por uma série de testes e atendeu às exigências normativas, estabelecidas em normas específicas de produto. Vários são os produtos cujas especificações técnicas são estabelecidas em normas, como aparelhos eletroeletrônicos, brinquedos etc. Portanto, a ISO recomenda que na divulgação do certificado ISO 9001 não se deve sugerir que o produto tenha qualidade garantida, já que o certificado se refere à gestão do processo de realização do produto, e não ao produto em si.

Outro ponto importante é que o certificado faz referência ao "escopo" ou abrangência do sistema da qualidade. No caso de empresas com vários negócios, várias linhas de produtos, o sistema da qualidade implementado pode não abranger todos os negócios ou linhas de produto, por uma decisão da empresa em não incluir todos os produtos ou negócios no sistema da qualidade. No entanto, para aqueles negócios ou linhas de produtos cujo sistema da qualidade a empresa decidiu por certificar, não é permitida nenhuma exclusão; ou seja, o sistema da qualidade deve obrigatoriamente abranger todas as atividades primárias e de suporte da cadeia de valor relacionadas ao atendimento de requisitos relativos àquele negócio ou linha de produto. A empresa pode excluir do sistema apenas requisitos de operação (cláusula 8) que sejam relacionados a atividades não executadas pela empresa. Por exemplo, a empresa pode não realizar atividade de desenvolvimento de produto. Em tal circunstância, é óbvio que seu sistema não fará referência ao requisito relacionado ao desenvolvimento de produto. Assim, exclusões de requisitos são permitidas apenas nesse caso, e devem ser declaradas e justificadas.

Leitura complementar

CARPINETTI, L. C. R.; GEROLAMO, M. C. *Gestão da qualidade ISO 9001:2015*: requisitos e integração com a ISO 14001. São Paulo: Atlas, 2016.

NBRISO 9001:2015 – Sistema de gestão da qualidade: requisitos.

NBRISO 900:2015 – Sistemas de gestão da qualidade: fundamentos e vocabulário.

NBRISO 9004:2015 – Sistemas de gestão da qualidade: diretrizes para melhorias de desempenho.

NBRISO 14001:2015 – Sistemas de gestão ambiental: requisitos e orientação para para uso.

Questões

1. Como os requisitos da ISO 9001:2015 se relacionam? Discorra brevemente sobre os requisitos e os relacionamentos entre eles.

2. Que benefícios a implementação de procedimentos e instruções de trabalho pode trazer para a operação de produção? Que prejuízo a documentação pode trazer e como evitar isso?

3. Qual é o papel da direção para a implementação de um sistema da qualidade?

4. Qual o objetivo da análise crítica do sistema e como ela é feita?
5. Um certificado ISO 9001 é um certificado de qualidade de produto? Explique.
6. Na implementação de um sistema da qualidade, a empresa deve definir o escopo do sistema da qualidade. O que isso significa?
7. Em que se baseia, principalmente, a auditoria de certificação de um sistema de qualidade ISO 9001?
8. Quais são a política e os objetivos do sistema da qualidade em sua empresa? Como eles se relacionam com os procedimentos do sistema de gestão da qualidade?

PARTE II

Técnicas de Gestão da Qualidade nas Operações de Produção

A evolução da qualidade ocorrida no século passado levou ao surgimento de várias técnicas para gerenciar a qualidade de produto e processo nas operações de produção da cadeia interna de valor. As mais básicas, chamadas "ferramentas da qualidade", apresentadas no Capítulo 4, têm por objetivo principal auxiliar o processo de melhoria contínua, ou seja: identificação de um problema, identificação das causas fundamentais desse problema, análise da situação visando a eliminação ou minimização dessa causa fundamental, implementação e verificação dos resultados. Essas técnicas são apresentadas no Capítulo 4.

Para auxiliar a traduzir requisitos de clientes e de mercado em características técnicas de produto e processo é que foi desenvolvida outra técnica, o QFD, *Quality Function Deployment*, ou Desdobramento da Função Qualidade, surgido no Japão nos anos 1960. O Capítulo 5 apresenta em detalhes a matriz da qualidade do QFD.

A preocupação com a identificação e eliminação de falhas de projeto de produto e processo de fabricação levou ao surgimento, nos EUA, do FMEA (*Failure Mode and Effect Analysis*), ou Análise do Modo e Efeito da Falha, outra técnica bastante aplicada pela indústria hoje em dia, especialmente na indústria automotiva. O conceito e a tabela de FMEA são tratados no Capítulo 6.

O sucesso do programa da qualidade criado pela Motorola nos anos 1980, somado à competência de seus criadores, deu forma, a partir dos anos 1990, a um novo programa de gestão da qualidade, o Seis Sigma. Baseado nos mesmos princípios de gestão da qualidade e nas mesmas técnicas de gestão, mas com uma roupagem e abordagem inovadoras, o Seis Sigma deu nova importância a várias técnicas estatísticas de controle e melhoria da qualidade de produto e processo. Os Capítulos 7 e 8 tratam dos conceitos e técnicas usados em associação ao Seis Sigma.

Ferramentas para o Controle e Melhoria da Qualidade

4

Como vimos no Capítulo 2, o processo de melhoria contínua de produtos e processos envolve basicamente as seguintes etapas:

- identificação dos problemas prioritários;
- observação e coleta de dados;
- análise e busca de causas-raízes;
- planejamento e implementação das ações;
- verificação dos resultados.

Esse processo é ilustrado de forma mais concisa na Figura 4.1.

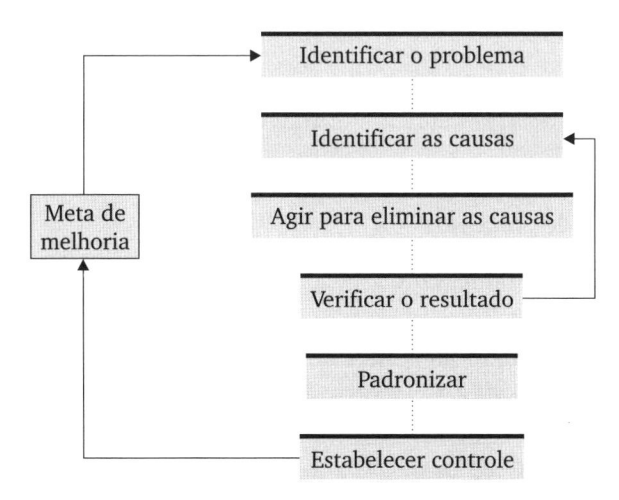

Figura 4.1 Etapas em controle de processos.

Para auxiliar o desenvolvimento dessas ações, foram criadas várias ferramentas, classificadas como *As Sete Ferramentas da Qualidade*, que compreendem:

1. estratificação;
2. folha de verificação;
3. gráfico de Pareto;
4. diagrama de causa e efeito;
5. histograma;
6. diagrama de dispersão;
7. gráfico de controle.

Outras ferramentas, normalmente conhecidas como *As Sete Ferramentas Gerenciais*, são:

1. diagrama de relações;
2. diagrama de afinidades;
3. diagrama em árvore;
4. matriz de priorização;
5. matriz de relações;
6. diagrama de processo decisório (*Process Decision Program Chart*);
7. diagrama de atividades (diagrama de flechas).

Além dessas, outras ferramentas da qualidade bastante difundidas são:

- 5S;
- mapeamento de processos;
- 5W1H (O quê, Por quê, Onde, Quando, Quem, Como).

Essas ferramentas podem ser genericamente classificadas quanto à utilização, conforme apresentado na Tabela 4.1.

Tabela 4.1 Principais finalidades das ferramentas da qualidade.

Finalidade	Ferramenta
Identificação e priorização de problemas	Amostragem e estratificação
	Folha de verificação
	Histograma, medidas de locação e variância
	Gráfico de Pareto
	Gráfico de tendência, gráfico de controle
	Mapeamento de processo
	Matriz de priorização
	Estratificação
	Diagrama espinha de peixe
	Diagrama de afinidades
	Diagrama de relações
	Relatório das três gerações (passado, presente, futuro)
Elaboração e implementação de soluções	Diagrama árvore
	Diagrama de processo decisório
	5W1H
	5S
Verificação de resultados	Amostragem e estratificação
	Folha de verificação
	Histograma, medidas de locação e variância
	Gráfico de Pareto
	Gráfico de tendência, gráfico de controle

A utilização da maior parte dessas ferramentas é feita por meio de levantamento de ideias e opiniões em um trabalho de equipe conhecido como *brainstorming*. As próximas seções apresentam essas ferramentas, exceto as ferramentas 5W1H, mostradas no Capítulo 6, mapeamento de processos e gráficos de controle, apresentados no Capítulo 8.

4.1 As sete ferramentas da qualidade

4.1.1 Estratificação

A estratificação consiste na divisão de um grupo em diversos subgrupos com base em características distintivas ou de estratificação. As principais causas de variação que atuam nos processos produtivos constituem possíveis fatores de estratificação de um conjunto de dados: equipamentos, insumos, pessoas, métodos, medidas e condições ambientais são fatores naturais para a estratificação dos dados.

Com a estratitificação dos dados, objetiva-se identificar como a variação de cada um desses fatores interfere no resultado do processo ou problema que se deseja investigar. Alguns exemplos de fatores de estratificação bastante utilizados são:

- condição climática: os efeitos dos problemas (ou resultados indesejáveis) são diferentes de manhã, à tarde, à noite?
- turno de produção: os efeitos são diferentes quando consideramos diferentes turnos de produção?
- local: os efeitos são diferentes nas diferentes linhas de produção da indústria ou nas diferentes regiões do país onde o produto é comercializado?
- matéria-prima: são obtidos diferentes resultados dependendo do fornecedor da matéria-prima utilizada?
- operador: diferentes operadores estão associados a resultados distintos?

A estratificação é um recurso bastante útil na fase de análise e observação de dados. Deve-se observar, entretanto, que para se analisar os dados de maneira estratificada é preciso que a origem dos dados seja identificada. Ou seja, é importante anotar, por exemplo, em que dias da semana e em que horários os dados foram coletados, quais máquinas estavam em operação e quais foram os operários e os lotes de matéria-prima envolvidos. Uma estratégia recomendável consiste em registrar todos os fatores que sofrem alterações durante o período de coleta dos dados. Também é importante que os dados sejam coletados durante um período de tempo não muito curto, de forma que se possam analisar os dados também em função do tempo.

4.1.2 Folha de verificação

A folha de verificação é usada para planejar a coleta de dados a partir de necessidades de análise de dados futuras. Com isso, a coleta de dados é simplificada e organizada, eliminando-se a necessidade de rearranjo posterior dos dados. De modo geral, a folha de verificação consiste num formulário no qual os itens a serem examinados já estão impressos. Diferentes tipos de folha de verificação podem ser desenvolvidos. Os tipos mais empregados são:

- verificação para a distribuição de um item de controle de processo, com definição dos limites LIE – Limite Inferior da Especificação e LSE – Limite Superior da Especificação (Figura 4.2);
- verificação para classificação de defeitos (Figura 4.3);

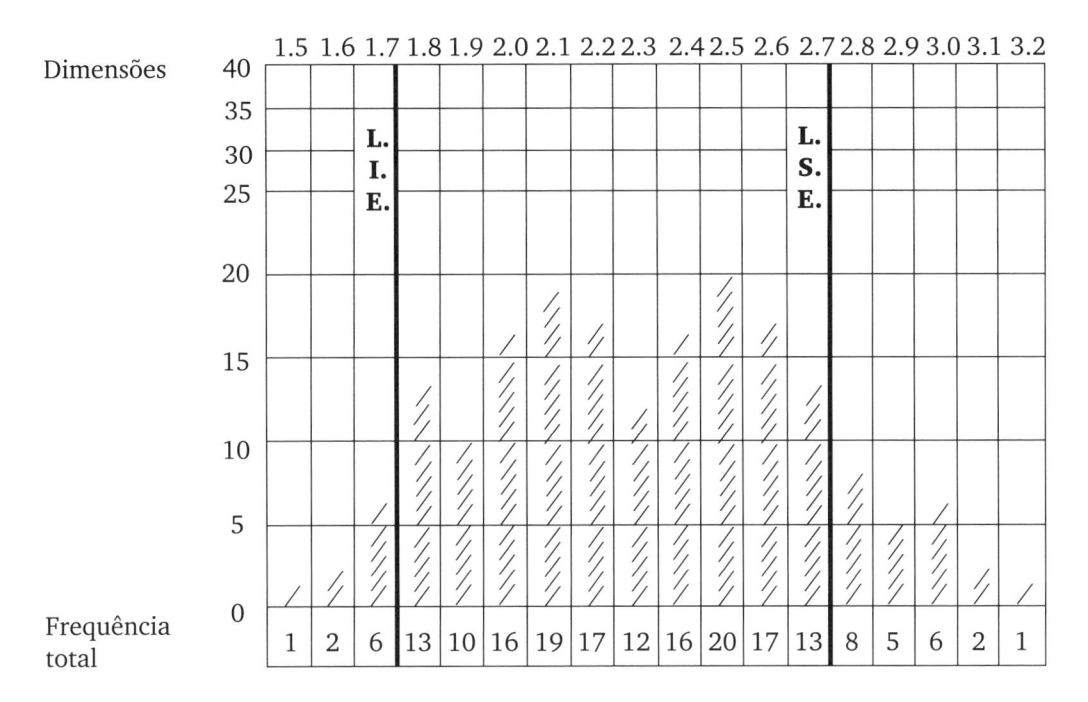

Dimensões	40	1.5	1.6	1.7	1.8	1.9	2.0	2.1	2.2	2.3	2.4	2.5	2.6	2.7	2.8	2.9	3.0	3.1	3.2
	35			**L.I.E.**										**L.S.E.**					
	30																		
	25																		
	20																		
	15																		
	10																		
	5																		
	0																		
Frequência total		1	2	6	13	10	16	19	17	12	16	20	17	13	8	5	6	2	1

Figura 4.2 Folha de verificação de um item de controle de um processo.

Tipo	Rejeitados	Subtotal
Marcas	//// //// //// //// //// //	32
Trincas	//// //// //// ///	23
Incompleto	//// //// //// //// //// //// //// //// //// //	48
Distorção	////	4
Outros	//// //	8
	Total Geral	115
Total rejeitados	//// //// //// //// //// //// //// //// //// //// //// //// //// //// /	86

Figura 4.3 Folha de verificação para a classificação de defeitos.

4.1.3 Diagrama de Pareto

O Princípio de Pareto foi adaptado aos problemas da qualidade por Juran, a partir da teoria desenvolvida pelo sociólogo e economista italiano Vilfredo Pareto (1843-1923). O Princípio de Pareto estabelece que a maior parte das perdas decorrentes dos problemas relacionados à qualidade é advinda de alguns poucos mas vitais problemas. Ou seja, o Princípio de Pareto afirma que se forem identificados, por exemplo, 50 problemas relacionados à qualidade (percentual de itens defeituosos, retrabalho, refugo, número de reclamações de clientes, gastos com reparos de produtos dentro do prazo de garantia, ocorrências de acidentes de trabalho, atrasos na entrega de produtos etc.), a solução de apenas oito ou dez desses problemas já poderá representar uma redução de 80 ou 90% das perdas que a empresa vem sofrendo devido à ocorrência de todos os problemas existentes.

O Princípio de Pareto afirma também que, entre todas as causas de um problema, algumas poucas são as grandes responsáveis pelos efeitos indesejáveis desse problema. Logo, se forem identificadas as poucas causas vitais dos poucos problemas vitais enfrentados pela empresa, será possível eliminar quase todas as perdas por meio de um pequeno número de ações.

O Princípio de Pareto é demonstrado através de um gráfico de barras verticais (Gráfico de Pareto) que dispõe a informação de forma a tornar evidente e visual a ordem de importância de problemas, causas e temas em geral. Considerando que, de modo geral, os recursos são limitados, eles devem ser aplicados onde os benefícios advindos da eliminação de problemas seja de maior impacto. Nesse sentido, o Diagrama de Pareto é uma ferramenta importante para a priorização das ações.

Alguns exemplos de gráfico de Pareto são listados a seguir:

- incidência de diferentes tipos de defeitos ou problemas (Figuras 4.4 e 4.5);
- custo de retrabalho de diferentes tipos de defeitos (Figura 4.6);
- incidência de um tipo de defeito ou problema em lotes de peças resultantes de máquinas similares (Figura 4.7);
- incidência de um tipo de defeito ou problema em lotes de peças resultantes de diferentes turnos de produção (Figura 4.8);
- causas para a ocorrência de um problema (Figura 4.9).

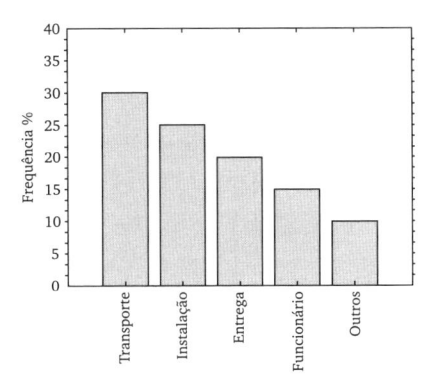

Figura 4.4 Gráfico de Pareto: frequência de problemas em serviço de distribuição e entrega.

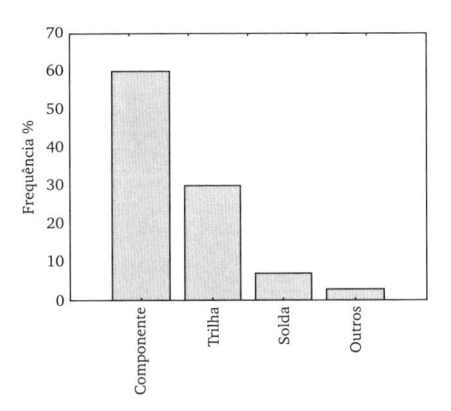

Figura 4.5 Gráfico de Pareto: frequência de defeitos em montagem de placas de circuito eletrônico.

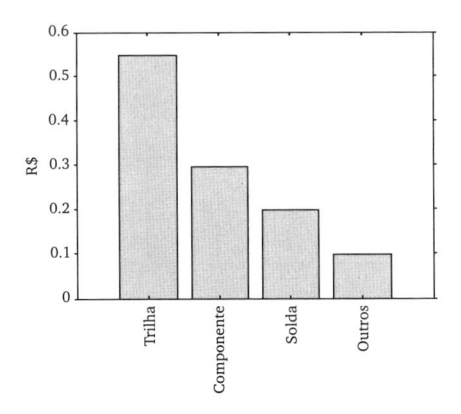

Figura 4.6 Gráfico de Pareto: custo de retrabalho de defeitos de fabricação.

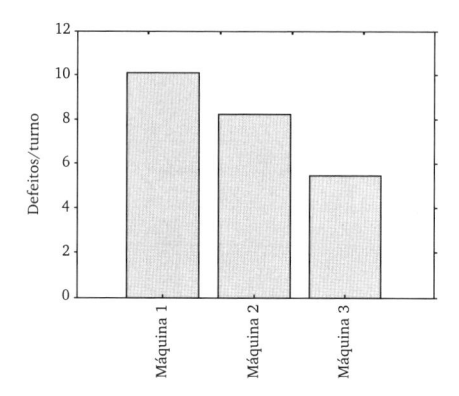

Figura 4.7 Gráfico de Pareto: defeitos por turno para diferentes máquinas.

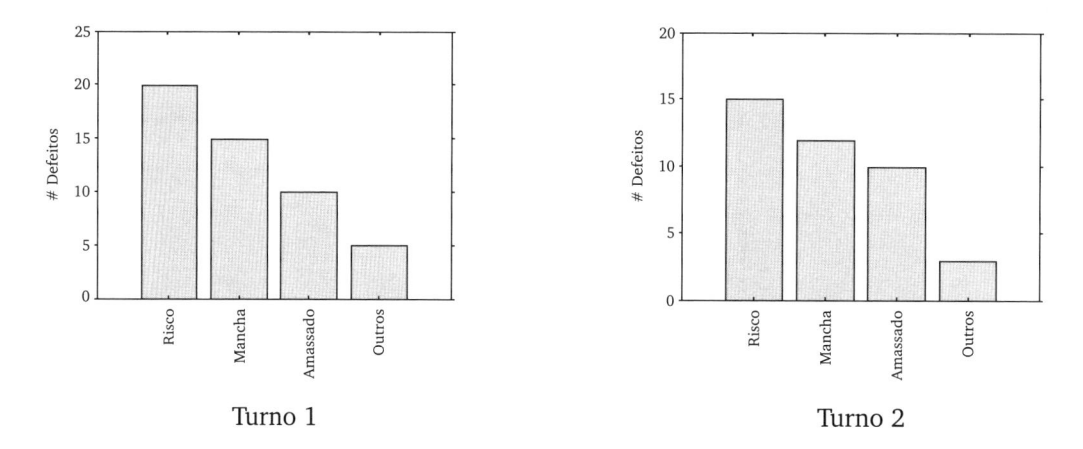

Turno 1

Turno 2

Figura 4.8 Gráfico de Pareto: número de defeitos para diferentes turnos.

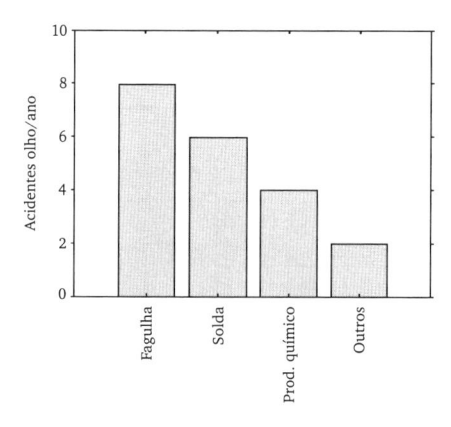

Figura 4.9 Gráfico de Pareto: causas principais para ocorrência de acidentes.

Etapas para a construção de um Gráfico de Pareto

1. selecione os tipos de problemas ou causas que se deseje comparar, *e. g.*, frequência de ocorrência de diferentes tipos de defeitos resultantes de um processo, ou causas para ocorrência de um problema. Essa seleção é feita através de dados coletados ou através de discussão em grupo (*brainstorming*);

2. selecione a unidade de comparação, por exemplo, número de ocorrências, custo etc.;

3. defina o período de tempo sobre o qual dados serão coletados, *e. g.*, oito horas, cinco dias ou quatro semanas;

4. colete os dados no local, *e. g.*, defeito A ocorreu 55 vezes; defeito B, 75 vezes; defeito C, 30 vezes etc.;

5. liste as categorias da esquerda para a direita no eixo horizontal na ordem de frequência de ocorrência, custo etc. decrescente;

6. acima de cada categoria, desenhe um retângulo cuja altura represente a frequência ou custo para aquela categoria;

7. do topo do mais alto retângulo, uma linha pode ser adicionada para representar a frequência cumulativa das categorias.

4.1.4 Diagrama de causa e efeito

O diagrama de causa e efeito foi desenvolvido para representar as relações existentes entre um problema ou o efeito indesejável do resultado de um processo e todas as possíveis causas desse problema, atuando como um guia para a identificação da causa fundamental desse problema e para a determinação das medidas corretivas que deverão ser adotadas.

O diagrama de causa e efeito é estruturado de forma a ilustrar as várias causas que levam a um problema. A estrutura do diagrama de causa e efeito lembra o esqueleto de um peixe, por isso é conhecido também como diagrama de espinha de peixe. Uma terceira denominação para esse diagrama é diagrama de Ishikawa, em homenagem ao Professor Kaoru Ishikawa, que elaborou o diagrama de causa e efeito para explicar a alguns engenheiros de uma indústria japonesa como os vários fatores de um processo estavam inter-relacionados.

A Figura 4.10 apresenta a estrutura básica de um diagrama de causa e efeito, onde as causas de um determinado efeito são genericamente classificadas sob quatro categorias básicas: método; máquina; material; homem.

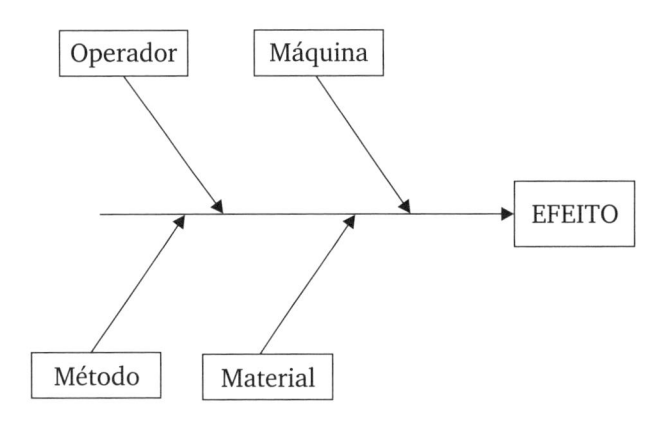

Figura 4.10 Estrutura básica de um diagrama de causa e efeito.

A construção de um diagrama de causa e efeito deve ser realizada por um grupo de pessoas envolvidas com o processo considerado. A participação do maior número possível de pessoas envolvidas com o processo é muito importante para que se possa construir um diagrama completo, que não omita causas relevantes. Para a condução do trabalho em equipe, é aconselhável que sejam realizadas sessões de *brainstorming*. O *brainstorming* tem o objetivo de auxiliar um grupo de pessoas a produzir o máximo possível de ideias em um curto período de tempo.

Uma vez definido o problema a ser considerado, a equipe deve se concentrar na identificação de todas as possíveis causas. Nessa fase, a equipe deve repetidamente formular e responder à pergunta: Que tipo de variabilidade (nas causas) poderia afetar a característica da qualidade de interesse ou resultar no problema considerado? As causas assim identificadas pela equipe podem ser classificadas nas categorias anteriormente identificadas e em tantas outras quanto necessário para caracterizar as causas básicas. Por exemplo, em processos administrativos, poderíamos considerar como causas básicas política, procedimentos, pessoas e equipamento.

Em seguida, para cada causa identificada, deve-se proceder à seguinte pergunta: Por que isso acontece? A resposta a essa pergunta levará a possíveis causas que se ramificam a partir da causa anterior. O objetivo desse procedimento é tentar identificar as causas fundamentais para a ocorrência de problemas.

O grau de importância de cada causa relacionada no diagrama deve ser estabelecido não somente com base na experiência e em impressões subjetivas, que muitas vezes podem ser enganadoras, mas também com base em dados.

Como o grau de importância de cada causa relacionada no diagrama deve ser estabelecido com base em dados, tanto as causas quanto o efeito devem ser mensuráveis. Quando isso não for possível, é importante tentar encontrar variáveis alternativas substitutivas que sejam mensuráveis.

As Figuras 4.11, 4.12 e 4.13 apresentam exemplos de diagramas.

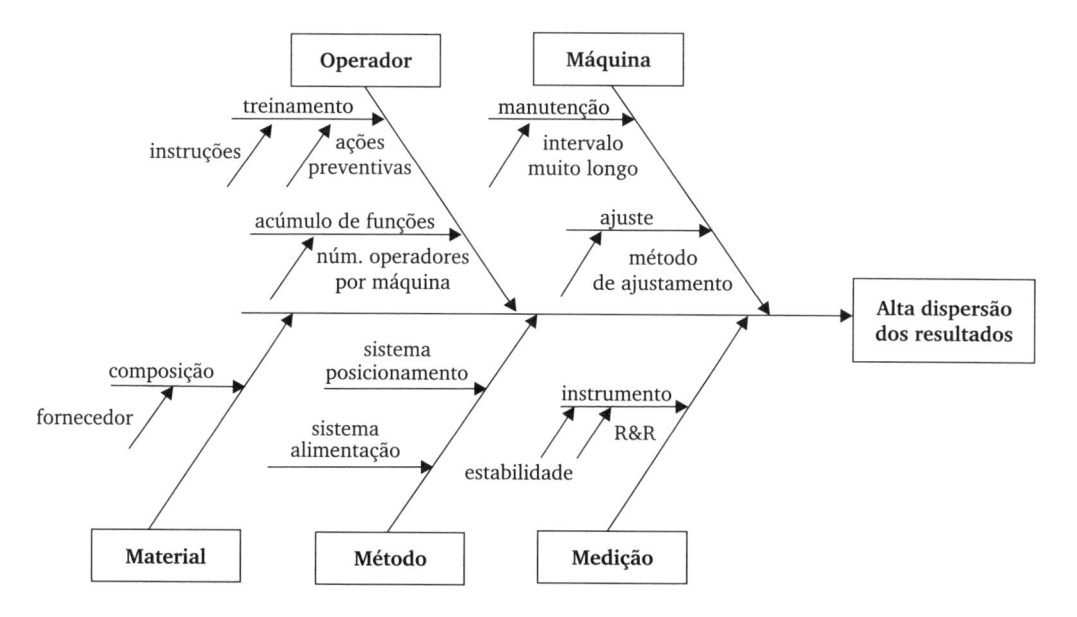

Figura 4.11 Diagrama de causa e efeito: causas para a alta dispersão do resultado de um processo de fabricação.

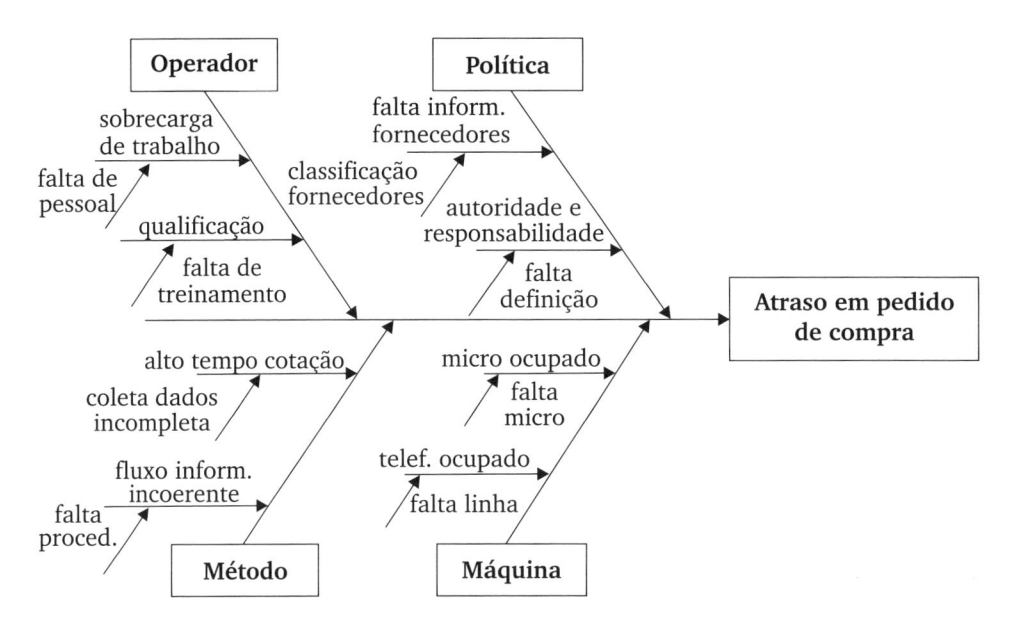

Figura 4.12 Diagrama de causa e efeito: causas para o atraso em pedido de compra.

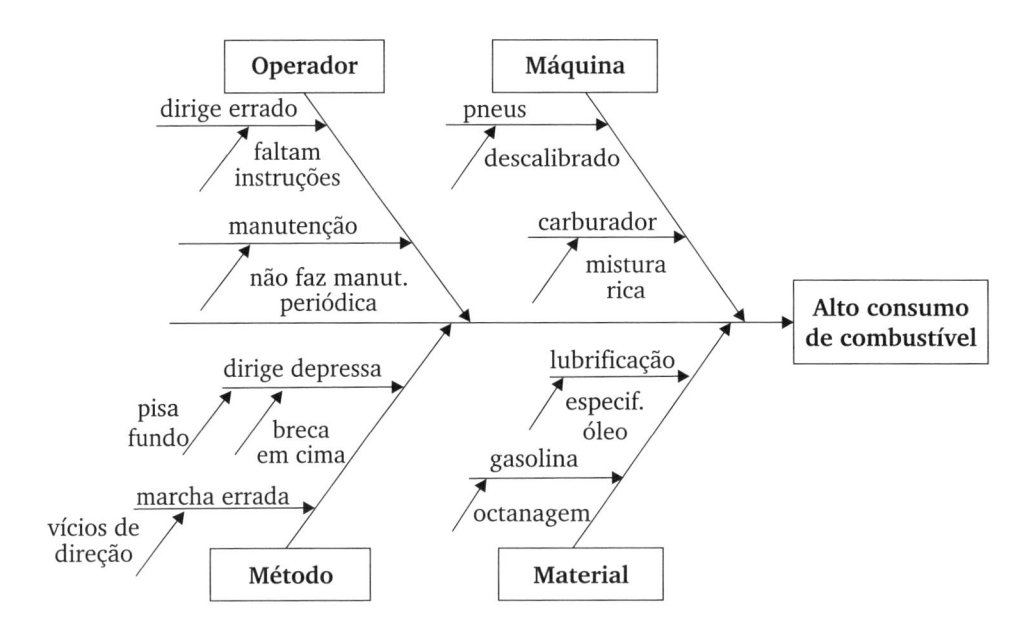

Figura 4.13 Diagrama de causa e efeito: causas para o alto consumo de combustível de um automóvel.

4.1.5 Histogramas

O histograma é um gráfico de barras no qual o eixo horizontal, subdividido em vários pequenos intervalos, apresenta os valores assumidos por uma variável de interesse. Para cada um desses intervalos, é construída uma barra vertical, cuja área deve ser proporcional ao número de observações na amostra cujos valores pertencem ao intervalo correspondente.

Assim, o histograma dispõe as informações de modo que seja possível a visualização da forma da distribuição de um conjunto de dados e também a percepção da localização do valor central e da dispersão dos dados em torno desse valor central.

A comparação de dados resultantes de um processo, para uma característica de qualidade de interesse, organizados na forma de histograma com os limites de especificação estabelecidos para aquela característica, nos permite responder às seguintes perguntas que podem surgir quando o desempenho de um processo está sendo estudado:

- O processo é capaz de atender às especificações?
- A média da distribuição das medidas da característica da qualidade está próxima do centro da faixa de especificação (valor nominal)?
- É necessário adotar alguma medida para reduzir a variabilidade do processo?

A construção de um histograma segue basicamente os seguintes passos:

1. Colete n dados referentes à variável cuja distribuição será analisada. É aconselhável que n seja superior a 50 para que se possa obter um padrão representativo da distribuição.

2. Escolha o número de intervalos ou classes (k). Não existe uma única regra universal para a escolha de k. A regra apresentada na Tabela 4.2 é bastante comum.

Tabela 4.2 Número de intervalos em função do tamanho da amostra.

Tamanho da amostra (n)	Número de intervalos (k)
< 50	5 – 7
50 – 100	6 – 10
100 – 250	7 – 12
> 250	10 – 20

3. Calcule a amplitude total dos dados, dada por:

$R = \text{MAX} - \text{MIN}$

onde MIN e MAX representam respectivamente o menor e o maior valor da amostra.

4. Calcule o comprimento de cada intervalo, dado por:

$$h = \frac{R}{k}$$

O valor de h deve ser arredondado de forma que seja obtido um número conveniente. Esse número deve ser um múltiplo da unidade de medida dos dados da amostra.

5. Calcule os limites de cada intervalo: o limite inferior do primeiro intervalo corresponde ao menor valor da amostra; o limite inferior do segundo intervalo corresponde ao menor valor (MIN) mais a largura do intervalo, h. Isso significa que o primeiro intervalo está entre:

$MIN \le k_1 < (MIN + h)$,

o segundo intervalo entre:

$(MIN + h) \le k_2 < (MIN + 2h)$,

e assim sucessivamente, até que seja obtido um intervalo que contenha o maior valor da amostra (MAX) entre os seus limites.

6. Construa uma tabela de distribuição de frequências, constituída pelas seguintes colunas:

- número de ordem de cada intervalo (i);
- limites de cada intervalo;
- ponto médio de cada intervalo;

7. Construa uma escala no eixo horizontal para representar os limites dos intervalos e uma escala no eixo vertical para representar as frequências de ocorrências dentro de cada intervalo. Desenhe um retângulo em cada intervalo, com base igual ao comprimento (h) e altura igual à frequência (f_i) do intervalo.

Exemplo 4.1: para a construção de um histograma a partir dos dados apresentados na Tabela 4.3, seguimos os passos definidos acima.

Para uma amostra de tamanho $n = 63$, podemos trabalhar com 10 intervalos. A amplitude da amostra é dada por:

$R = 10,7 - 9,0 = 1,7,$

Tabela 4.3 Conjunto de dados, Exemplo 9.1.

Dados					
9.9	10.1	9.8	10.2	9.9	10.5
9.3	9.9	9.9	9.8	9.8	10.6
10.2	9.7	10.1	10.7	10.3	9.8
9.4	9.8	10.4	9.9	9.5	9.5
10.1	9.9	10	10.7	9.9	9.4
9.6	10	10.2	9.3	9.3	9.6
9.9	9.6	10.1	10.3	10.2	10.3
10.1	9.7	9.8	9.9	9.2	10.2
9.8	9.4	10.1	10.5	9.9	
9.8	9.6	10.3	9.8	9.7	
9.8	10	10	10.3	9.9	

e o comprimento do intervalo é dado por:

$$h = \frac{R}{k} = \frac{1,7}{10} = 0,17$$

Nesse caso, podemos arredondar esse intervalo para 0,20, que corresponde a um múltiplo da menor divisão da unidade de medida (nesse caso, 0,10). A seguir, a frequência de ocorrência dos dados em cada um dos intervalos é computada, conforme ilustra a Tabela 4.4.

A partir da Tabela 4.4, podemos construir o histograma para o exemplo em questão, conforme ilustrado na Figura 4.14. O histograma permite a visualização da forma da distribuição dos dados e também a percepção da localização do valor central e da dispersão dos dados em torno desse valor central.

Tabela 4.4 Frequência de distribuição de dados, Exemplo 9.1.

Intervalo	Limites	Frequência
1	$9,0 \leq x < 9,2$	1
2	$9,2 \leq x < 9,4$	6
3	$9,4 \leq x < 9,6$	6
4	$9,6 \leq x < 9,8$	13
5	$9,8 \leq x < 10$	15

Intervalo	Limites	Frequência
6	$10 \leq x < 10{,}2$	11
7	$10{,}2 \leq x < 10{,}4$	6
8	$10{,}4 \leq x < 10{,}6$	3
9	$10{,}6 \leq x < 10{,}8$	2
		Total = 63

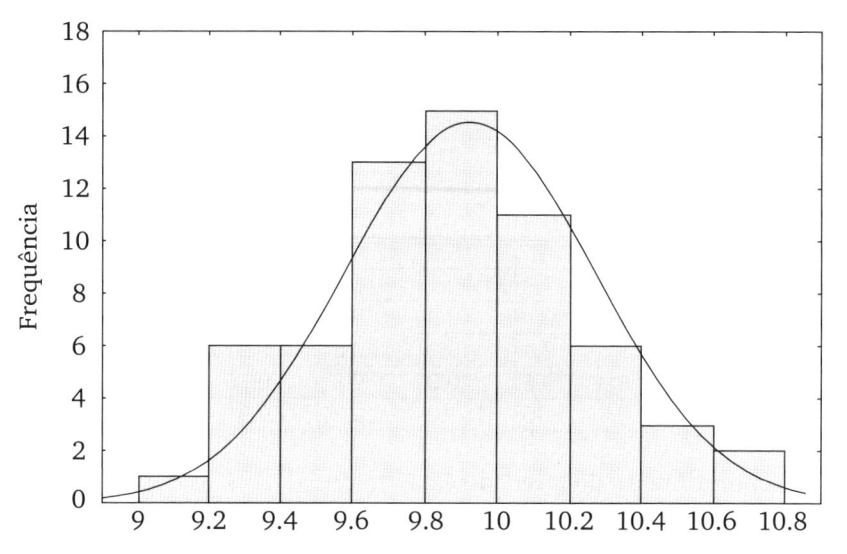

Figura 4.14 Histograma, Exemplo 9.1.

Na maioria das situações, também será necessário dispor de um sumário dos dados sob a forma numérica. As principais medidas utilizadas para quantificar a locação (onde se localiza o centro da distribuição dos dados) e a variabilidade (dispersão dos dados em torno do centro) são medidas de locação e de variabilidade (COSTA et al., 2004).

4.1.6 Diagrama de dispersão

O diagrama de dispersão é um gráfico utilizado para a visualização do tipo de relacionamento existente entre duas variáveis. De modo geral, gráficos de dispersão são usados para relacionar causa e efeito, como, por exemplo, o relacionamento entre velocidade de corte e rugosidade superficial em um processo de usinagem, composição de material e dureza, intensidade de iluminação de um ambiente e erros em inspeção visual etc.

Alguns padrões de relacionamento entre duas variáveis são:

- relação positiva: o aumento de uma variável leva a um aumento da outra (Figura 4.15a);
- relação negativa: o aumento de uma variável leva à diminuição da outra variável (Figura 4.15b);
- relação inexistente: a variação de uma variável não leva a uma variação sistemática da outra variável (Figura 4.15c).

Para a construção de um diagrama de dispersão, devem ser coletados pelo menos 30 pares de observações (x, y) das variáveis cujo tipo de relacionamento será estudado. A variável registrada no eixo horizontal deve ser aquela que, por algum motivo, é considerada causa preditora da outra variável, a qual será plotada no eixo vertical y. A escolha das escalas das variáveis no gráfico deve ser a mais adequada para permitir uma fácil visualização do padrão de dispersão dos pontos. Deve-se acrescentar que a observação de um diagrama de dispersão, com o objetivo de descobrir se existe ou não uma correlação entre as duas variáveis de interesse, depende muito dos intervalos de variação das variáveis. Para diferentes intervalos de variação, os resultados encontrados podem não ser os mesmos.

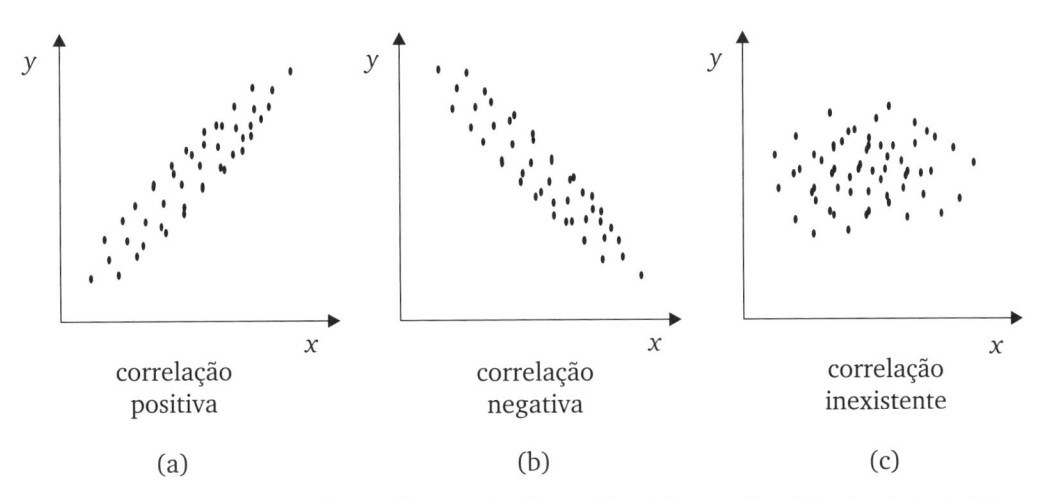

Figura 4.15 Diagrama de dispersão: correlação positiva (a), negativa (b) e inexistente (c).

Quando da análise do diagrama, deve-se primeiramente verificar se não existem pontos atípicos (*outliers*). O *outlier* é uma observação extrema, que não é condizente com o restante da massa de dados. Os *outliers* podem ser decorrentes de registro incorreto dos dados ou presença de algum defeito no instrumento de medição utilizado. Nesses casos, os *outliers* devem ser corrigidos, se isso for possível, ou então devem ser eliminados do conjunto de dados.

Por outro lado, os *outliers* também podem representar observações não usuais, mas perfeitamente plausíveis de ocorrerem na massa de dados. Quando isso acontece, os *outliers* podem fornecer informações importantes sobre o processo que está sendo analisado, como no caso em que o *outlier* ocorre como resultado da atuação de alguma variável que não estava sendo considerada. A identificação de *outliers* e a análise das causas que levaram ao seu aparecimento podem resultar em melhorias no processo ou em um novo conhecimento sobre a forma de atuação de fatores cujos efeitos na variável resposta *y* ainda eram desconhecidos. Por esse motivo, os *outliers* devem ser eliminados do conjunto de dados somente quando existir uma forte evidência de que eles resultaram de um erro de registro, de medição, de cálculo, do funcionamento inadequado de algum equipamento ou de outras circunstâncias similares.

Quando existirem um ou mais fatores de estratificação envolvidos no estudo realizado, importantes informações podem ser obtidas a partir de um diagrama de dispersão se os diferentes níveis desses fatores forem identificados. Portanto, em muitos casos, a estratificação dos dados para a construção pode permitir a descoberta da causa de um problema.

Após a construção do diagrama de dispersão, se uma relação linear se configura, estaremos interessados em conhecer a intensidade da relação linear entre essas variáveis em termos quantitativos. Para isso, o coeficiente de correlação linear, *r*, é usado, conforme apresentado na seção 8.6:

$$r = \frac{S_{xy}}{\sqrt{S_{xx} \times S_{yy}}},$$

onde:

$$S_{xx} = \sum_{i=1}^{n}(x_i - \overline{x})^2 = \sum_{i=1}^{n} x_i^2 - \frac{1}{n}\left(\sum_{i=1}^{n} x_i\right)^2$$

$$S_{yy} = \sum_{i=1}^{n}(y_i - \overline{y})^2 = \sum_{i=1}^{n} y_i^2 - \frac{1}{n}\left(\sum_{i=1}^{n} y_i\right)^2$$

$$S_{xy} = \sum_{i=1}^{n}(x_i - \overline{x})(y_i - \overline{y}) = \sum_{i=1}^{n} x_i y_i - \frac{1}{n}\left(\sum_{i=1}^{n} x_i\right)\left(\sum_{i=1}^{n} y_i\right)$$

O valor de r varia dentro do intervalo $-1 \leq r \leq 1$. Valores de r próximos de 1 indicam uma forte correlação linear positiva entre x e y. Quando $|r| = 1$, os pontos estarão sobre uma linha reta. Valores de r próximos de 0 indicam uma fraca correlação.

4.1.7 Gráficos de controle

O objetivo do uso de gráficos de controle é garantir que o processo opere na sua melhor condição. Suponha um processo de usinagem de um eixo, em que, periodicamente, é feita a medição da dimensão do diâmetro externo de um conjunto de cinco eixos (amostra) fabricados consecutivamente, conforme ilustrado na Tabela 4.5, para três amostras colhidas em intervalos de meia hora.

Tabela 4.5 Amostras do resultado de um processo.

Amostra 1	Amostra 2	Amostra 3
0.63	0.66	0.64
0.64	0.64	0.63
0.64	0.65	0.65
0.62	0.65	0.64
0.67	0.67	0.64
$\bar{x} = 0.64$	$\bar{x} = 0.654$	$\bar{x} = 0.64$
R = 0.05	R = 0.03	R = 0.02

As comparações das médias de amostra para amostra e das amplitudes (diferença entre máximo e mínimo) de amostra para amostra indicam como o processo está variando. Quando um processo está em controle estatístico, ou seja, quando apenas causas crônicas de variabilidade estão presentes, o resultado do processo, conforme ele evolui no tempo, deve se distribuir aleatoriamente segundo um padrão de distribuição normal, variando dentro de limites previsíveis em torno de um ponto central. Assim, quando registramos a média e a amplitude das amostras em gráficos cujos limites e linha central correspondam ao modelo estatístico de variabilidade da média e da amplitude da amostra, os pontos no gráfico devem se distribuir aleatoriamente em torno da linha central e dentro dos limites definidos, como ilustrado na Figura 4.16a. De outro modo, quando o processo não se encontra em controle estatístico, ou seja, quando causas esporádicas, além das causas crônicas, estão interferindo na estabilidade do processo, a distribuição dos pontos no gráfico apresentará pontos fora dos limites do gráfico ou com uma distribuição não aleatória, como ilustrado na Figura 4.16b, indicando que algum problema presente está causando uma piora da qualidade do resultado do processo. Gráficos de controle serão tratados em mais detalhes no Capítulo 8.

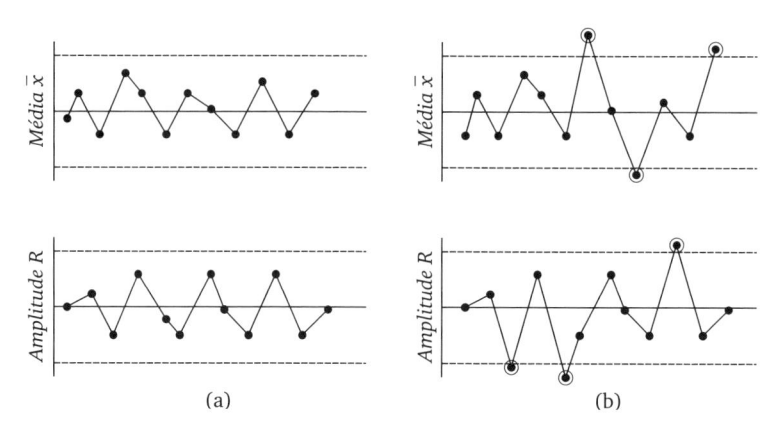

Figura 4.16 Ilustração dos gráficos da média e da amplitude.

4.2 Ferramentas gerenciais da qualidade

4.2.1 Diagrama de relações

Essa ferramenta tem por objetivo estabelecer relações de causalidade entre diferentes fatores. Ela se constitui em um mapa de relações de causa e efeito entre o efeito indesejável em estudo e as suas causas fundamentais. É normalmente usada para levantamento de possíveis causas-raízes de um problema, na fase de análise de um processo de melhoria. O diagrama de relações pode ser usado como uma alternativa ou um complemento ao diagrama espinha de peixe, já que ele mostra de forma mais clara as relações de causa e efeito. A Figura 4.17 ilustra a aplicação dessa ferramenta para análise das possíveis causas do mesmo problema abordado pelo diagrama espinha de peixe ilustrado na Figura 4.11. Diferentemente do diagrama espinha de peixe, uma causa relacionada à falta de treinamento pode levar a uma causa relacionada a método de trabalho inadequado. Além disso, o diagrama ilustra mais claramente cadeias de relacionamentos de causa e efeito.

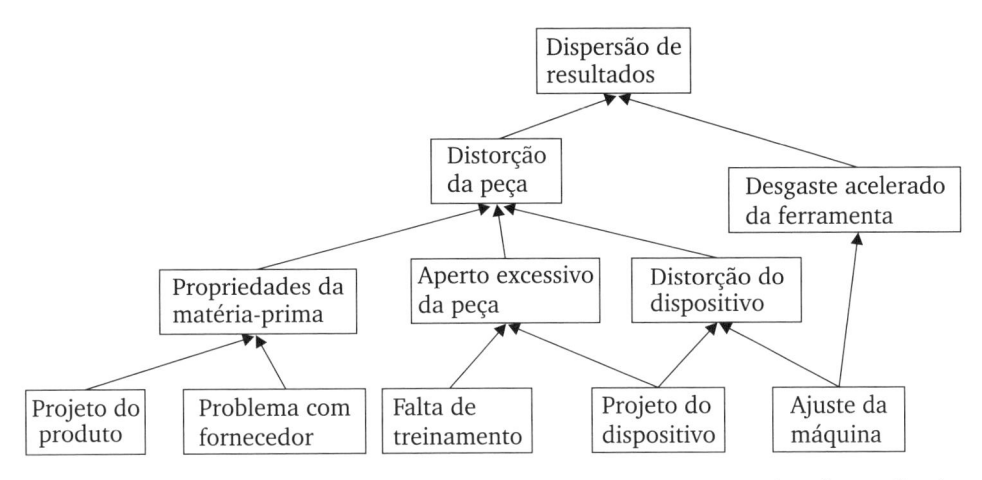

Figura 4.17 Diagrama de relações de causa e efeito: causas para alta dispersão de um processo de fabricação.

A relação de causa e efeito entre dois fatores pode depender da existência de outro fator. Por exemplo, na Figura 4.18, o tempo de *set-up* alto é uma causa de baixa produtividade, porque existe uma combinação de dois fatores: uma grande diversidade de produtos produzidos na mesma linha e inexistência de troca rápida de ferramenta. Portanto, a eliminação de apenas um desses fatores (diminuição da variedade de produtos na mesma linha ou utilização de troca rápida de ferramenta) causa a eliminação do efeito ou problema. Esse efeito condicionado à existência de dois fatores é indicado no diagrama pela união das duas setas de relacionamento.

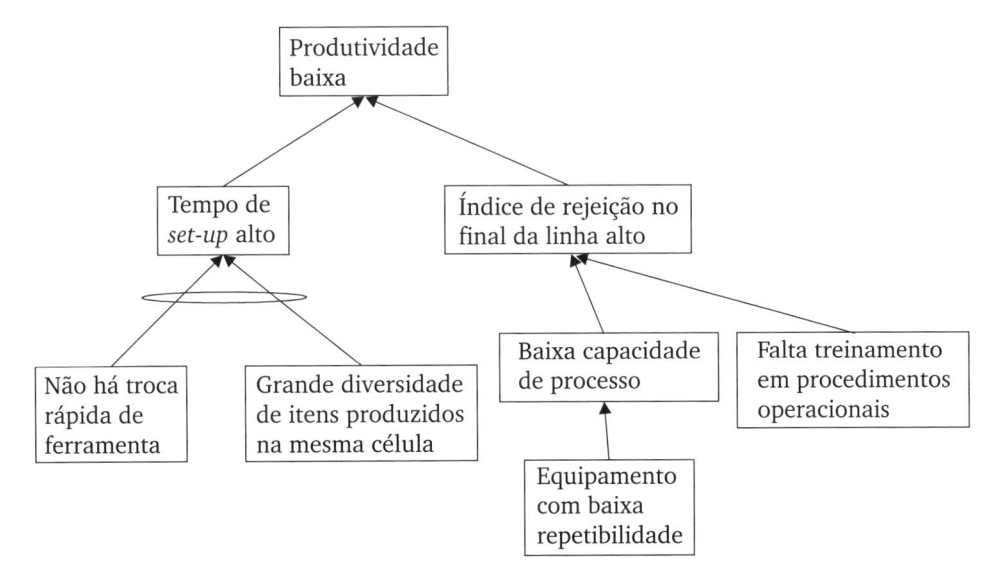

Figura 4.18 Diagrama de relações com efeito condicionado à existência de duas causas simultâneas.

A elaboração desse diagrama segue o mesmo processo de elaboração de um diagrama espinha de peixe: *brainstorming* para levantamento de ideias para identificação dos fatores e das relações entre eles. No processo de levantamento de ideias para identificação de fatores, é comum haver certa sobreposição ou semelhança entre duas ou mais opiniões sobre fatores, causas ou efeitos. Em alguns casos, está-se referindo à mesma coisa, apenas verbalizado ou fraseado de forma diferente. Nessas situações, é importante que haja um trabalho de síntese de forma a evitar duplicidades e garantir assim a concisão e precisão das relações de causa e efeito.

Outro ponto importante para melhorar a construção e leitura do diagrama de relações é agrupar os fatores semelhantes, relacionado a um mesmo tema, processo ou atividade. Nessa e em outras situações semelhantes, uma ferramenta útil é o diagrama de afinidades, comentado a seguir.

4.2.2 Diagrama de afinidades

O diagrama de afinidades agrupa ideias semelhantes relacionadas a um tema. Com esse processo, eliminam-se redundâncias, identificam-se lacunas no processo de levantamento de ideias e consequentemente compreende-se melhor um fenômeno. A Figura 4.19 ilustra dois diagramas, agrupando fatores relacionados à PCP (Planejamento e Controle da Produção) e manutenção.

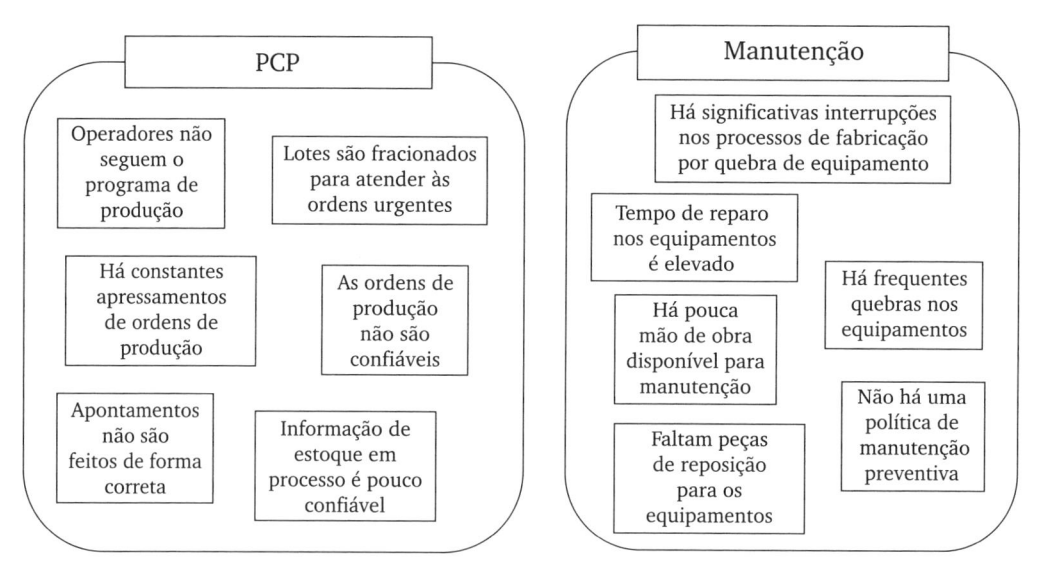

Figura 4.19 Diagrama de afinidades agrupando fatores relacionados.

A construção de um diagrama como esse segue o mesmo processo básico de *brainstorming* para levantamento de ideias. Pode-se partir de alguns temas predefinidos; por exemplo, levantamento de problemas relacionados à área de compras. No entanto, a maior utilidade é forçar a equipe a identificar semelhanças entre fatores e com isso formar agrupamentos de fatores.

Esse processo de agrupamento também é útil para a construção de diagrama em árvore, apresentado a seguir.

4.2.3 Diagrama em árvore

O diagrama em árvore é uma ferramenta que tem por objetivo o detalhamento ou desdobramento de uma ação ou atributo em níveis hierárquicos. Pode ser usada, por exemplo, para desdobrar os requisitos de um produto ou para desdobrar objetivos de desempenho por diferentes áreas de uma empresa a partir de um objetivo geral de melhoria. Pode também ser usada para desdobrar atividades de um processo de desenvolvimento de produto. O diagrama em árvore também é usado para representar a estrutura de componentes de um produto (árvore de produto) ou para representar a estrutura funcional de uma organização (organograma). A Figura 4.20 ilustra a utilização de um diagrama em árvore para representar o desdobramento de um requisito de produto (sapato) declarado pelo cliente. A Figura 4.21 ilustra o desdobramento de um objetivo por diferentes áreas de produção. E a Figura 4.22 ilustra um diagrama em árvore parcial das atividades de desenvolvimento de um produto (transmissão).

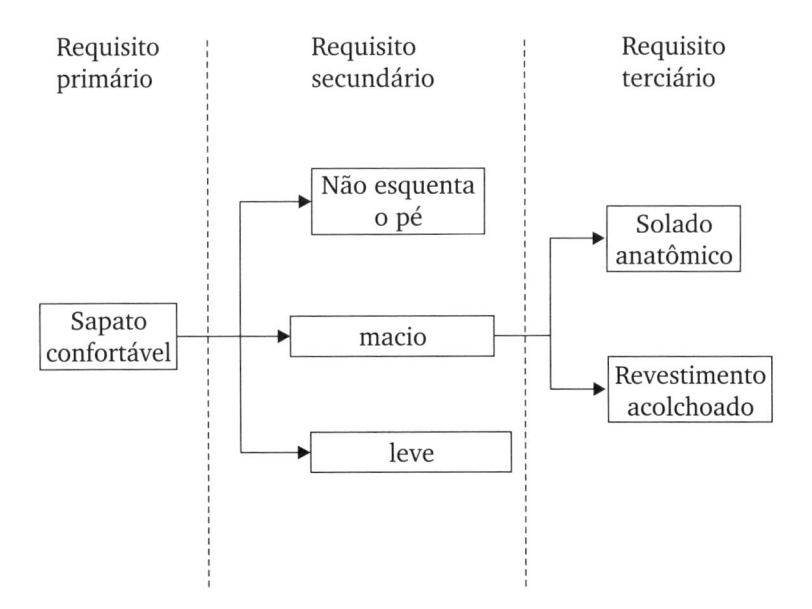

Figura 4.20 Diagrama em árvore de requisitos de produto.

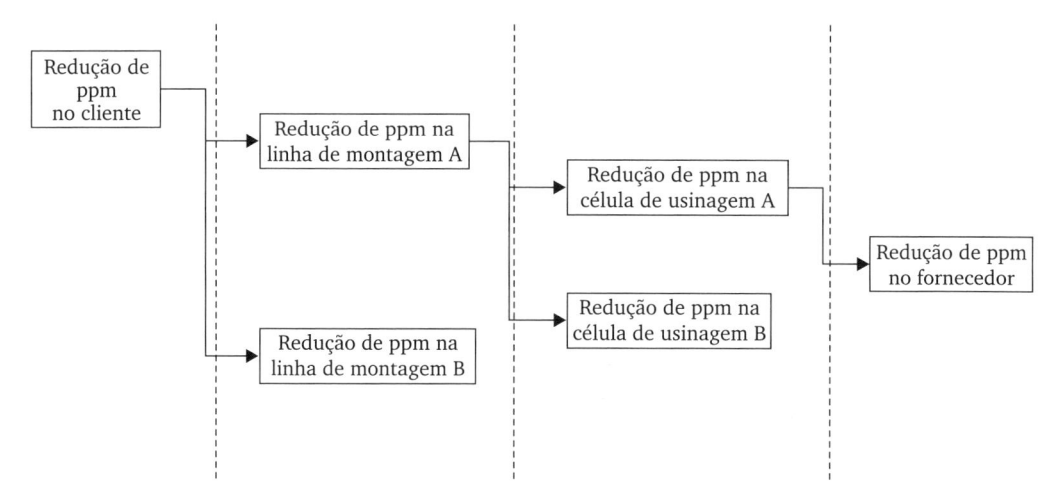

Figura 4.21 Diagrama em árvore de desdobramento de objetivo de melhoria.

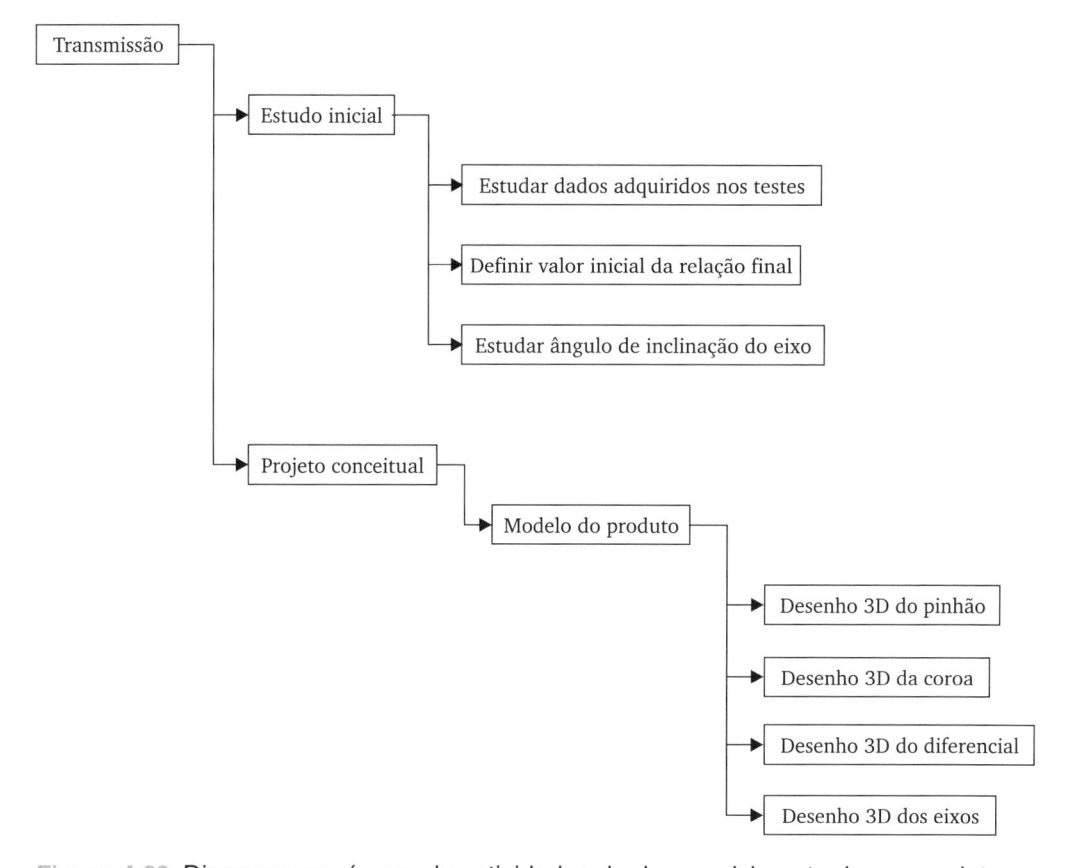

Figura 4.22 Diagrama em árvore das atividades de desenvolvimento de um produto.

4.2.4 Matriz de priorização

A matriz de priorização, como o próprio nome indica, relaciona fatores a critérios de prioridade, como ilustrado na Figura 4.23. Por exemplo, pode-se priorizar uma lista de ações de melhoria baseada em critérios como redução de custos internos e melhoria da satisfação do cliente. Ou podem-se estabelecer prioridades para a eliminação ou minimização de um problema ou falha de produto com base em notas atribuídas a critérios como severidade, ocorrência e detecção da falha, como usado no método FMEA (*Fault Mode and Effect Analysis*) e ilustrado na Figura 4.24. Outro exemplo é a tabela de prioridades para melhoria de requisitos de produto com base em critérios como importância para o cliente e taxa de melhoria (a partir da análise da importância para a empresa e comparação com a concorrência), como usado no método QFD (tratado no próximo capítulo) e ilustrado na Figura 4.25.

	GRUPO B				
	Critério 1	Critério 2	Critério 3	...	Prioridade
Grupo A	Peso 1	Peso 2	Peso 3	...	
Fator 1					
Fator 2					
Fator 3					
Fator 4					
...					

Figura 4.23 Ilustração de uma matriz de priorização.

FUNÇÃO E REQUISITOS DO PROCESSO	MODO DE FALHA POTENCIAL	EFEITO POTENCIAL DE FALHA	Severidade	CAUSA/ MECANISMO POTENCIAL DA FALHA	Ocorrência	CONTROLES ATUAIS DO PROCESSO	Detecção	Índice de risco
Sistema de Freio			10	Rompimento do cabo	5	Teste por amostragem de resistência	6	**300**
	Frenagem inoperante	Acidente	10	Quebra de manete	2	Teste por amostragem de resistência	5	
			10	Desgaste da pastilha	4	Teste de vida por amostragem	6	**240**
			8	Regulagem mal realizada	4	Teste de regulagem	2	**80**
	Travamento	Acidente	8	Aderência	3	Teste de resistência por amostragem	6	**144**

Figura 4.24 Matriz de priorização do método FMEA.

Requisitos do Cliente	Secundário	Grau de importância (Geral)	Nossa empresa	Empresa X	Empresa Y	Plano de qualidade	Índice de melhoria	Argumento de venda	Peso absoluto	Peso relativo
				Avaliação competitiva Clientes						
Que não quebre	Resistência ao uso	4	3	4	4	4	1,3	1,5	9,0	22,4
	Longo intervalo até reposição de peças	4	4	4	4	5	1,3	1	4,0	10,0
Ser bonita	*Design* atraente	3	4	5	4	4	1,0	1	3,0	7,5
	Possibilidade de escolha do *design*	3	3	4	5	4	1,3	1	3,0	7,5
Fácil de transportar	Ser leve	5	2	2	4	5	2,5	1	5,0	12,4
	Otimizar a quantidade de materiais	5	4	4	5	5	1,3	1	5,0	12,4
Fácil operação	Mecanismos de fácil manuseio	4	4	3	3	4	1,0	1	4,0	10,0
	Fácil manutenção	5	4	1	3	5	1,3	1,2	7,2	17,9
								Total	40,2	100,0

Figura 4.25 Matriz de priorização usada no método QFD.

4.2.5 Matriz de relações

A matriz de relações tem por objetivo identificar a existência de relações entre variáveis. Um exemplo típico do uso da matriz de relações encontra-se na casa da qualidade do método QFD, como ilustrado na Figura 4.26 e visto em mais detalhes no Capítulo 5. Nesse caso, a matriz procura identificar relações de dependência entre requisitos da qualidade do produto e características de projeto do produto. Normalmente, procura-se identificar o grau de relacionamento entre as variáveis: se forte, médio ou fraco. Por exemplo, a maciez de um calçado depende de características do solado, palmilha e couro.

Requisitos do cliente secundário	Características da qualidade							
	Sola			Palmilha			Acabamento do couro	
	Densidade	Resistência ao desgaste	Elasticidade	Curvatura	Permeabilidade	Resistência à abrasão	Brilho	Elasticidade
Leve	◉							
Macio	○		○					◉
Anatômico				○	◉			◉
Resistente		◉	△			○		△
Mantém aparência de novo						◉	◉	

Figura 4.26 Matriz de relações do método QFD.

A matriz de relações pode também analisar as relações de dependência entre níveis da mesma variável, ou seja, correlações. Na Figura 4.27, a parte de cima da matriz explicita as relações de dependência entre características de projeto. Nesse caso, a análise procura identificar se existe uma relação conflitante entre elas. Por exemplo, a característica peso é positivamente correlacionada com a característica resistência; uma melhoria de uma leva à melhoria da outra e vice-versa.

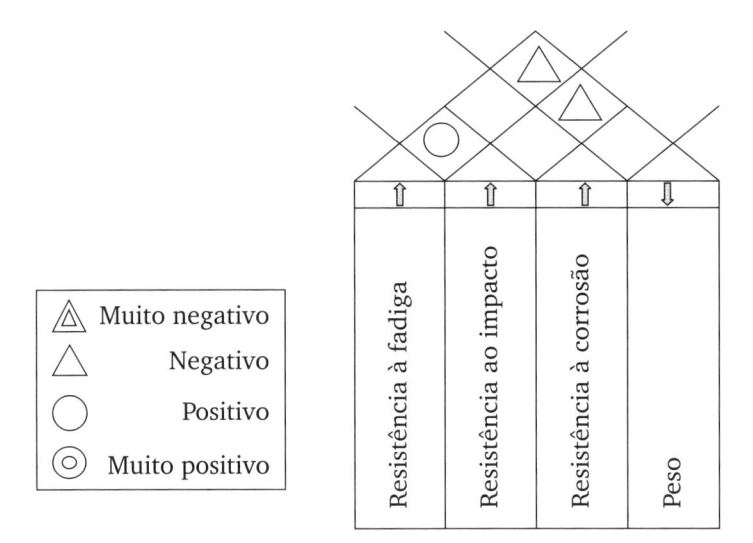

Figura 4.27 Exemplo de matriz de correlações.

A matriz de relações tem aplicações diversas. Por exemplo, uma matriz de habilidades e competências usadas para mapear e avaliar os funcionários de uma empresa é uma matriz de relações, em que se procura identificar a relação entre habilidades/competências e funcionários, indicando o grau de relacionamento entre elas. Ou seja, procura-se identificar quais habilidades os funcionários listados possuem e qual o nível de qualificação.

4.2.6 Diagrama de processo decisório (*Process Decision Program Chart*)

O diagrama de processo decisório é uma ferramenta que procura sistematizar o processo de decisão, ilustrando por meio de um diagrama em árvore o encadeamento entre as decisões tomadas e as consequências ou desdobramentos dessas decisões. As decisões podem se referir a explicações para um problema sendo analisado ou podem se referir a ações para se atingir determinado objetivo. A decisão decorre de um processo de análise, em que as alternativas são identificadas e analisadas quanto à sua viabilidade e eficácia ou probabilidade de ocorrência, como ilustrado na Figura 4.28. Uma aplicação do diagrama de processo decisório é a construção de uma árvore de falhas (FTA – *Fault Tree Analysis*).

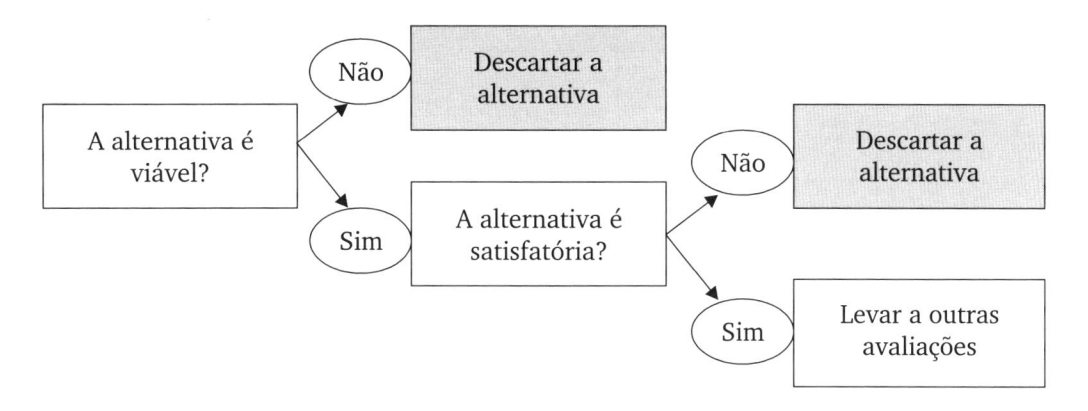

Figura 4.28 Processo de decisão na construção de um diagrama de processo decisório.

4.2.7 Diagrama de atividades (diagrama de setas)

O diagrama de atividades ou diagrama de setas é uma rede de precedências desenvolvida e aplicada pela técnica PERT/CPM. É usado para o planejamento das atividades para se atingir determinado objetivo, especialmente em situações em que haja um número grande de atividade com precedência sobre outras. A Figura 4.29 ilustra o uso dessa ferramenta.

Atividade	Precedência
A	–
B	A
C	A
D	B
E	C
F	D
G	F
H	D
I	E

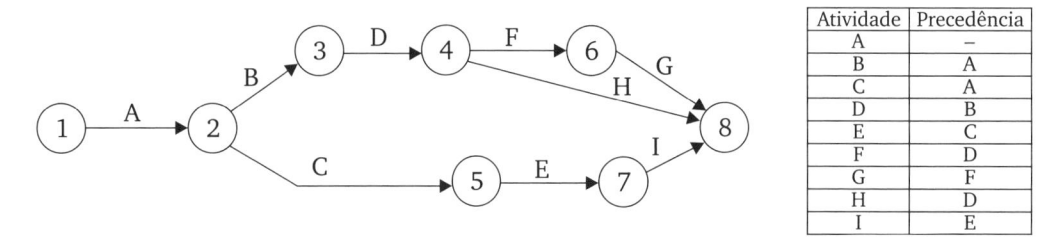

Figura 4.29 Exemplo ilustrativo de um diagrama de setas.

4.3 5S

O 5S é um conjunto de conceitos e práticas que tem por objetivos principais a organização e racionalização do ambiente de trabalho. Difundido na língua inglesa como *House keeping*, o 5S surgiu no Japão na década de 50 como um programa do Controle da Qualidade Total Japonês. O nome do programa faz referência a cinco palavras japonesas iniciadas com a letra S no alfabeto ocidental: *Seiri*; *Seiton*; *Seiso*; *Seiketsu*; e *Shitsuke*. Os significados dessas palavras são apresentados na Figura 4.30.

	Japonês		Português
1º S	*Seiri*	Senso de	Utilização
			Arrumação
			Organização
			Seleção
2º S	*Seiton*	Senso de	Ordenação
			Sistematização
			Classificação
3º S	*Seiso*	Senso de	Limpeza
			Zelo
4º S	*Seiketsu*	Senso de	Asseio
			Higiene
			Saúde
			Integridade
5º S	*Shitsuke*	Senso de	Autodisciplina
			Educação
			Compromisso

Figura 4.30 Significado das palavras do 5S.

A implementação do 5S é feita passo a passo, ou, melhor dizendo, S por S, conforme apresentado a seguir.

Primeiro passo: Seiri (utilização/seleção)

O objetivo nesta etapa é identificar e eliminar objetos e informações desnecessárias, existentes no local de trabalho. A regra geral é: selecionar o que é importante, separar ou descartar o resto. O conceito-chave para essa seleção é o de utilidade.

Para evitar o descarte em definitivo de algo que depois venha a ser percebido como necessário, é prudente criar uma área de descarte, onde os objetos e/ou informações fiquem armazenados por certo período.

O benefício mais evidente desse primeiro passo (Seiri) é a liberação de espaço; mas outro benefício é a eliminação de objetos ou dados que dificultam, atrapalham a realização das operações rotineiras.

Segundo passo: Seiton (ordenação)

O objetivo neste segundo passo é arrumar as coisas que sobraram depois da seleção, determinando o local para achar facilmente quando precisar utilizar esse objeto ou informação. O conceito-chave é o de simplificação. A Figura 4.31 apresenta um quadro com algumas orientações para a disposição de objetos em função da frequência de uso deles.

Frequência de uso	Ordenação
Se é usado toda hora	Colocar no próprio local de trabalho
Se é usado todo dia	Colocar próximo ao local de trabalho
Se é usado toda semana	Colocar no almoxarifado etc.
Se não é necessário	Descartar, disponibilizar

Figura 4.31 Critérios para ordenação de objetos em função da frequência de uso.

Os principais benefícios do segundo passo (Seiton) são a facilidade e economia de tempo para encontrar documentos, materiais, ferramentas e outros objetos.

Terceiro passo: Seiso (limpeza)

Após a eliminação de itens desnecessários e ordenação dos itens necessários, neste passo o objetivo principal é analisar as rotinas de trabalho que geram sujeira e criar regras para a limpeza da sujeira. Essa limpeza inclui limpeza de equipamentos e locais adjacentes. Mais do que limpar, o objetivo é criar uma cultura de zelo pelos equipamentos e ambientes utilizados.

Quarto passo: Seiketsu (saúde)

Neste quarto passo, apesar de o 5S fazer referência ao senso de saúde, física e mental, na prática o programa de 5S também tem como objetivo a padronização do ambiente de trabalho construído a partir dos passos anteriores.

Quinto passo: Shitsuke (autodisciplina)

Por fim, no último passo o objetivo é manter a casa em ordem, com o cumprimento dos padrões definidos nos passos anteriores. A regra é fazer as coisas como devem ser feitas.

Os principais benefícios esperados com o 5S são a melhoria do ambiente de trabalho, a redução de desperdícios e a melhoria da produtividade, já que deve haver uma redução de tempos improdutivos. Outro possível benefício bastante relevante é a melhoria da saúde e segurança no trabalho.

O 5S é um programa conceitualmente muito simples, mas de difícil implementação e manutenção. Muitas empresas iniciam o 5S pelo descarte, arrumação e limpeza, mas não conseguem manter o padrão. Um recurso usado por algumas empresas que mantêm um programa 5S ativo é a utilização de algum critério de premiação ou penalização das equipes responsáveis pela manutenção do programa em determinadas áreas.

Leitura complementar

CAMPOS, V. F. *Gerenciamento da rotina do trabalho do dia a dia*. INDG, 2004.

GODOY, M. H. P. C.; MATOS, K. K. *Trabalhando com o 5S*. INDG, 2004.

ISHIKAWA, K. *Guide to quality control*. Tóquio: Asian Productivity Corporation, 1988.

JURAN, J. M.; GRYNA, F. M. *Controle de qualidade handbook*. São Paulo: Mc-GrawHil, 1991. 2 v.

ROTONDARO, R. G.; MIGUEL, P. A. C.; FERREIRA, J. J. A. *Gestão da qualidade*. São Paulo: Campus, 2005.

Questões

1. Considerando o processo de melhoria contínua descrito pelo MASP, em que fases e com que propósito as ferramentas Pareto e Diagrama de relações são usadas?

2. Descreva um exemplo de utilização do conceito de estratificação aplicado a um problema industrial diferente dos exemplos citados neste capítulo.

3. Descreva um exemplo de utilização do diagrama em árvore diferente dos exemplos citados no capítulo.

4. Descreva um exemplo de utilização da matriz de relacionamento diferente dos exemplos citados no capítulo.

5. Quais os benefícios do 5S? E quais as dificuldades?

Desdobramento da Função Qualidade (QFD) 5

O QFD, do inglês *Quality Function Deployment*, é um método usado no processo de desenvolvimento de produto cujo objetivo principal é transformar requisitos de produto definidos pelo mercado em características do produto. Segundo Akao, um dos criadores e disseminadores do método, o

> "QFD é a conversão dos requisitos do consumidor em características de qualidade do produto e o desenvolvimento da qualidade de projeto para o produto acabado através de desdobramentos sistemáticos das relações entre os requisitos do consumidor e as características do produto. Esses desdobramentos iniciam-se com cada mecanismo e se estendem para cada componente ou processo. A qualidade global do produto será formada através desta rede de relações."

Ainda que essa definição considere particularmente produtos manufaturados (ao fazer referência a mecanismos e componentes), o QFD é usado no desenvolvimento de serviços, como de hotéis e bibliotecas.

O desdobramento da qualidade proposto pelo QFD é basicamente um processo de conversão de dados em requisitos, extração de características de produto a partir de requisitos e relação entre requisitos e características. Esse processo de conversão, extração e relação decorre da construção de diagramas em árvore e matrizes de relacionamento, como será visto a seguir.

5.1 A matriz da qualidade

Nas versões de QFD normalmente citadas na literatura, a matriz da qualidade (também chamada de casa da qualidade) não só está presente, como inicia os desdobramentos. Mais importante ainda, essa matriz é a ferramenta básica de projeto do QFD. Alguns autores, inclusive, descrevem apenas a matriz da qualidade em seus trabalhos.

A descrição detalhada da matriz da qualidade é frequentemente utilizada como base para a descrição do QFD, porque todas as matrizes desse método apresentam grande similaridade.

A matriz da qualidade pode ser definida como a matriz que tem a finalidade de executar o projeto da qualidade, sistematizando as qualidades verdadeiras exigidas pelos clientes por meio de expressões linguísticas, convertendo-as em características substitutas e mostrando a correlação entre essas características substitutas (características de qualidade) e aquelas qualidades verdadeiras. Pela definição dada acima, percebe-se que a matriz da qualidade funciona como um sistema. A entrada desse sistema é a voz do cliente, na forma de expressões linguísticas. O processo pode ser claramente visto como o conjunto de atividades relacionadas a seguir: a sistematização (ou conversão) dos requisitos exigidos pelos clientes, considerando-se o peso relativo entre eles; a transformação dos requisitos exigidos pelos clientes em características de qualidade (ou extração de características a partir de requisitos); a identificação das relações entre requisitos e as características de qualidade; e a conversão dos pesos relativos dos requisitos em pesos relativos das características. A saída do sistema é a qualidade projetada, ou um plano para o projeto do produto, com especificação das características técnicas do produto. A Figura 5.1 ilustra a matriz da qualidade completa. A tabela horizontal, dos requisitos dos clientes, é a entrada da matriz da qualidade; e a tabela das características de qualidade (vertical) é a saída do sistema. A matriz da qualidade é obtida pelo cruzamento da tabela dos requisitos do cliente (ou da qualidade exigida) com a tabela das características de qualidade. A intersecção entre as duas tabelas é a matriz de relações entre requisitos e características.

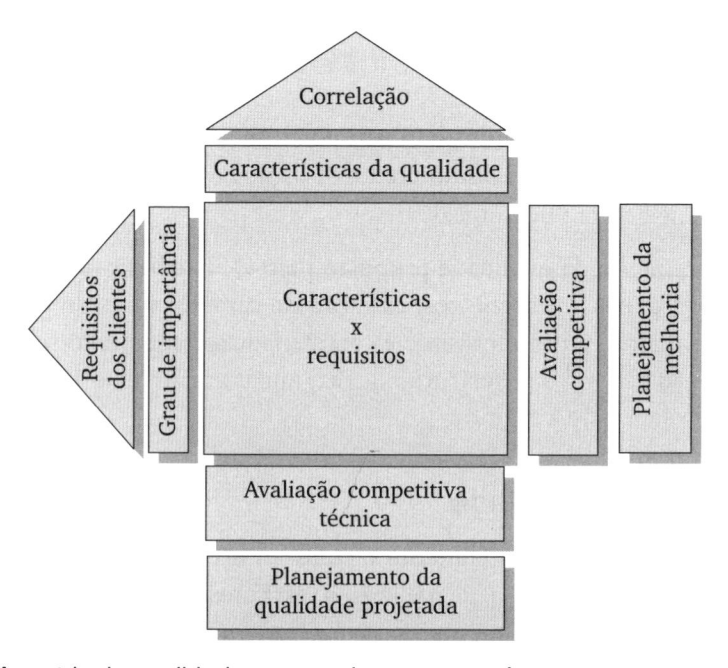

Figura 5.1 A matriz da qualidade e seus elementos ou áreas.

5.1.1 A tabela de requisitos dos clientes

A tabela mostrada na Figura 5.2 é a parte da matriz da qualidade pela qual a voz do cliente é introduzida no desenvolvimento de produto, sendo também onde se planeja como o produto irá atender às solicitações dos clientes.

Requisitos clientes	Grau importância				Avaliação clientes			Qualidade planejada				
	Cliente	Interno empresa	Necessidades futuras	Geral	Nossa empresa	Concorrente X	Concorrente Y	Plano qualidade	Índice melhoria	Ponto venda	Peso absoluto	Peso relativo

Figura 5.2 Tabela dos requisitos dos clientes.

O desenvolvimento dessa tabela envolve o seguinte conjunto de passos:

a) **Levantamento dos desejos dos clientes e conversão desses desejos em requisitos**

Os requisitos dos clientes são as expressões linguísticas dos clientes convertidas (qualitativamente) em necessidades reais. Os requisitos devem ser obtidos por meio de pesquisas de mercado. No entanto, nem sempre os requisitos são obtidos diretamente dos clientes, podendo ser gerados dentro da própria empresa, por meio da experiência mercadológica dos seus colaboradores e pesquisa em publicações técnicas. Os requisitos devem ser organizados e hierarquizados; para isso, as ferramentas diagrama de afinidades e diagrama em árvore podem ser usadas. A Figura 5.3 ilustra um exemplo de desdobramento de requisitos para um sapato masculino a partir de dados primários.

Requisitos do cliente primário	Requisitos do cliente secundário
Ser confortável	Leve
	Macio
	Anatômico
Ser durável	Resistente
	Mantém aparência de novo

Figura 5.3 Desdobramento de requisitos de clientes.

b) **Definição de prioridades a partir da perspectiva dos clientes: grau de importância**

Nessa etapa, o objetivo é identificar o grau de importância que os clientes dão a cada requisito. Normalmente, é obtido diretamente com os clientes, que atribuem uma "nota" a cada requisito. Essa nota obedece a uma escala numérica predeterminada (normalmente de 1 a 5), que pode ser relativa ou absoluta. A escala é relativa quando o cliente indica a importância de cada requisito em comparação com os demais (esse requisito é mais importante que aquele). A escala é absoluta quando o cliente analisa a influência de cada requisito em sua decisão de compra do produto, sem compará-lo com os demais. A pesquisa com escala relativa é mais fácil para o cliente quando há poucos requisitos a serem comparados, mas torna-se complicada quando o número de requisitos é maior. Nesse caso, é melhor optar por uma escala absoluta. A Figura 5.4 ilustra a tabela de requisitos do exemplo da Figura 5.3 com a atribuição de grau de importância. Quando o número de clientes é pequeno, e estatisticamente não permite a pesquisa por enquete, a equipe de QFD pode usar a técnica AHP – *Analytical Hierarchy Process* (descrita por OHFUJI – ver referência no final do capítulo) para determinar, ela própria, a importância dos requisitos dos clientes. Essa técnica sistematiza a comparação entre os requisitos, estabelecendo um meio eficaz para determinar a importância relativa destes.

Requisitos do cliente primário	Requisitos do cliente secundário	Grau de importância
Ser confortável	Leve	3
	Macio	4
	Anatômico	4
Ser durável	Resistente	4
	Mantém aparência de novo	5

Figura 5.4 Tabela de requisitos com grau de importância.

c) **Definição de prioridades considerando demandas internas à empresa**

Nesta etapa, procuram-se avaliar os requisitos dos clientes a partir da perspectiva da empresa. A classificação dos atributos conforme proposto por Kano (qualidade óbvia, linear e empolgante) pode ser útil. Nesta etapa, a definição pela empresa do grau de importância dos requisitos deve levar em conta que: (1) a comparação entre produtos se dá fundamentalmente na avaliação das qualidades lineares; (2) as qualidades óbvias só são percebidas quando ausentes; (3) as qualidades empolgantes seduzem os clientes, permitindo ao produto "escapar" da comparação racional, ou pelo menos diminuindo o poder dessa comparação.

d) Identificação do grau de importância – geral

É o valor final do grau de importância de cada requisito, definido em função da análise dos três itens anteriores. É importante ressaltar que seu cálculo não deve ser feito através de média aritmética ou ponderada, mas através de uma análise qualitativa. Somente o grau de importância geral será considerado para efeito de cálculo dos pesos relativo e absoluto.

e) Avaliação competitiva do cliente (nossa empresa, concorrente X e concorrente Y)

A avaliação competitiva do cliente é uma pesquisa de mercado, que busca identificar como os clientes percebem o desempenho do produto atual da empresa, em comparação com os principais concorrentes. Essa pesquisa pode usar uma escala relativa ou absoluta (também neste caso, normalmente de 1 a 5). Porém, aqui a escala relativa é mais fácil para o cliente, principalmente quando há uma clara diferença de desempenho. A Figura 5.5 ilustra essa análise para o exemplo anterior.

Requisitos do cliente primário	Requisitos do cliente secundário	Grau de importância	Avaliação competitiva clientes		
			Nossa empresa	Empresa X	Empresa Y
Ser confortável	Leve	3	3	5	2
	Solado macio	4	3	5	3
	Solado anatômico	4	4	4	2
Ser durável	Solado resistente	4	4	5	5
	Couro mantém aparência de novo	5	5	1	3

Figura 5.5 Avaliação competitiva pelo cliente.

f) Plano de qualidade dos requisitos e índice de melhoria

Nesta fase, o objetivo é o planejamento do desempenho do produto em desenvolvimento, para cada requisito dos clientes. É no plano de qualidade que a estratégia da empresa é inserida no desenvolvimento do produto. O plano de qualidade deve ser definido após a análise da avaliação competitiva do cliente e do grau de importância do requisito. É expresso por uma nota (de 1 a 5) referente ao desempenho do produto naquele requisito desejado pela empresa, em comparação com a concorrência. A partir da definição do plano de qualidade, o índice de melhoria é a forma de inserir na importância final dos requisitos (peso absoluto e relativo) a intenção da empresa, ou seja, o plano estratégico da empresa. Esse índice é determinado pela divisão do desempenho desejado para o nosso produto, determinado no plano da qualidade, pelas "notas" obtidas para o desempenho efetivo do nosso produto, que estão lançadas na coluna "Nossa Empresa" da "avaliação competitiva do cliente". Reflete quantas vezes nosso produto precisa melhorar seu desempenho, frente à concorrência, em um determinado requisito, para alcançar a situação planejada. A Figura 5.6 ilustra a definição do índice de melhoria para os requisitos da Figura 5.5.

Requisitos do cliente primário	Requisitos do cliente secundário	Grau de importância	Avaliação competitiva clientes			Plano de qualidade	Índice de melhoria
			Nossa empresa	Empresa X	Empresa Y		
Ser confortável	Leve	3	3	5	2	3	1,0
	Solado macio	4	3	5	3	5	1,7
	Solado anatômico	4	4	4	2	4	1,0
Ser durável	Solado resistente	4	4	5	5	5	1,3
	Couro mantém aparência de novo	5	5	1	3	5	1,0

Figura 5.6 Índice de melhoria dos requisitos.

g) Argumento de venda

O argumento de venda é uma ponderação feita pela empresa, especialmente pela área comercial, sobre o apelo que um determinado requisito apresenta para potencializar a aceitação e vendas do produto. Normalmente, atribui-se peso 1,5 para um forte argumento de vendas e 1,2 para um argumento de vendas médio.

h) Peso absoluto e relativo dos requisitos

Finalmente, calcula-se peso de cada requisito, que corresponde ao produto entre o grau de importância, índice de melhoria e argumento de vendas.

O peso representa a prioridade de atendimento a partir da ponderação entre a voz do cliente e a estratégia da empresa para conquistar o mercado. O peso relativo corresponde à transformação desses pesos absolutos em porcentagens. A Figura 5.7 ilustra a tabela de requisitos completa para o exemplo da Figura 5.3.

5.1.2 A tabela das características da qualidade e matriz de relações

Requisitos do cliente primário	Requisitos do cliente secundário	Grau de importância	Avaliação competitiva clientes			Plano de qualidade	Índice de melhoria	Argumento de vendas	Peso absoluto	Peso relativo (%)
			Nossa empresa	Empresa X	Empresa Y					
Ser confortável	Leve	3	3	5	2	3	1,0	1,2	3,6	12,7
	Solado macio	4	3	5	3	5	1,7	1,5	10,0	35,2
	Solado anatômico	4	4	4	2	4	1,0	1,2	4,8	16,9
Ser durável	Solado resistente	4	4	5	5	5	1,3	1	5,0	17,6
	Couro mantém aparência de novo	5	5	1	3	5	1,0	1	5,0	17,6
								Total	28,4	100,0

Peso Absoluto = grau de importância × índice de melhoria × argumento de venda

Figura 5.7 Tabela completa de requisitos dos clientes.

5.1.2 A tabela das características da qualidade e matriz de relações

Após a construção da tabela de requisitos, a equipe de QFD deve extrair, a partir dos requisitos, características técnicas de qualidade do produto, relacioná-las entre si e com os requisitos e converter os pesos dos requisitos em pesos das características. Ou seja, nesse momento o objetivo é traduzir a "voz dos clientes" para "voz dos engenheiros", isto é, transformar os requisitos dos clientes em características de projeto que sejam capazes de compor um *hardware* e estabelecer a qualidade projetada. A Figura 5.8 ilustra os elementos dessa segunda parte da matriz da qualidade, cuja construção obedece aos passos descritos a seguir.

```
                    ┌──────────────┐
                    │   Matriz     │
                   ╱│ Correlações  │╲
                  ╱ └──────────────┘ ╲
                 ┌─────────────────────┐
                 │   Características   │
                 │      Qualidade      │
                 ├─────────────────────┤
                 │     Metas-alvo      │
                 ├─────────────────────┤
                 │                     │
                 │     Matriz de       │
                 │      Relações       │
                 │                     │
                 ├─────────────────────┤
                 │    Peso absoluto    │
                 ├─────────────────────┤
                 │    Peso relativo    │
                 ├─────────────────────┤   ┌───────────┐
                 │   Nossa empresa     │   │           │
                 ├─────────────────────┤   │ Avaliação │
                 │   Concorrente X     │   │  técnica  │
                 ├─────────────────────┤   │           │
                 │   Concorrente Y     │   └───────────┘
                 ├─────────────────────┤
                 │  Dificuldade técnica│
                 ├─────────────────────┤
                 │  Qualidade projetada│
                 ├─────────────────────┤
                 │Peso corrigido absoluto│
                 ├─────────────────────┤
                 │Peso corrigido relativo│
                 └─────────────────────┘
```

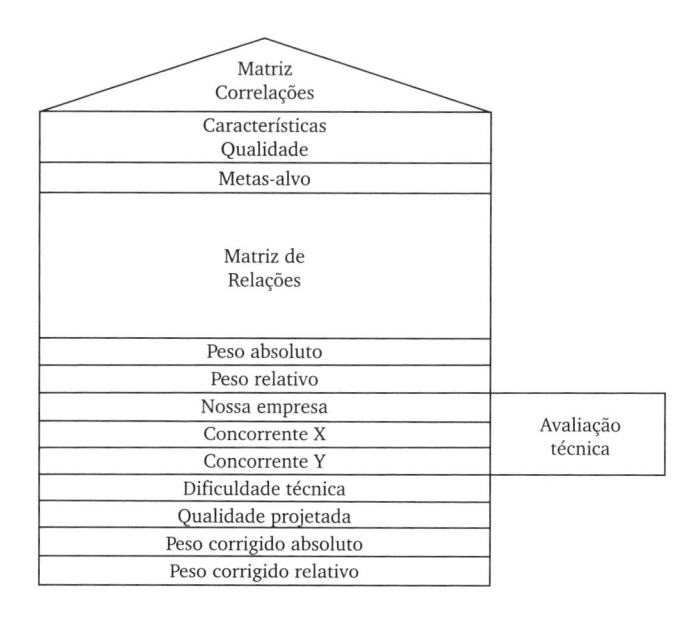

Figura 5.8 A tabela das características de qualidade.

a) Extração das características de qualidade

A voz dos clientes deve ser transformada em características de qualidade. As características de qualidade são características técnicas, ou características substitutas, para o produto final. Ou seja, as características de qualidade são os requisitos dos clientes (ou qualidades verdadeiras) transformadas em características de projeto (características substitutas). As características técnicas do produto podem ser divididas em elementos da qualidade e características de qualidade. Os elementos da qualidade são definidos como itens não quantificáveis, capazes de avaliar a qualidade do produto (itens intermediários entre a qualidade exigida e as características de qualidade). Já as características de qualidade são definidas como itens que devem ser medidos no produto para verificar se a qualidade exigida está sendo cumprida. Um diagrama em árvore pode ser usado para representar as relações entre os elementos da qualidade e as características de qualidade, como ilustrado na Figura 5.9 para o exemplo da Figura 5.3.

Resistência da sola	Conforto do solado	Palmilha	Acabamento do couro	Forração interna
Número de ciclos até a ruptura	Absorção de impacto	Curvatura	Brilho	Espessura da espuma
Densidade		Resistência à abrasão	Número de ciclos até o vinco	Elasticidade

Figura 5.9 Elementos e características da qualidade extraídos a partir dos requisitos.

b) Definição de metas-alvo das características da qualidade

As metas-alvo têm dois objetivos. O primeiro é determinar se as características de qualidade são mensuráveis e definir as unidades de medida. O segundo é indicar qual tipo de raciocínio leva à fixação do valor ideal para cada característica de qualidade. Existem características de qualidade cujos valores de desempenho podem ser raciocinados na base do "quanto maior, melhor" (potência de um carro esportivo, por exemplo). Para outras, deve-se buscar um valor-alvo, específico, ou nominal (como exemplo, tem-se a voltagem de um aparelho elétrico). A Figura 5.10 ilustra a simbologia usada para indicação do valor-meta. É importante ressaltar que, nesse momento, não se está ainda buscando definir o valor ideal, mas apenas descobrir como raciocinar para se determinar esse valor ideal. Caso não seja possível definir a meta-alvo para uma determinada característica, essa característica não é quantitativa. Talvez seja um elemento de qualidade, que ainda precise ser desdobrado em características. Deve-se, então, retomar o desdobramento desse elemento de qualidade para transformá-lo em uma verdadeira característica de qualidade.

c) Construção da matriz de correlações

A matriz de correlações é o teto da matriz da qualidade. Essa matriz cruza as características de qualidade entre si, sempre duas a duas, permitindo identificar como elas se relacionam. Essas relações, quando existentes, podem ser de apoio mútuo – quando o desempenho favorável de uma característica ajuda o desempenho favorável da outra característica – ou de conflito – quando o desempenho favorável de uma característica prejudica o desempenho favorável da outra característica. Portanto, esses relacionamentos podem variar de intensidade (se é forte ou fraca) e de sentido (se é de apoio ou conflito). A Figura 5.10 ilustra as correlações existentes entre algumas características, onde o sinal positivo indica relação de apoio mútuo e o sinal negativo indica conflito. O número de sinais, se um ou dois, indica a intensidade de relacionamento.

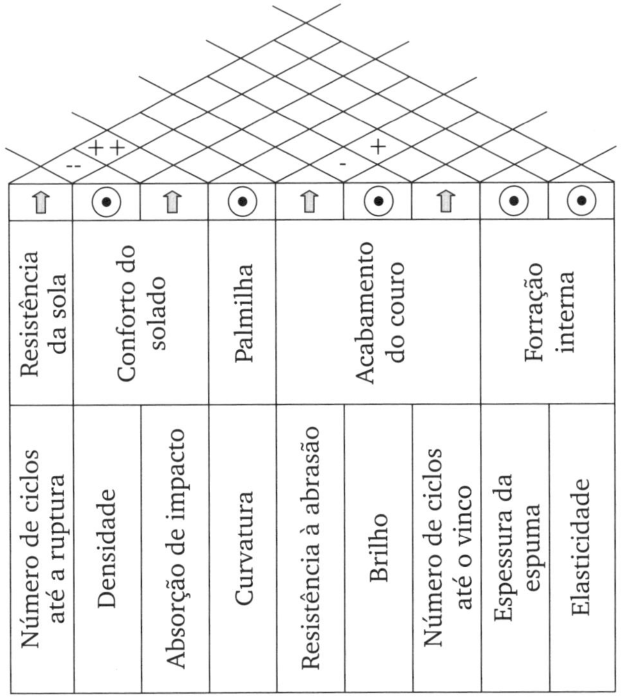

Figura 5.10 Matriz de correlações e valor meta.

d) Construção da matriz de relações

A matriz de relações é composta de células formadas pela intersecção de cada requisito dos clientes com cada característica de qualidade. Sua função é permitir a identificação de como e (quanto) cada característica da qualidade influencia no atendimento de cada requisito dos clientes. Se existe alguma relação entre requisito e característica, normalmente a intensidade da relação é classificada como forte, média ou fraca, recebendo uma nota respectivamente de 9, 3 ou 1. A matriz de relações deve ser preenchida com a participação de todos os membros da equipe de QFD, que devem obter consenso sobre a intensidade das relações. As relações podem ser identificadas não só pelo consenso da equipe, baseado na experiência dos seus membros, como também por respostas de clientes, por análise de dados estatísticos e por experimentos controlados. A Figura 5.11 ilustra as relações e as intensidades das relações identificadas para o exemplo das Figuras 5.3 e 5.9.

	Resistência da sola	Conforto do solado		Palmilha	Acabamento do couro		Forração interna	
	Número de ciclos até a ruptura	Densidade	Absorção de impacto	Curvatura	Resistência à abrasão	Brilho	Número de ciclos até o vinco	Espessura da espuma	Elasticidade
Leve		9							
Macio		3	3					9	9
Anatômico			3	9					
Resistente	9		1		3		9		3
Mantém aparência de novo					9	9			3

Figura 5.11 Matriz de relações.

e) Cálculo do peso absoluto e peso relativo

O peso absoluto de cada característica da qualidade é obtido pelo processo de conversão do peso do requisito em peso da característica. Para isso, inicialmente multiplica-se a nota da relação identificada entre requisito e característica pelo peso relativo calculado para aquele requisito. Finalmente, o peso absoluto da característica é obtido pela soma do produto entre intensidade de relação e peso do requisito, conforme indicado na Figura 5.12. A partir do peso absoluto, obtém-se o peso relativo, como porcentagem em relação ao total. A Figura 5.13 ilustra o cálculo do peso relativo a partir das relações identificadas na Figura 5.11 e o peso relativo dos requisitos identificados na Figura 5.7.

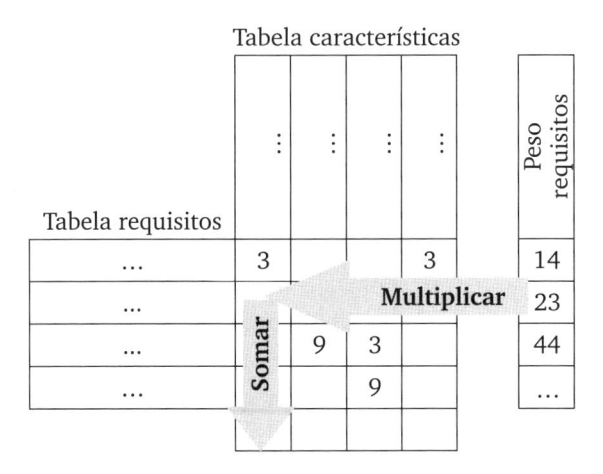

					Tabela características		
			...	...	...	...	Peso requisitos
Tabela requisitos	...		3		3		14
	...					Multiplicar	23
	...	Somar		9	3		44
	...				9		...

Figura 5.12 Processo de obtenção do peso absoluto da característica a partir do peso relativo dos requisitos.

Requisito do Cliente Secundário	Resistência da sola — Número de ciclos até a ruptura	Conforto do solado — Densidade	Conforto do solado — Absorção de impacto	Palmilha — Curvatura	Acabamento do couro — Resistência à abrasão	Acabamento do couro — Brilho	Forração interna — Número de ciclos até o vinco	Forração interna — Espessura da espuma	Forração interna — Elasticidade	Peso relativo dos requisitos
Leve		9								12,7
Macio		3	3					9	9	35,2
Anatômico			3	9						16,9
Resistente	9		1		3		9		3	17,6
Mantém aparência de novo					9	9			3	17,6
Peso absoluto	158	220	174	152	211	158	158	317	423	
Peso relativo	8,04	11,1	8,82	7,71	10,7	8	8	16	21	

Figura 5.13 Cálculo do peso absoluto e relativo das características da qualidade.

f) Avaliação competitiva técnica

Nessa fase, o desempenho dos produtos, sob a ótica da engenharia, considerando as características técnicas, é avaliado e comparado com a concorrência. O objetivo é avaliar tecnicamente o produto, tendo em vista a avaliação competitiva feita pelos clientes sobre o desempenho do produto com base nos requisitos identificados. Por isso, a avaliação competitiva técnica consiste em medir, em cada produto que foi submetido à avaliação competitiva dos clientes, e também nos produtos dos concorrentes, o valor real de cada característica de qualidade. As avaliações são coerentes entre si quando o desempenho técnico "explica" as notas atribuídas pelos clientes para o desempenho relativo de cada produto.

g) Fator de dificuldade técnica e peso corrigido das características

De modo geral, esse fator é uma nota que expressa a dificuldade tecnológica que a empresa terá para obter o valor determinado para as características de qualidade, com a confiabilidade projetada e com o custo objetivado. Por isso, ele determina quais são as características que provavelmente exigirão maior comprometimento de esforços e recursos na obtenção da sua qualidade projetada. O fator de dificuldade técnica é usado na matriz da qualidade para corrigir o peso das características de qualidade. Entretanto, essa correção do peso de cada característica de qualidade pode ser feita de duas maneiras: ou se atribui maior importância àquelas características que implicam em uma menor dificuldade técnica, ou se atribui maior importância àquelas características que, para a obtenção da sua qualidade projetada, implicam em uma maior dificuldade técnica. No primeiro caso, a escala do fator é inversamente proporcional à dificuldade de se obter os valores definidos para a característica de qualidade. O raciocínio que determina a utilização da escala inversamente proporcional é a priorização das características técnicas que, concomitantemente, são importantes sob o ponto de vista do atendimento do cliente e não comprometem demasiadamente o tempo de desenvolvimento e os recursos disponíveis (não exigem o desenvolvimento de uma tecnologia muito diferente da atualmente utilizada). Por outro lado, a empresa pode entender como estratégico investir no desenvolvimento de tecnologia para a melhoria do produto em características cuja dificuldade técnica é maior. Nesse caso, a escala do fator de dificuldade técnica é diretamente proporcional à dificuldade.

h) Qualidade projetada

Projetar a qualidade significa planejar os valores das características de qualidade do produto em desenvolvimento. No QFD, tais valores são denominados valores-meta ou valores-objetivo. Os valores-meta devem ser capazes de atender satisfatoriamente às necessidades dos clientes, melhorando a posição competitiva do produto no mercado. Isso significa que esses valores devem refletir o planejamento estratégico para o produto, que, por sua vez, é representado pelo índice de melhoria dos requisitos dos clientes.

A Figura 5.14 ilustra a matriz da qualidade completa para o exemplo desenvolvido. Deve-se observar, entretanto, que não é incomum ver aplicações da matriz da qualidade com algumas simplificações, por exemplo, não incluindo fatores como argumento de venda, avaliação competitiva ou grau de dificuldade técnica. A equipe de QFD deve avaliar, principalmente em função do tipo e complexidade do produto, qual a necessidade de desenvolvimento.

A construção da matriz da qualidade é facilitada pela disponibilidade de *softwares* especificamente desenvolvidos para preenchimento das tabelas e matrizes do QFD, *softwares* esses facilmente encontrados em buscas pela Internet.

Requisito do cliente primário	Requisito do cliente secundário	Número de ciclos até a ruptura	Densidade	Absorção de impacto	Curvatura	Resistência à abrasão	Brilho	Número de ciclos até o vinco	Espessura da espuma	Elasticidade	Grau de importância	Nossa empresa	Empresa X	Empresa Y	Plano da qualidade	Índice de melhoria	Argumento de venda	Peso absoluto	Peso relativo
Ser confortável	Leve	9									3	3	5	2	3	1,0	1,2	3,6	12,7
	Macio	3	3					9	9		4	3	5	3	5	1,7	1,5	10,0	35,2
	Anatômico		3	9							4	4	4	2	4	1,0	1,2	4,8	16,9
Ser durável	Resistente	9		1		3		9		3	4	4	5	5	5	1,3	1	5,0	17,6
	Mantém aparência de novo					9	9			3	5	5	1	3	5	1,0	1	5,0	17,6
Peso absoluto		158	220	174	152	211	158	158	317	423							Total	28,4	100,0
Peso relativo		8,04	11,1	8,82	7,71	10,7	8	8	16	21									

Figura 5.14 Matriz da qualidade do QFD.

5.2 As diferentes versões de QFD

A evolução do QFD, a partir do trabalho original de Yoji Akao, levou ao surgimento de diferentes versões desse método, descritos na literatura nacional e internacional. Dentre essas versões, o QFD das Quatro Fases e o QFD das Quatro Ênfases são mais difundidos e por isso são brevemente apresentados a seguir.

5.2.1 Versão das Quatro Fases

O QFD das Quatro Fases foi criado por Macabe e divulgado nos EUA por Don Clausing e pela American Supplier Institute (ASI). Esse método, como o próprio nome indica, é composto de quatro fases, conforme segue:

1. planejamento do produto;
2. planejamento de componentes ou desdobramento de componentes;
3. planejamento de processos;
4. planejamento de produção.

Cada uma dessas fases se caracteriza por uma matriz que norteia as análises. Essa matriz deve ser complementada por atividades de suporte tais como FTA, FMEA, Engenharia e Análise de Valor, estudos de confiabilidade, listas de processos requeridos, listas de parâmetros de controle etc.

A Figura 5.15 ilustra os desdobramentos das quatro fases. A primeira fase é a confecção da matriz da qualidade, descrita anteriormente. A segunda fase refere-se à elaboração da matriz de projeto, que é composta do cruzamento da tabela das características de qualidade (entrada) com a tabela de características dos componentes (saída). A tabela das características dos componentes contém as características que cada componente deve ter para atender às características de qualidade do produto. Nesta tabela estabelecem-se os valores (especificações) para as características dos componentes no novo produto.

A terceira fase consiste na elaboração e análise da matriz de engenharia do processo produtivo, resultante do cruzamento da tabela de características dos componentes (entrada) com a tabela de decisões de processo (saída). As decisões de processo são os parâmetros de cada processo. Como resultado dessa fase, deve-se obter a parte menos detalhada do planejamento dos processos, que inclui a determinação das operações a serem executadas, a definição da sequência dessas operações e a definição dos parâmetros de controle desses processos.

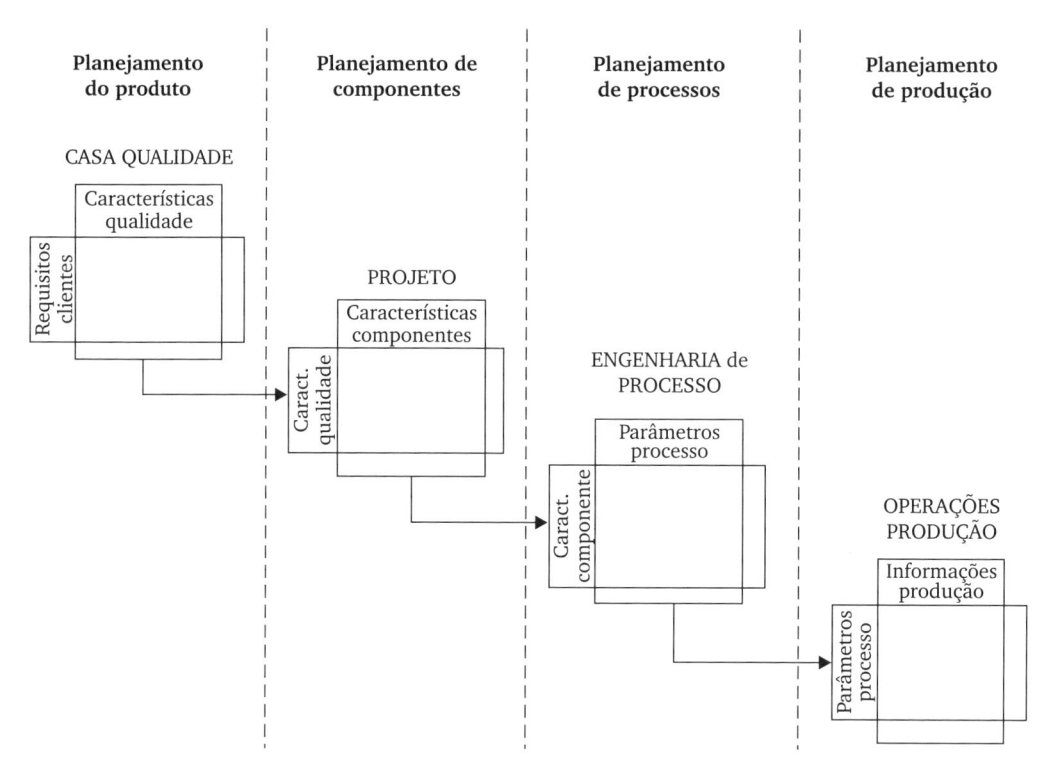

Figura 5.15 Ilustração da versão das Quatro Fases.

Na quarta fase, dão-se a elaboração e a análise da matriz do planejamento operacional da produção, constituída pelo cruzamento da tabela de decisões de processo (entrada) com a tabela de decisões operacionais (saída). Essa fase se ocupa da transferência das informações geradas durante o projeto para o "chão de fábrica". A matriz de planejamento operacional da produção é utilizada para detalhar as operações necessárias para executar os processos projetados na matriz anterior. Esse detalhamento inclui atividades como especificar os dados organizacionais, determinar as suboperações, determinar o ferramental, determinar máquinas e equipamentos, determinar as condições de trabalho e calcular os tempos de fabricação. A quarta matriz dessa versão tem como resultados os documentos de transmissão de informações, que serão gerados de acordo com o nível de detalhamento necessário ao produto e à empresa. É importante frisar que a matriz de projeto e a matriz de engenharia do processo produtivo são essencialmente semelhantes à matriz da qualidade, embora alguns de seus elementos possam ser suprimidos pela equipe de QFD, no momento da adaptação do QFD às necessidades do produto e da empresa. Aliás, o QFD das Quatro Fases sempre deve ser inteiramente adaptado às condições do produto e da empresa, antes de se iniciarem os desdobramentos.

5.2.2 O QFD das Quatro Ênfases

O QFD das Quatro Ênfases, criado principalmente pelos Profs. Akao e Mizuno, é a versão original do QFD, criada na Union of Japanese Scientists and Engineers (JUSE), a partir da matriz da qualidade, criada na Mitsubishi Heavy Industries em 1972, e do conceito de desdobramento da função qualidade no sentido restrito, criado por Shigeru Mizuno. O modelo das Quatro Ênfases é composto de dois tipos de desdobramento: o desdobramento da função qualidade no sentido restrito (QFDr) e o desdobramento da qualidade (QD).

O QD é o desdobramento do produto. A partir dos requisitos dos clientes, busca-se identificar as características de qualidade, os mecanismos que compõem o produto, os componentes desses mecanismos, os processos capazes de gerar esses componentes e os parâmetros de controle que garantem o ajuste dos processos de fabricação. Na versão das Quatro Ênfases, o trabalho é iniciado pelo seu próprio planejamento, que é dividido em duas partes: o planejamento dos desdobramentos e o planejamento do trabalho. O primeiro se refere a uma execução antecipada de parte do QD e o segundo se refere à execução do QFDr.

O planejamento dos desdobramentos é feito através da definição do modelo conceitual. O modelo conceitual é a definição das matrizes e tabelas que constituirão os desdobramentos, através da elaboração gráfica do "caminho" que o desenvolvimento deve percorrer. O modelo conceitual é um conjunto de tabelas e matrizes sequenciadas de forma a permitir a visibilidade das relações existentes entre componentes, mecanismos, processos, matérias-primas etc., com a qualidade projetada para o produto. A Figura 5.16 ilustra o modelo conceitual para o desdobramento da qualidade. Os outros desdobramentos propostos por esse método são: tecnologia, custo e confiabilidade. Os detalhes desse método são apresentados por Akao (1990).

O planejamento do trabalho é feito através do QFDr. O QFDr é a definição das fases, processos e atividades do desenvolvimento do produto, através de desdobramentos sucessivos, utilizando o diagrama em árvore. Desdobramento, aqui, quer dizer detalhamento, ou seja, sair de um nível mais abstrato (primeiro nível de detalhamento) e atingir um nível mais específico (segundo nível). Em seguida, sair do segundo nível e atingir um terceiro nível; e assim sucessivamente. O resultado final do QFDr são dois documentos: o padrão gerencial do desenvolvimento do produto e o plano de atividades do desenvolvimento do produto.

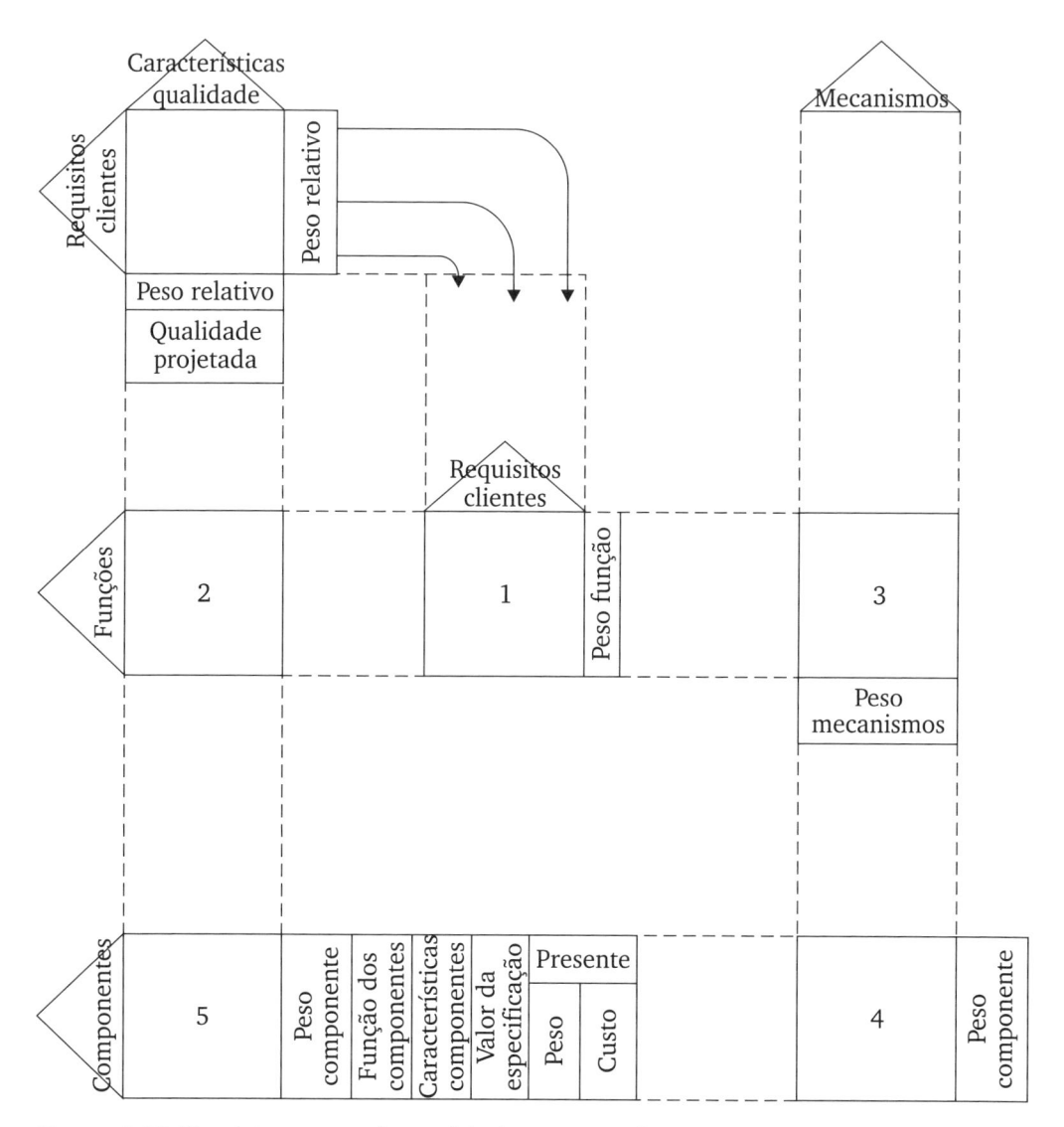

Figura 5.16 Desdobramento da qualidade segundo Cheng (1995).

5.3 Aplicações e benefícios do QFD

A literatura específica relata aplicações do método QFD no desenvolvimento de produtos tanto na indústria como na área de serviços. Existem comunidades internacionais que disseminam a prática do QFD, discutem e estudam o desenvolvimento de aplicações das mais variadas. Mesmo assim, é evidente uma maior aplicação da matriz da qualidade apenas, não incluindo as outras matrizes previstas nos métodos vistos anteriormente.

Entre os benefícios apontados pelos usuários do método, podem-se destacar o foco no cliente e no mercado, o esforço de análise comparativa, o registro de informações em tabelas e matrizes. Além disso, seu formato visual ajuda a dar foco para a discussão do time de projeto, organizando a discussão. O processo de elaboração das matrizes leva a uma melhor compreensão da situação e a um maior comprometimento com as decisões tomadas.

No entanto, o QFD só levará aos benefícios esperados se houver primeiramente comprometimento e integração de times multifuncionais. Além disso, uma dificuldade intrínseca ao QFD é a atribuição de notas para priorização, relação e conversão de importâncias. Essas notas, em atributos essencialmente subjetivos e dependendo do grau de experiência da equipe, pode levar a distorções e dúvidas. Finalmente, alguns críticos argumentam que o excesso de formalismo e burocracia pode aumentar demasiadamente o tempo de desenvolvimento, sem uma contrapartida significativa de benefício.

Leitura complementar

AKAO, Y. (Ed.) *Quality function deployment*: integrating customer requirements into product design. Trad. de Glenn H. Mazur. Cambridge, Productivity Press, 1990.

CHENG, L. C. et al. *QFD*: planejamento da qualidade. Belo Horizonte: UFMG, Escola de Engenharia, Fundação Cristiano Ottoni, 1995.

OHFUJI, T.; ONO, M.; AKAO, Y. *Métodos de desdobramento da qualidade*. Trad. de Zelinda Tomie Fujikawa. Belo Horizonte: Escola de Engenharia da UFMG, Fundação Cristiano Ottoni, 1997.

Questões

1. Quais das ferramentas descritas no Capítulo 4 são ou podem ser usadas na construção da matriz da qualidade do QFD?

2. Quais são as principais etapas de desenvolvimento da matriz da qualidade?

3. Quais as principais dificuldades para a construção de uma matriz da qualidade? E os principais benefícios?

4. Construa uma casa da qualidade para um produto industrial.

5. O QFD pode ser usado para o desenvolvimento de serviços? Pesquise sobre casos de aplicação do QFD para o desenvolvimento de serviços.

Análise do Modo e do Efeito da Falha (FMEA) 6

O FMEA, do inglês *Failure Mode and Effect Analysis*, é um método usado no desenvolvimento de produto e processo para o desenvolvimento de ações de melhoria para a minimização ou eliminação de falhas consideradas mais críticas segundo alguns critérios. Pode ser aplicado tanto na melhoria de produto quanto na melhoria de processo de fabricação. Em caso de novos produtos ou processos, o FMEA pode ser usado para desenvolver ações que visem minimizar a chance de ocorrência de uma falha potencial.

Assim, o método FMEA, quando aplicado a produto ou processo, foca no desenvolvimento de possíveis ações de melhoria, corretivas/preventivas, a partir da determinação de:

- todos os possíveis modos de falhas;
- os efeitos de cada modo de falha sobre o desempenho do produto ou processo;
- as causas dos modos de falhas.

A partir dessa análise, a priorização para a tomada de ações para a eliminação/minimização de falhas é feita com base nos critérios de:

- gravidade (severidade) do efeito: qual a severidade da efeito da falha no cliente;
- ocorrência da falha: a partir da análise da causa e de outras evidências, qual a frequência de ocorrência da falha;
- detecção da falha: qual a chance de se detectar a ocorrência da falha antes que ela gere o efeito indesejável no cliente.

A partir da quantificação do risco baseado na combinação desses três fatores, as ações são priorizadas e implementadas. A Figura 6.1 ilustra esse processo.

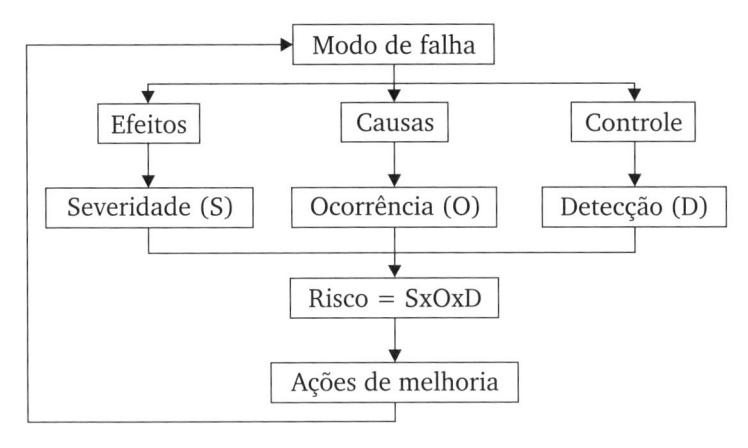

Figura 6.1 Método FMEA para a priorização de ações de melhoria.

O método FMEA (inicialmente denominado FMECA – *Failure Mode Effects and Criticality Analysis*) foi desenvolvido nos Estados Unidos (EUA) por iniciativa do exército americano para aplicações no desenvolvimento de produto e processo da indústria bélica e aeroespacial. A partir da década de 80, com a grande disseminação das práticas de gestão da qualidade, o FMEA começou a ser mais difundido como técnica para eliminação de problemas e melhoria. A norma QS 9000, sobre sistema da qualidade, desenvolvida pelas montadoras americanas em 1994, incluía como requisito de gestão da qualidade a utilização de FMEA em produto e processo. Atualmente, a norma ISO/TS 16949:2002 – *Quality management systems – particular requirements for the application of ISO 9001:2000 for automotive production and relevant service part organizations*, adotada pela cadeia produtiva do setor automotivo, também estabelece o uso de FMEA como requisito de gestão da qualidade.

6.1 Etapas do método FMEA

O método FMEA inclui três etapas, conforme segue e ilustrado na Figura 6.2:

Etapa I: nessa etapa, são identificadas as falhas, as possíveis causas e os meios existentes de detecção da falha. Em função dessa análise, são definidas as notas para severidade, ocorrência e detecção para em seguida definir as falhas de solução prioritária, com base no indicador RPN (Número de Prioridade de Risco);

Etapa II: após a análise de causas das falhas e meios de detecção existentes e tendo em vista a ordem de prioridade de resolução das falhas, devem-se definir planos de ação para a eliminação ou minimização das falhas prioritárias;

Etapa III: após a implementação das ações propostas, a equipe de FMEA deve reanalisar as falhas, ocorrências e detecção, para avaliar se as ações propostas eliminaram ou minimizaram a ocorrência das causas das falhas.

Etapa I — Identificação de falhas e definição de prioridades ⇒ **Etapa II** — Planos de ação para eliminação de falhas ⇒ **Etapa III** — Análise das falhas após implementação dos planos

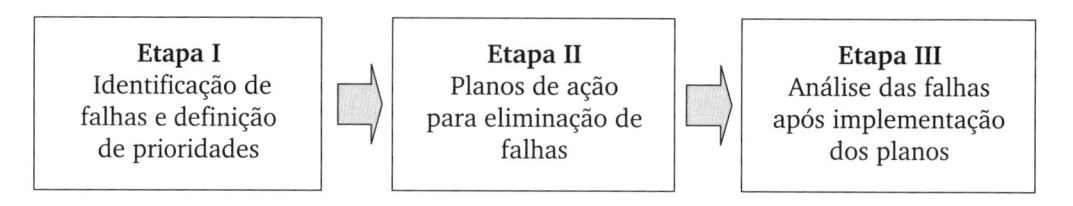

Figura 6.2 Etapas do método FMEA.

A aplicação de FMEA em um produto ou em componentes desse produto normalmente leva à aplicação do FMEA também nos processos de fabricação desse produto, pois normalmente existe uma interligação entre o FMEA de um produto/componente e de seus processos. Portanto, a aplicação do FMEA deve ser feita considerando a árvore do produto e o fluxograma de processos de fabricação do produto.

O desenvolvimento e a documentação do FMEA são feitos por meio de tabelas padronizadas, conforme ilustrado na Figura 6.3. O preenchimento dessa tabela é explicado na próxima seção.

Função do produto ou requisitos do processo	Modo de falha potencial	Efeito potencial de falha	S/G	Causa/mecanismo potencial da falha	O	Controles atuais do processo	D	R / NPR	Ações recomendadas	Responsável e prazo	Resultado das ações			
											Ações tomadas	Índices revistos		
												S/G	O	D	NPR
		Etapa I ⇒							Etapa II ⇒		Etapa III				

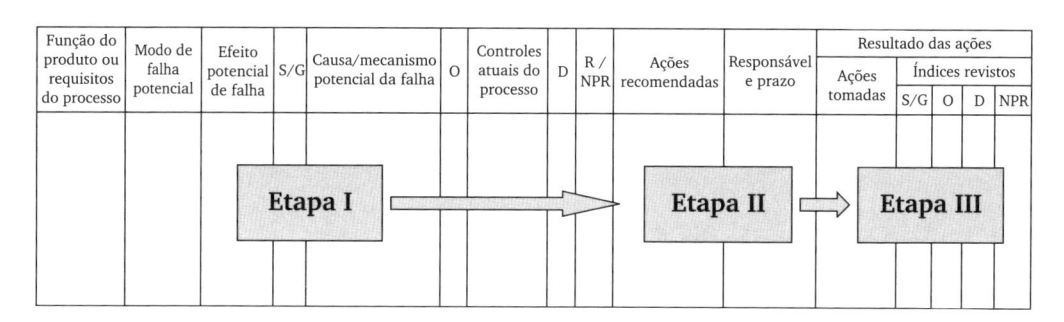

Figura 6.3 Tabela do FMEA.

6.2 Tabela FMEA

O campo superior da tabela é um cabeçalho, que deve ser preenchido com informações sobre o item ou processo sendo analisado, sobre o responsável e a equipe do FMEA, a data e outras descrições sobre o produto ou processo em análise. Os outros campos são detalhados a seguir.

Campos item e função/requisito

No FMEA do produto, a primeira coluna à esquerda indica qual o item sendo analisado. Por exemplo, sendo o produto uma bicicleta, o item pode ser o quadro ou a roda. A segunda coluna, função, tem por objetivo caracterizar qual é a função do item, incluindo especificação técnica. Por exemplo, se o quadro de bicicleta sustentar peso de até 1.500 kgf.

No caso de FMEA de processo, o campo seria a etapa do processo de fabricação; por exemplo, soldar peça A com peça B. O campo função é substituído por requisito e o objetivo é especificar o processo da forma mais completa possível. No caso da solda, devem-se incluir informações sobre o tipo de solda e especificações do cordão de solda.

Campo modo de falha

Nesse campo, devem-se listar os modos de falha. Entende-se por modo de falha os eventos que causam uma diminuição parcial ou total da função do produto ou processo e de suas metas de desempenho. Ou seja, no caso de produto, o modo de falha é o defeito, o problema que o produto apresenta. No caso do processo, o modo de falha corresponde às não conformidades que o processo gera. Ou seja, resultados fora do especificado. A Figura 6.4 apresenta exemplos de falha de produto e processo. O detalhamento das falhas pode ser auxiliado pela construção de uma árvore de falhas.

FMEA Produto				FMEA Processo			
Item	Função e requisitos do processo	Modo de falha potencial	Efeito potencial de falha	Item	Função e requisitos do processo	Modo de falha potencial	Efeito potencial de falha
Quadro	Sustentar carga até 1.500 kgf	Quebra		Processo	Soldar peças A e B	Cordão fora da especificação	
		Corrosão				Eletrodo fora da especificação	
						Equipamento desajustado	

Figura 6.4 Exemplos de modos de falha de FMEA de produto e processo.

Campo efeito potencial da falha

Nesse campo, descrevem-se os efeitos dos modos de falha no desempenho do produto ou resultado do processo. É o que o cliente, consumidor final ou cliente intermediário, observa. Pergunte-se: o que acontecerá se ocorrer o tipo de falha descrito? Quais consequências poderá sofrer o cliente? No caso de processo, o cliente pode ser o próximo processo ou o cliente final. E a descrição deve incluir o efeito nos próximos processos e no consumidor final. No caso de produto (exemplo da Figura 6.4), a quebra do quadro é um efeito que normalmente aparece sem aviso prévio. Em uma situação como essa, o efeito mais grave da quebra do quadro pode ser um acidente com vítima fatal. Já o efeito da corrosão dificilmente levaria a um acidente; corrosão é um processo progressivo que primeiro compromete a estética, em seguida a funcionalidade e a segurança. Portanto, o efeito mais grave mais provável seria a redução da vida útil da bicicleta.

Campo severidade

Após a caracterização do modo e efeito da falha, deve-se avaliar a severidade, ou seja, a gravidade para o cliente do efeito dessa falha. A severidade ou gravidade da falha deve ser traduzida numa escala de 1 a 10. No exemplo da Figura 6.4, o efeito da quebra do quadro apresenta altíssima gravidade; além disso, é um tipo de falha que não dá sinal antecipado de que a falha vai ocorrer. Portanto, seria um efeito de gravidade máxima, nota 10. Já o efeito da corrosão tem uma severidade menor, pois dificilmente colocaria em risco a vida do cliente. Nesse caso, a nota de severidade deve ser alta, mas menor que 10. No caso de FMEA de processo, a nota de severidade está relacionada à gravidade para o cliente do efeito dessa falha ou a gravidade da falha no processo de fabricação. No exemplo do processo de soldagem da Figura 6.4, a falha "cordão fora da especificação" pode gerar como efeito o retrabalho dessa não conformidade, caso ela seja detectada, ou pode causar a falha no produto, resultando em acidente e colocando em risco a saúde do cliente. Em situações como essa, a maior gravidade (efeito sobre o cliente) deve ser considerada.

A Tabela 6.1 apresenta uma orientação sugerida no manual APQP[1] para pontuação da severidade de produto ou processo, adotada pela indústria automobilística.

Campo causa potencial da falha

Nesse campo, são enumeradas todas as possíveis causas para ocorrência da falha. Essas causas podem ser definidas com o auxílio de diagramas de causa e efeito vistos no Capítulo 4. No caso de FMEA de produto, as causas de falha de produto podem ser relacionadas à engenharia do produto ou do processo. Além disso, parte das causas de falha de produto pode ser decorrente de falhas no processo. Ou seja, a causa de uma falha de

---

[1] APQP – *Advanced Product Quality Planning* – Manual da QS 9000:1994.

produto pode ser justamente um modo de falha de um processo. Por exemplo, a falha do quadro de bicicleta pode ser quebrar na solda. Essa falha pode ser causada por uma falha de projeto ou por uma falha no processo de soldagem; por exemplo, cordão de solda fora da especificação, menor que o necessário. Essa inter-relação é ilustrada na Figura 6.5.

Tabela 6.1 Critério para pontuação da severidade da falha do produto.

Índice de severidade			
Efeito	(Efeito no Cliente)	(Efeito na Manufatura/Montagem)	Índice de severidade
Perigoso sem aviso prévio	Severidade muito alta quando a falha afeta a segurança na operação do produto e/ou envolve não conformidade com a legislação governamental sem aviso prévio.	Ou pode pôr em perigo o operador (máquina ou montagem) sem aviso prévio.	10
Perigoso com aviso prévio	Severidade muito alta quando a falha afeta a segurança na operação do produto e/ou envolve não conformidade com a legislação governamental com aviso prévio.	Ou pode pôr em perigo o operador (máquina ou montagem) com aviso prévio.	9
Muito alto	Produto/item sem operação (perda das funções primárias)	Ou 100% dos produtos podem ter que ser sucateados, ou de veículo/item reparado no departamento de reparo com um tempo de reparo maior que uma hora.	8
Alto	Produto/item em operação, mas com níveis de desempenho reduzido. Cliente muito insatisfeito.	Ou os produtos podem ter que ser selecionados e uma parte (menor que 100%) sucateada, ou o veículo/item reparado no departamento de reparo com um tempo de reparo entre 0,5 hora a 1 hora.	7
Moderado	Produto/item em operação, mas item(s) de conforto/conveniência inoperável(is). Cliente insatisfeito.	Ou uma parte (menor que 100%) dos produtos pode ter que ser sucateada sem seleção, ou o veículo/item reparado no departamento de reparo com um tempo de reparo menor que 0,5 hora.	6

Índice de severidade				
Efeito	(Efeito no Cliente)	(Efeito na Manufatura/Montagem)	Índice de severidade
Baixo	Veículo/item em operação, mas (item(s) de conforto/conveniência operável(is) com níveis de desempenho reduzidos.	Ou 100% dos produtos podem ter que ser retrabalhados, ou o veículo/item reparado fora da linha, mas não vai para o departamento de reparo.	5
Muito baixo	Itens de ajuste, acabamento/chiado/e barulho não conformes. Defeito notado pela maioria dos clientes (mais que 75%).	Ou os produtos podem ter que ser selecionados, sem sucateamento, e uma parte (menor que 100%) ser retrabalhada.	4
Menor	Itens de ajuste, acabamento/chiado e barulho não conformes. Defeito evidenciado por 50% dos clientes.	Ou uma parte (menor que 100%) dos produtos pode ter ser retrabalhada, sem sucateamento, na linha mas fora da estação.	3
Muito menor	Itens de ajuste, acabamento/chiado e barulho não conformes. Defeito evidenciado por clientes acurados (menos que 25%).	Ou uma parte (menor que 100%) dos produtos pode ter que ser retrabalhada, sem sucateamento, na linha e dentro da estação.	2
Nenhum	Sem efeito identificado.	Ou pequena inconveniência no operador ou na operação, ou sem efeito.	1

FMEA de produto

Modo de falha	Efeito	Causa
O problema: ruptura do quadro da bicicleta	Acidente quando em uso	Quebra da solda

FMEA de processo

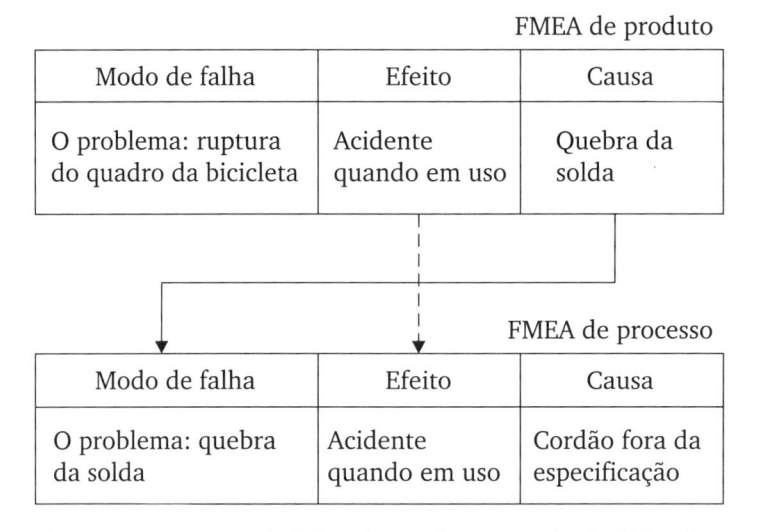

Modo de falha	Efeito	Causa
O problema: quebra da solda	Acidente quando em uso	Cordão fora da especificação

Figura 6.5 Relação entre causa da falha de produto e modo da falha de processo.

Campo ocorrência

Após a identificação das possíveis causas das falhas, deve-se avaliar qual a chance de essas causas levarem à ocorrência de falha. A ocorrência também é uma nota numa escala de 1 a 10. Para FMEA de produto ou processo, a nota de ocorrência pode tomar como referência a porcentagem de produtos defeituosos, ou taxa de falhas. A Tabela 6.2 apresenta o critério sugerido pelo APQP para pontuação da probabilidade de ocorrência da causa da falha. Em se tratando de causas relacionadas ao projeto do produto, por exemplo especificação incorreta do cordão de solda, deve-se estimar a chance desse evento em desenvolvimento de produto.

Tabela 6.2 Critério para pontuação da probabilidade da ocorrência da falha do produto.

Ocorrência		
Probabilidade de falha	Taxa de falhas	Índice de ocorrência
Muito alta: falhas persistentes	≥ 100 por mil peças	10
	50 por mil peças	9
Alta: falhas frequentes	20 por mil peças	8
	10 por mil peças	7
Moderada: falhas ocasionais	5 por mil peças	6
	2 por mil peças	5
	1 por mil peças	4
Baixa: relativamente poucas falhas	0.5 por mil peças	3
	0.1 por mil peças	2
Remota: falha é improvável	≤ 0,010 por mil peças	1

Campo controles atuais

Nesse campo, são listados os mecanismos de controle atuais que têm potencial para detectar as falhas decorrentes das causas ou possíveis causas identificadas. São os controles que podem evitar ou diminuir a chance de a falha ocorrer ou ser detectada caso ela venha a ocorrer. Os mecanismos de controle podem ser dos seguintes tipos:

- prevenir que a causa e efeito da falha ocorram, consequentemente minimizando a ocorrência. Em FMEA de produto, esse controle pode ser feito por meio de procedimentos de verificação na fase de projeto de produto. Em FMEA de processo, esse controle pode ser feito por um dispositivo à prova de erro. Por exemplo, um gabarito para a execução do cordão de solda que garanta a conformidade dimensional do cordão;

- detectar a causa da falha e iniciar ação corretiva. Em FMEA de produto, esse tipo de controle corresponde aos testes de produto, sejam testes em simulação computacional ou testes de laboratório em protótipos, antes de liberação do produto para produção. Por exemplo, no caso de quebra do quadro, o controle usado pode ser teste de protótipo em laboratório e produção piloto. No caso de FMEA de processo, esse controle seria feito por meio de monitoramento de parâmetros do processo. Por exemplo, no caso do processo de soldagem, poderia ser o controle da amperagem da máquina de solda;

- detectar a falha. Em FMEA de produto, este último tipo de controle também é feito por meio de testes no desenvolvimento do produto. Já em FMEA de processos, esse controle corresponde aos procedimentos de inspeção, após produção e antes de o produto ser consumido ou usado no processo seguinte.

Campo detecção

Apos a identificação do tipo de controle em uso, deve-se atribuir uma nota que expresse a chance de esse controle detectar a falha antes que ela ocorra. Esse parâmetro também varia numa escala de 1 a 10. Entretanto, quanto maior a chance de detecção, menor será a nota atribuída. A Tabela 6.3 apresenta uma sugestão de critério para atribuição da nota de detecção.

Tabela 6.3 Critério para atribuição da nota detecção. Campo RPN

Detecção		
Índice	Detecção	Critério
1 2	Muito grande	Certamente será detectado
3 4	Grande	Grande probabilidade de ser detectado
5 6	Moderada	Provavelmente será detectado
7 8	Pequena	Provavelmente não será detectado
9 10	Muito pequena	Certamente não será detectado

Após atribuição das notas de severidade, ocorrência e detecção, calcula-se o "Número de prioridade de risco" (RPN, do inglês Risk Priority Number) pelo produto entre esses três parâmetros, ou seja:

$$RPN = S \times O \times D$$

A Figura 6.6 apresenta a tabela FMEA para o exemplo da Figura 6.4. O preenchimento dessa coluna corresponde à última atividade da primeira etapa do processo de FMEA. A partir da análise desse número, a equipe de FMEA deverá propor e implementar mudanças em produto e processo que possam levar à redução ou eliminação da causa da falha e/ou a controles que permitem evitar ou minimizar a chance de ocorrência da causa da falha. Para implementação e acompanhamento de ações de melhoria, é comum se utilizar da ferramenta chamada 5W2H. Essa ferramenta nada mais é do que uma tabela constando das seguintes informações (Figura 6.7):

- O quê (*What*): breve descrição da ação a ser implementada;
- Por quê (*Why*): justificativa para implementação da ação;
- Onde (*Where*): em que unidade, processo ou área a ação será implementada;
- Quem (*Who*): quem será responsável pela implementação da ação;
- Quando (*When*): quais são as datas de início e fim da ação;
- Como (*How*): breve descrição sobre como a ação será implementada;
- Custo (*How much*): indicação dos custos envolvidos.

Item	Função e requisitos do processo	Modo de falha potencial	Efeito potencial de falha	S/G	Causa/mecanismo potencial da falha	O	Controles atuais do processo	D	RPN
Quadro	Sustentar carga até 1.500 kgf	Quebra	Acidente	10	Subdimensionamento do cordão de solda	2	Norma de solda e teste protótipo	2	40
					Tipo de solda inadequado	6	Instrução de trabalho padrão	2	120
					Processo de solda fora da especificação	7	Inspeção visual	8	560
		Corrosão	Redução vida útil	6	Processo de tratamento anticorrosão	6	Instrução de trabalho	7	252
		Pintura descascada	Estética insatisfatória	4	Processo de pintura	6	Inspeção final	2	48

Figura 6.6 Tabela FMEA de produto: exemplo do quadro de bicicleta.

A última etapa do FMEA tem por objetivo reavaliar se houve uma diminuição da ocorrência da causa da falha, ou se houve um aumento da detecção da falha, ou ambos. Essas notas de ocorrência e detecção são novamente atribuídas e uma nova avaliação do número de prioridade de risco é feita, dando início a um novo ciclo de ações de melhoria em função das novas prioridades.

O QUÊ (What)	QUEM (Who)	QUANDO (When)	ONDE (Where)	POR QUÊ (Why)	COMO (How)	QUANTO CUSTA (How much)

Figura 6.7 Tabela 5W2H.

6.3 Benefícios e dificuldades da aplicação do FMEA

O FMEA, como todos os métodos de gestão da qualidade, propõe um ciclo de melhoria para redução de falhas, como ilustrado na Figura 6.3. Nesse sentido, o principal benefício da adoção do FMEA é o estabelecimento de uma sistemática de análise de falhas reais e potenciais, das causas e dos meios empregados para evitar ou detectar essas falhas. Além disso, o FMEA estabelece um critério objetivo de priorização, o RPN, a partir do qual as ações de melhoria futuras serão priorizadas.

Apesar do aspecto positivo em se ter um critério objetivo para priorização de ações para eliminação de falhas, o RPN, alguns estudos criticam essa forma de calcular o indicador, apontando problemas como por exemplo o fato de o valor do indicador ser o mesmo para diferentes combinações de severidade, ocorrência e detecção, situações em que possivelmente a prioridade seria diferente. Franceschini e Galetto (2001), entre outros, propõem o uso de variáveis linguísticas e teoria de conjuntos fuzzy para o cálculo do indicador de prioridade.

Da mesma forma que outros métodos de gestão da qualidade, o desenvolvimento do FMEA deve ser feito por equipes multifuncionais e com conhecimentos multidisciplinares. Portanto, a eficácia do FMEA depende muito da qualidade do trabalho da equipe, na correta identificação de falhas de produto e processo, suas causas e meios empregados para a detecção.

Outro benefício que é ao mesmo tempo uma dificuldade é a necessidade de documentação das análises efetuadas. Como visto na seção anterior, o FMEA é construído a partir de informações registradas em tabelas. Esse é um grande benefício para as empresas, já que o registro dessas análises das falhas e ações tomadas estabelece um histórico de ações, cria memória e torna o conhecimento mais explícito. No entanto, mesmo para uma empresa com produtos com baixo grau de agregação e complexidade tecnológica, o número de tabelas é normalmente grande, o que implica em um grande esforço de registro dessas informações. Somem-se a isso a pressão do tempo e a tendência de equipes técnicas em fugir da burocracia. O resultado é dificuldade e resistência na utilização do FMEA, tornando o preenchimento das tabelas um ato puramente burocrático, para atendimento de exigências contratuais ou requisitos de sistemas da qualidade. E a falta de cuidado no preenchimento das informações nas tabelas, como uma correta descrição das causas das falhas e meios de detecção das falhas, pode comprometer o potencial de reutilização das informações registradas e com isso comprometer o principal benefício desse esforço de documentação.

Outra crítica comum ao FMEA é a subjetividade das notas de severidade, ocorrência e detecção e as distorções que essa subjetividade pode causar na definição de prioridades. De fato, por mais que se definam critérios padronizados para atribuição dessas notas, distorções são inevitáveis. O uso de variáveis linguísticas e teoria de conjuntos fuzzy (FRANCESCHINI e GALETTO, 2001) pode contribuir para diminuir essas distorções de quantificação desses critérios. No entanto, tais distorções de forma alguma comprometem os avanços e benefícios que podem ser obtidos com a sistemática de identificação das falhas, análise de causas e meios de detecção. No máximo, irão inverter a ordem de prioridades entre duas ou mais ações de melhorias cuja avaliação de prioridade, com base nos critérios definidos pelo FMEA, sejam próximas.

6.4 Outras técnicas de análise de falhas

Além do FMEA, outras técnicas foram desenvolvidas para a análise de falhas, como a Árvore de Falhas (*FTA – Fault Tree Analysis*), baseada no diagrama de processo decisório, apresentado na seção 4.2.6 e, mais recentemente, uma técnica para revisão de projeto, chamada DRBFM – *Design Review Based on Failure Mode* –, Revisão de Projeto Baseada nos Modos de Falhas.

Essa técnica foi desenvolvida por Tatsuhiko Yoshimura, engenheiro da Toyota, e sua aplicação ainda é bastante restrita a algumas empresas da cadeia automotiva. Também é ainda muito pouco difundida na literatura acadêmica. Uma exceção é o artigo publicado por Otsuka, Shimizu e Noguchi (2009).

Essa técnica se baseia na aplicação da filosofia chamada *Mizen Boushi* em modificações de projeto. O princípio básico do *Mizen Boushi* é prevenir problemas decorrentes de falhas ou falta de confiabilidade (para o inglês foi traduzido como *Reliability Problem Prevention*). Ou seja, o objetivo é desenvolver soluções que minimizem falhas de produto decorrentes de modificações de projeto.

A aplicação desse princípio é feita por meio de um método, desenvolvido por Tatsuhiko Yoshimura, identificado na língua inglesa por GD³, e baseado em três etapas: *Good Design*; *Good Discussion* e *Good Design Review*. Cada uma dessas etapas é desdobrada em um conjunto de planilhas cujo preenchimento induz a equipe de projeto a discutir as modificações de projeto, os possíveis impactos dessas mudanças e as soluções adotadas.

Leitura complementar

FRANCESCHINI, F.; GALETTO, M. A new aproach for evaluation of lisk priorities of failure modes in FMEA. *International Journal of Production Research*, v. 29, nº 13, p. 2991-3002, 2001.

STAMATIS, D. H. *Failure mode and effect analysis*: FMEA from theory. ASQC Quality Press, 1995.

OTSUKA, Y.; SHIMIZU, H.; NOGUCHI, H. Efficacious desing review process including on-the-job training in finding misunderstand errors. *International Journal of Reliability, Quality and Safety Engineering*, v. 16 (3), p. 281-302, 2009.

YOSHIMURA, T.; SHIMIZU, H. *Reliability problem prevention method of stimulating creativity needed to notice problems*. Transactions of the Japan Society of Mechanical Engineers, Part C 70 (1), p. 243-250, 2004.

Questões

1. Quais das ferramentas apresentadas no Capítulo 4 são ou podem ser usadas na construção do FMEA?

2. O que é o FMEA? Relacione o processo de melhoria proposto pelo FMEA com o processo de melhoria do MASP.

3. Qual a relação entre FMEA de produto e o FMEA de processos de fabricação do produto?

4. Quais os benefícios e dificuldades na utilização do FMEA?

5. Exemplifique a utilização conjunta do QFD e do FMEA.

6. Construa uma tabela FMEA até o RPN para um exemplo de produto manufaturado.

Seis Sigma 7

O Seis Sigma é um programa de melhoria surgido na Motorola nos anos 1980. Em 1987, a Motorola ganhou o prêmio Malcom Baldrige de excelência em qualidade por causa do programa Seis Sigma. Um engenheiro chamado Bill Smith, funcionário da Motorola, foi o grande responsável pelo desenvolvimento do programa Seis Sigma. Mais tarde, no início dos anos 1990, os ex-funcionários da Motorola Mikel Harry e Richard Schroeder, especialistas em qualidade, criaram a "Six Sigma Academy", responsável pela difusão do Seis Sigma para outras empresas, que começaram a utilizá-la com sucesso para gerenciar seus negócios. O termo *Seis Sigma* é marca registrada da Motorola, que mantém um centro de treinamento, a Motorola University, que oferece vários cursos e certificados de capacitação em Seis Sigma.

O Seis Sigma é um programa de melhoria que tem por objetivo a redução de desperdícios da não qualidade e consequentemente a redução de custos e a melhoria no atendimento de requisitos de clientes, como qualidade de produto e confiabilidade da entrega. O Seis Sigma foi definido por Mikel Harry e Richard Schroeder como *"uma estratégia inovadora (breakthrough strategy) para a melhoria da qualidade, redução de custos e melhoria da satisfação dos clientes"*. Outra conceituação apresentada por eles para o Seis Sigma diz: *"Um processo de negócio que permite que as empresas melhorem drasticamente suas atividades de forma a reduzir desperdícios ao mesmo tempo em que aumenta a satisfação dos clientes."*

Grandes empresas que aplicaram o programa Seis Sigma com sucesso, como a GE, a Asea Brown Boveri (ABB), a Allied Signal, entre outras, relataram economias da ordem de milhões de dólares devido à redução de desperdícios trazidos pelos projetos Seis Sigma. Um dos maiores entusiastas do programa Seis Sigma é o ex-CEO da GE, Jack Welch.

O nome do programa, Seis Sigma, faz referência ao nível de capabilidade de processos. Ou seja, um processo Seis Sigma é aquele cuja variabilidade do resultado, medida em unidades de desvio-padrão, sigma, corresponde a um duodécimo da variação máxima aceitável, definida na especificação de projeto do produto para variação do resultado em torno do valor nominal. Por exemplo, considere um processo de enchimento de pacote de sabão em pó, com quantidade nominal de 1.000 g cujo máximo de variação aceitável para esse conteúdo seja de mais ou menos 15 g; portanto, de 985 a 1.015. Se o processo tiver um nível de capabilidade Seis Sigma, isso significa que o desvio-padrão do processo, sigma, calculado a partir dos resultados gerados pelo processo, corresponde a no máximo 2,5 g. Desse modo, a variação máxima aceitável, de 30 g, corresponderia a ± 6 sigma do processo. Portanto, a redução de desperdício da não qualidade, objetivo principal do Seis Sigma, decorre da redução da variabilidade dos processos de fabricação. No exemplo do enchimento do pacote de sabão em pó, se o processo tiver esse nível de capabilidade, as perdas por falta de repetibilidade do processo, embalagens com excesso de produto ou multas por descumprimento de legislação, serão ínfimas.

Um raciocínio semelhante é aplicado a outros processos para os quais não se faz uma análise de capabilidade. Por exemplo, o despacho de bagagens de uma empresa aérea. Nesse caso, um processo Seis Sigma é aquele cuja parcela de erros (bagagens que não chegaram junto com o passageiro) corresponde a uma fração de dois passageiros que tiveram sua bagagem extraviada a cada bilhão de passageiros atendidos.

No entanto, o Seis Sigma é mais um mote do que propriamente uma meta. As melhorias decorrentes de um projeto Seis Sigma podem ser significativas e satisfatórias, ainda que não se tenha atingido um nível de capabilidade Seis Sigma para o processo.

De forma mais ampla, o Seis Sigma é um programa de melhoria que se constitui de:

- estrutura organizacional: o programa Seis Sigma estabelece níveis de capacitação e de responsabilidade para a condução de projetos de melhoria. São os *Belts* e *Champions*;

- um método para a melhoria: o método DMAIC adotado pelo Seis Sigma é um método iterativo de melhoria, a exemplo do PDCA ou MASP (Método de Análise e Solução de Problemas);

- técnicas estatísticas e não estatísticas: usadas como auxiliares no processo de análise e tomada de decisão nas diferentes etapas do método de melhoria. O programa Seis Sigma é fortemente orientado para o uso de ferramentas estatísticas. Mas não necessariamente requer o uso de técnicas estatísticas. Na verdade, muitas das melhorias decorrem mais da aplicação da sistemática do Seis Sigma do que do uso de alguma técnica estatística.

As seções 7.2 e 7.3 apresentam esses elementos do programa Seis Sigma com exceção das técnicas usadas, que são apresentadas em mais detalhes no Capítulo 8. A seguir, apresenta-se o significado estatístico de um processo de nível de qualidade Seis Sigma.

7.1 Nível de qualidade de um processo Seis Sigma

O nível de qualidade de um processo refere-se à proporção de rejeição. Ou seja, um nível de qualidade de 1.000 ppm (partes por milhão) significa que, estatisticamente, espera-se que a cada um milhão de peças produzidas, 1.000 serão rejeitadas por estarem fora da faixa de tolerância aceitável. Por exemplo, no empacotamento de sabão em pó, se a faixa de tolerância para variação do conteúdo é de 30 g, de 985 a 1.015 g, um nível de qualidade de 1.000 ppm significa que a cada um milhão de unidades produzidas, estatisticamente, espera-se que 1.000 estejam fora dessa especificação. Ou seja, ou acima ou abaixo da faixa de peso especificada.

Podemos medir essa taxa de ocorrência de itens fora da especificação (e, muitas vezes, isso é feito). Mas o ideal é que se possa estimar a chance de se ter resultados futuros (ainda não produzidos) fora da especificação. Para isso, os conceitos estatísticos de probabilidade são usados. Um modelo matemático muito importante é a distribuição de probabilidades Normal ou Gaussiana. Isso porque a dispersão de resultados de um processo de fabricação, como no exemplo do empacotamento de sabão em pó, é simétrica em torno de um valor central e normalmente bem representada pela Distribuição Normal ou Gaussiana. A Figura 7.1 ilustra a curva da função densidade de probabilidade.

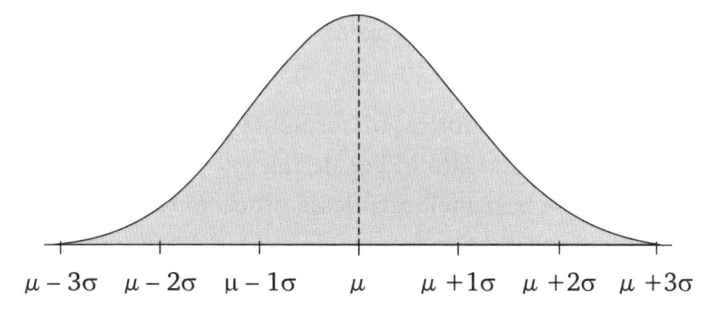

Figura 7.1 Distribuição normal.

Os parâmetros média (μ) e variância (σ^2) completamente definem uma distribuição normal. E a probabilidade de ocorrência de resultados em torno da média também é conhecida. Por exemplo, a probabilidade de um elemento da população recair fora do intervalo [$\mu - 3\sigma$; $\mu + 3\sigma$] é de 0,27% ou 2.700 ocorrências por milhão de resultados. E a probabilidade de um elemento recair fora do intervalo [$\mu - 6\sigma$; $\mu + 6\sigma$] é de 0,0000002% ou duas ocorrências por bilhão de resultados.

Se por meio da análise de resultados passados de um processo de fabricação for possível calcular com boa precisão a média e o desvio-padrão do processo (supondo distribuição normal), podem-se usar esses parâmetros para estimar a chance de ocorrência de resultados futuros em uma faixa em torno do resultado médio. Voltando ao exemplo do empacotamento do sabão em pó, se após a coleta de amostras de resultados do processo concluir-se que o resultado médio do processo é de 1.009 g e o desvio-padrão é de 6 g, a ocorrência de resultados estatisticamente esperados fora da especificação [985; 1015] será de 158.700 resultados a cada milhão de resultados, conforme ilustrado na Figura 7.2.

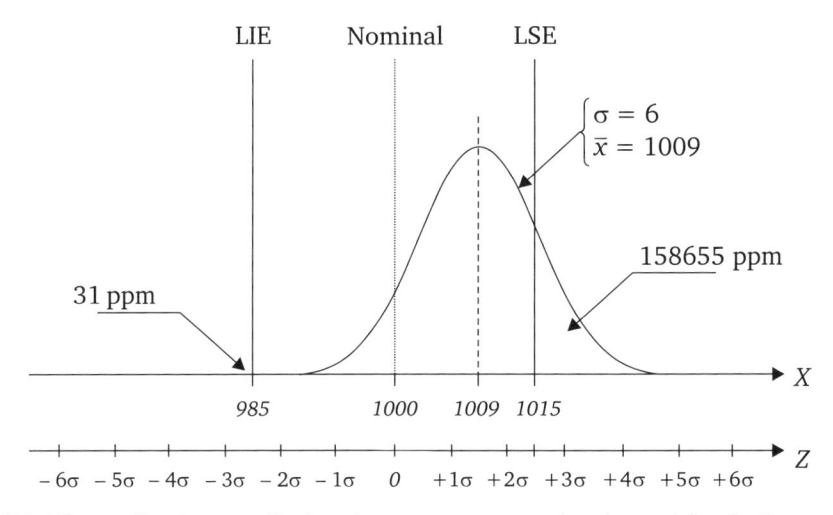

Figura 7.2 Dispersão dos resultados do processo com desvio-padrão de 6 g em relação à especificação de projeto.

Portanto, esse processo de fabricação apresenta excessiva descentralização e dispersão dos resultados, causando alto índice de rejeição e altos custos da não qualidade. Um projeto Seis Sigma para melhoria desse processo teria como objetivo reduzir a dispersão dos resultados e ajustar a média do processo para mais próximo do valor nominal. Supondo que o processo passou por melhoria e que a partir de nova coleta de amostras de resultados do processo a média passou a ser de 1.003 g e o desvio-padrão de 3 g, nesse caso a expectativa de resultados fora da especificação seria de 31 ocorrências a cada milhão de resultados, como ilustrado na Figura 7.3.

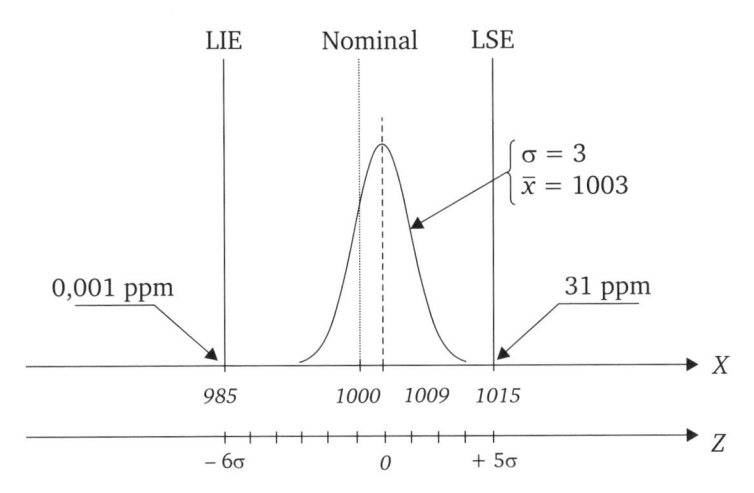

Figura 7.3 Dispersão dos resultados do processo com desvio-padrão de 3 g em relação à especificação de projeto.

Assim, um processo com nível de qualidade Seis Sigma é aquele cuja faixa de tolerância especificada corresponde a ± 6 unidades de desvio-padrão, ± 6σ, como ilustrado na Figura 7.4. Se o processo tiver um resultado médio deslocado do centro da faixa de tolerância de um valor correspondente a 1,5 σ, então a chance de resultados fora da especificação será de 3,4 ocorrências a cada milhão de resultados, como ilustrado na Figura 7.5.

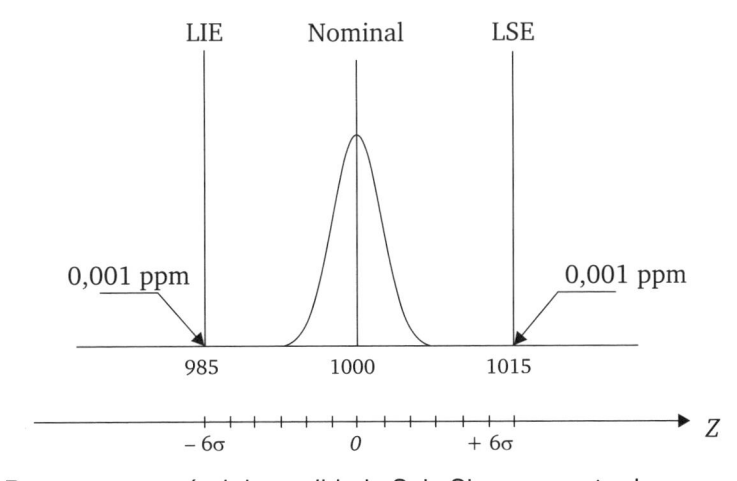

Figura 7.4 Processo com nível de qualidade Seis Sigma e centrado no nominal.

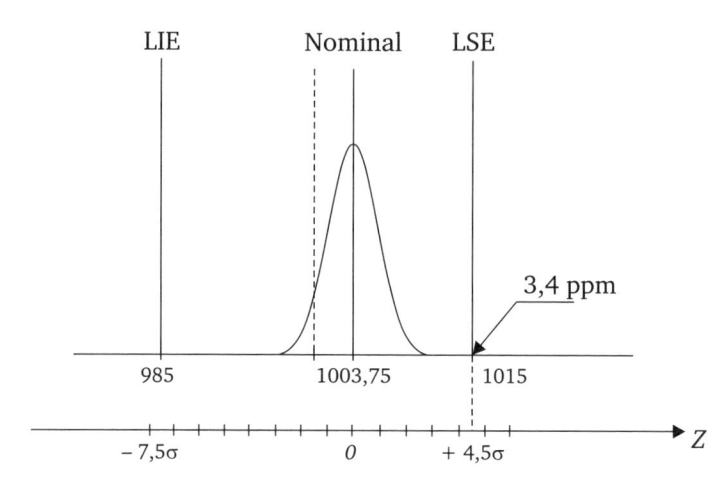

Figura 7.5 Processo com nível de qualidade Seis Sigma, deslocado do nominal de 1,5 sigma.

Em se tratando de processos cujo resultado é certo ou errado, aceito ou não aceito, como por exemplo no despacho de bagagens em que o resultado seria extraviado ou não extraviado (não aceitável/aceitável), ainda que essa análise estatística não se aplique, já que nessa situação a distribuição de probabilidades é, rigorosamente, modelada pela distribuição binomial, um processo com nível de qualidade Seis Sigma é aquele cuja fração de inaceitáveis corresponde a 3,4 ocorrências a cada milhão de resultados.

7.2 Estrutura organizacional do Seis Sigma

O desenvolvimento do programa Seis Sigma é feito por figuras organizacionais bem definidas: *Champions, MasterBlack-belts, Black-belts, Green-belts*. Essa estrutura organizacional é paralela à estrutura organizacional tradicional da empresa. No nível mais alto, existe o *Champion*. Quem assume o papel de *Champion* pertence à alta gerência da empresa. Ele é um defensor da estratégia Seis Sigma e transmite essa visão à alta gerência da organização. Desse modo, ele lidera o processo de mudança, conduzindo a organização na definição de objetivos estratégicos relacionados ao programa Seis Sigma, viabilizando recursos para a implementação e manutenção do programa e fazendo a ponte entre a alta gerência e os executores e coordenadores de projetos Seis Sigma distribuídos nas unidades de negócio da organização, fazendo revisão de progresso das ações de melhoria junto aos coordenadores de projeto e prestando contas de progresso junto à alta gerência.

O *Master Black-belt* ou o *Black-belt* é um funcionário de média gerência, de formação técnica, especialmente designado para essa função. Ele possui grande conhecimento nas técnicas estatísticas utilizadas pelo Seis Sigma. Essa condição o torna um líder e mentor do programa, respeitado entre seus pares por sua capacitação técnica. Em tal condição, ele coordena várias iniciativas de projetos Seis Sigma, acompanha a implementação, auxilia na análise e interpretação dos resultados, propõe novas direções. Além de coordenar, ele é responsável por analisar os potenciais benefícios de possíveis projetos, considerando principalmente a análise de potencial redução de desperdícios. Dependendo do tamanho da organização, pode haver ou não a figura do *Master Black-belt*. Também dependendo do tamanho da organização, pode haver mais de um *Black-belt*.

O *Green-belt* é um funcionário de nível médio para baixo, de área técnica ou administrativa, que recebeu um treinamento menos aprofundado nas técnicas estatísticas. Apesar desse conhecimento mais superficial das técnicas do Seis Sigma, ele tem grande conhecimento dos processos e atividades que precisam ser melhorados. Assim, com a orientação do *Black-belt*, ele pode desenvolver projetos Seis Sigma em temas que ele identifica como problemáticos e com grande potencial de benefício. É um funcionário que trabalha a maior parte do tempo em suas atividades rotineiras e é subordinado ao seu supervisor ou gerente de área, mas ao mesmo tempo deve dedicar parte de seu tempo a projetos Seis Sigma; e é cobrado por isso pelo *Black-belt* da unidade. Ainda existem os *White-belts*, que são funcionários de nível operacional, treinados nos fundamentos de Seis Sigma para que estejam capacitados a dar suporte aos *Black* e *Green-belts* na implementação dos projetos.

Essa estrutura organizacional é um grande diferencial do programa Seis Sigma em relação aos programas de qualidade criados anteriormente ao Seis Sigma. Primeiro, porque cria-se um ramo da estrutura organizacional da empresa exclusivamente voltado para a gestão da melhoria, representado pelo *Champion, Master Black-belts* e *Black-belts*, que faz o elo entre a base e o topo da pirâmide, estabelecendo metas e providenciando recursos numa mão e cobrando resultados e prestando contas em outra. Além disso, na base, os *Green* e *White-belts* se fundem à estrutura funcional, criando a vinculação necessária entre a execução e gestão das atividades de rotina da cadeia interna de valor e a gestão da melhoria dessas atividades. Essa ideia é ilustrada na Figura 7.6.

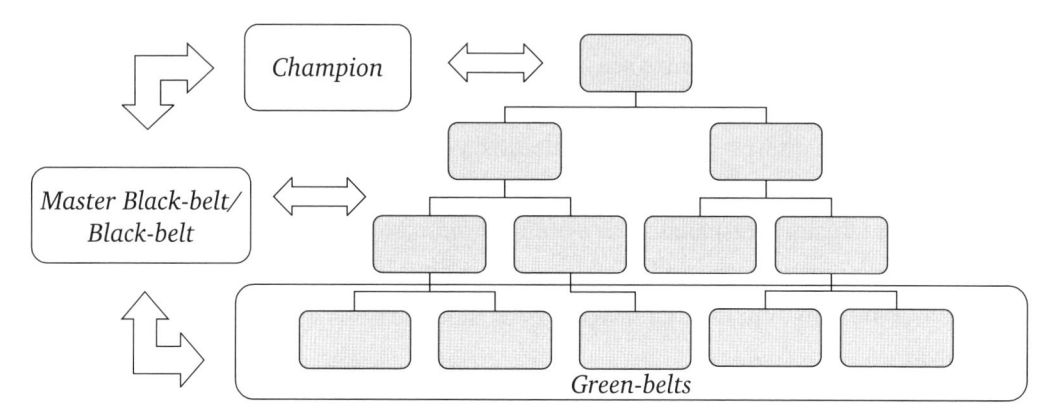

Figura 7.6 Relacionamento da estrutura organizacional do Seis Sigma com a estrutura organizacional da empresa.

7.3 Método DMAIC

Outra característica marcante é o método de desenvolvimento de projetos Seis Sigma, o DMAIC, que é um acrônimo para *Define, Measure, Analyse, Improve e Control*. Essas etapas são, em linhas gerais, as mesmas etapas do Método de Análise e Solução de Problemas, visto no Capítulo 2. Portanto, o DMAIC é um método PDCA, apenas estruturado de forma diferente. Essas fases são detalhadas a seguir.

Definir *(Define – D)*

Esta fase tem por objetivo definir claramente qual será o projeto Seis Sigma. A decisão sobre a realização ou não do projeto é tomada pelos níveis de *Black-belt* ou *Master Black-belt*. Para isso, é preciso inicialmente definir claramente qual é o objeto de estudo do projeto Seis Sigma e o problema, o efeito indesejável que se quer eliminar. Por exemplo, um projeto Seis Sigma pode ser definido para melhorar o nível de qualidade de um processo de envasamento de sabão em pó. Nesse caso, o objeto de estudo é a redução da dispersão de resultados do processo de enchimento de embalagens de determinada linha de produção. O problema nesse caso é a excessiva dispersão de resultados, gerando um número exagerado de resultados fora das especificações.

Pré-requisitos importantes para a definição de projetos Seis Sigma são:

- identificação das características críticas para a qualidade do produto;
- mapeamento dos processos de realização de produto.

Um ponto fundamental para a definição de um projeto Seis Sigma é o conhecimento das pessoas envolvidas com a realização do processo sobre quais problemas geram não conformidade e desperdícios. Ferramentas que podem ajudar a fundamentar a decisão sobre a definição do problema são: estratificação de dados, gráficos de tendência, gráfico de Pareto e folha de verificação. Por exemplo, supondo que exista mais de uma linha de produção de envasamento de embalagens de sabão em pó, com a estratificação de resultados por linha, pode-se construir um gráfico de Pareto em que fique evidente que a linha A é mais problemática e que portanto o projeto deve ser desenvolvido inicialmente para essa linha.

A decisão final sobre a definição de um projeto Seis Sigma deve levar em conta outras informações relevantes, como:

- potencial benefício que essa melhoria trará em termos de redução de desperdícios e redução de custos da não qualidade. Ou seja, qual é o ganho estimado;
- planejamento e definição da abrangência do projeto, incluindo pessoas envolvidas, cronograma de atividades e recursos necessários.

Medir (*Measure* – M)

Nesta etapa, uma vez definido qual será o objeto de estudo, ou seja, o problema a ser atacado, o objetivo é coletar dados que possam auxiliar na investigação das características específicas do problema; que forneçam informações para o processo de análise das causas do problema em estudo.

Na prática, a medição de dados de resultados de processos já foi iniciada na etapa anterior (para auxiliar na definição do projeto) e deve ser aprofundada nesta etapa. No exemplo de envasamento de sabão em pó, para a definição do projeto, já se utilizaram de informações como nível de qualidade do processo, por exemplo, em resultados fora das especificações por milhão de ocorrências (PPM). Para isso, já foram medidos dados básicos do processo. No entanto, uma vez definido pela realização do projeto, devem-se coletar novos dados.

Uma medição importante nessa fase é sobre a capabilidade do processo. Para quantificar a capabilidade do processo, é necessário coletar mais dados sobre ele para melhor caracterizar a dispersão de resultados. Estratificação dos dados também pode ser importante. Por exemplo, estratificação por turno de produção.

Na etapa de medição, assim como em qualquer momento em que resultados do processo forem coletados por meio de um instrumento de medição, é importante que seja feita uma análise do sistema de medição, para se assegurar de que o instrumento de medição está produzindo resultados confiáveis, com acuracidade e precisão aceitáveis. Por exemplo, se o instrumento de medição usado para medir a massa de sabão em pó em cada embalagem estiver descalibrado, a leitura do instrumento pode indicar um valor completamente diferente daquele que de fato está sendo embalado.

Nesta etapa, é importante que haja um plano de coleta de dados, identificando os dados necessários, quantidade e os momentos em que esses dados devem ser coletados, já que, em alguns casos, a coleta de dados pode interferir na rotina da produção.

Análise (*Analyse* – A)

Na etapa de análise, o objetivo é identificar as causas fundamentais do problema. Para isso, os dados coletados na fase anterior servirão de base para as análises e conclusões desta etapa; e novas coletas de dados podem ser necessárias.

A análise fundamental desta etapa é de relacionamentos entre o efeito indesejável (o problema) e suas causas. Portanto, as ferramentas fundamentais nesta etapa são os diagramas de relacionamento de causa e efeito. Esses relacionamentos de causa e efeito podem ser testados por meio de experimentos. Para isso, as técnicas de planejamento e análise de experimentos podem ser usadas, incluindo ferramentas estatísticas como testes de hipótese, análise de variância, análise de regressão. Por exemplo, pode-se supor que a variação excessiva do resultado do envasamento do sabão em pó seja relacionada à variação de umidade do pó e à variação da granulação do pó. Portanto, planejamento e análise estatística dos dados podem ser usados para auxiliar a se chegar a uma conclusão sobre como minimizar ou eliminar o problema. O FMEA, visto no Capítulo 6, também pode ser usado como abordagem para identificar causas fundamentais, chance de ocorrência e meios de detecção do problema.

Ao final desta etapa, espera-se obter uma boa explicação para o problema e a identificação de uma oportunidade de melhoria, uma possível solução para o problema. É uma etapa que requer capacitação técnica da equipe para identificar causas fundamentais e propor ações que eliminem ou minimizem o problema.

Melhorar (*Improve* – I)

Nesta etapa, após concluídas a análise e a proposição de melhoria, deve-se planejar e executar a ação de melhoria. Esta etapa ainda pode requerer experimentos para validar as melhorias propostas. Novas análises de capabilidade de processo também podem ser necessárias para confirmar os resultados esperados. Além disso, deve-se planejar a implementação das ações.

Controlar (*Control* – C)

Esta etapa tem por objetivo garantir que as melhorias obtidas não se percam. Para isso, devem-se rever os procedimentos, incluindo novos controles sobre o processo, como instruções de trabalho, registros e outros meios. Por exemplo, podem-se adotar gráficos de controle ou de tendência e dispositivos que sejam à prova de falha.

7.4 Variações do método DMAIC

Além do método DMAIC visto na seção anterior, outros métodos foram propostos, como DMADV e DFSS.

O DFSS é um acrônimo pra *Design For Six Sigma*. Na verdade, é mais um conceito do que um método, ou seja, o desenvolvimento de produto e processo deve incorporar os objetivos de redução de variabilidade e de custos da não qualidade da estratégia Seis Sigma. Para isso, uma metodologia proposta é o DMADV, que é um acrônimo para *Define, Measure, Analyse, Design* e *Verify*. É a adaptação do DMAIC para o desenvolvimento de produto. As etapas do DMADV são brevemente descritas a seguir:

Definir (*Define*): definir os objetivos de projeto e requisitos dos clientes (internos ou externos);

Medir (*Measure*): medir e determinar necessidades e expectativas dos consumidores, e usar melhores práticas dos concorrentes e do setor em que atua a organização;

Analisar (*Analyse*): analisar as opções de processo para atender as expectativas do consumidor;

Planejar (*Design*): planejar detalhadamente o processo para atendimento das necessidades do consumidor;

Verificar (*Verify*): verificar o desempenho do projeto e a habilidade de atender tais necessidades.

Uma ligeira modificação da metodologia DMADV é DMADOV (*Define, Measure, Analyse, Design, Optimaze and Verify* – Definir, Medir, Analisar, Planejar, Otimizar e Verificar).

7.5 Aplicação do Seis Sigma

O método Seis Sigma se tornou, na última década, um programa largamente difundido como uma estratégia para gestão da qualidade e melhoria contínua, não apenas na indústria de manufatura, mas também no setor de serviços. Grandes empresas têm investido largas somas de recursos na capacitação de pessoas no método e nas técnicas estatísticas e na implementação de projetos. Certamente, esse movimento tem trazido benefícios significativos em termos de redução de desperdícios e também em termos de consolidação da cultura de melhoria contínua. Mas os potenciais benefícios do Seis Sigma podem ser comprometidos por falta de entendimento das reais possibilidades de obtenção de resultados significativos com o esforço de implementação do Seis Sigma. Nesse sentido, dois pontos merecem destaque especial, como segue.

Redução dos custos da não qualidade

Claramente, a redução de desperdícios e custos da não qualidade, decorrentes de refugo ou retrabalho, é desejável em qualquer contexto. No entanto, em alguns casos, a necessidade de redução desses custos é muito maior que em outros. Por exemplo, para a cadeia produtiva da indústria automobilística, a redução de custos de não conformidades, por se tratar de produção seriada e grandes volumes, terá impacto significativo na melhoria dos resultados financeiros, especialmente em valores monetários absolutos acumulados por período. O mesmo é verdade para a cadeia produtiva da linha branca, eletrônicos, informática, alimentícia. Ou mesmo para empresas de serviço, que lidam com altos volumes de atendimentos. Ou seja, sempre que se tem produção altamente repetitiva, de grandes volumes, a estratégia de redução de desperdícios e de custos da não qualidade é altamente benéfica. Por outro lado, por exemplo, para uma empresa fabricante de bens de capital, com sistema de produção *job shop*, os custos da não qualidade, tipicamente custo de retrabalho, ainda que indesejáveis, pois trazem perda de produtividade e podem comprometer a satisfação dos clientes, têm um peso muito menor em termos de resultados financeiros. Portanto, se a redução de custos de desperdícios e da não qualidade não for um objetivo estratégico da empresa, não há razão para a empresa investir grandes somas de recursos para implementar um programa de melhoria Seis Sigma.

Utilização de técnicas estatísticas

Técnicas estatísticas usadas em controle da qualidade, como análise de capabilidade, gráficos de controle, técnicas de planejamento de experimentos, entre outras, existem há quase um século e nunca tiveram larga aplicação na indústria de manufatura.

Uma primeira razão para a falta de popularidade dessas técnicas é a falta de cultura de controle e gestão da qualidade que prevaleceu durante boa parte do período de existência dessas técnicas. Nesse aspecto, a disseminação do Seis Sigma tem um efeito altamente benéfico, de propagar e consolidar a cultura da qualidade.

De qualquer forma, as técnicas estatísticas não são de muito fácil entendimento e aplicação; requerem um certo grau de escolaridade e portanto não são técnicas que se consiga disseminar facilmente entre os funcionários de uma empresa. Na verdade, isso não representa um grande problema, pois nem sempre elas são necessárias. Ou seja, em muitos casos, não se precisa fazer um estudo de capabilidade do processo, um planejamento de experimentos, uma análise multivariada. A melhoria decorre da motivação da equipe, da urgência em se promover melhoria, do conhecimento da equipe sobre o processo em questão e de uma análise sistemática de problemas e suas causas, propiciada pelo método DMAIC. Ou seja, existe uma ênfase exagerada na aplicação das técnicas estatísticas que na prática se mostram muitas vezes desnecessárias. Claro, há várias situações em que a utilização dessas técnicas é fundamental para se obter melhorias. Mas certamente representam uma parcela reduzida dos inúmeros possíveis projetos de redução de desperdícios que uma empresa pode empreender. Portanto, as técnicas estatísticas (apresentadas no próximo capítulo) devem ser usadas com moderação e discernimento.

Leitura complementar

ECKES, G. *A revolução seis sigma*. Rio de Janeiro: Campus, 2001.

ROTONDARO, R. G. *Seis sigma*. São Paulo: Atlas, 2002.

WERKEMA, C. *Criando a cultura seis sigma*. Belo Horizonte: Werkema, 2004.

Questões

1. O que é o Seis Sigma? Quais as características básicas que diferenciam o Seis Sigma dos programas da qualidade anteriores?

2. Qual o significado de um processo Seis Sigma, tanto para serviço como para processos de manufatura?

3. Em que situações o Seis Sigma é mais indicado? Por quê?

4. Quais as semelhanças entre o DMAIC e o MASP?

5. Quais as dificuldades para a implementação do Seis Sigma?

6. Pesquise e relate um caso de aplicação do método e ferramentas do programa Seis Sigma.

Técnicas Aplicadas ao Seis Sigma

8

A Figura 8.1 apresenta as técnicas mais usadas nas diferentes etapas do método DMAIC do Seis Sigma. Essas técnicas surgiram muito antes da criação do programa Seis Sigma e foram incorporadas a ele. São métodos ou ferramentas que se encaixam perfeitamente em uma ou mais fases do método DMAIC. Técnicas não estatísticas como FMEA, diagrama de causa e efeito e Pareto auxiliam na identificação dos problemas, possíveis causas e priorização para tratamento desses problemas. O mapeamento de processos auxilia a explicitar as atividades realizadas e identificar os parâmetros de processo que requerem análise pormenorizada. O 5S pode ser uma primeira solução, de amplo espectro, adotada para a redução de desperdícios.

Um processo que esteja gerando resultados com variabilidade excessiva pode requerer, para a sua análise e melhoria, que seja feito um estudo de capabilidade. Para isso, é necessário que seja feita em paralelo uma análise do sistema de medição utilizado. Para a melhoria do processo, podem ser necessárias técnicas estatísticas como teste de hipótese e análise de variância (ANOVA). Técnicas de planejamento e análise de experimentos também podem auxiliar na identificação de melhorias de produto e processo. Já os gráficos de controle podem ser usados para monitorar os resultados de processos de fabricação, tanto na fase de análise como na fase de controle.

As próximas seções apresentam mapeamento de processos e as técnicas estatísticas, ainda não discutidas em detalhes em outros capítulos.

```
Definir  >  Medir  >  Analisar  >  Melhorar  >  Controlar
```

| Mapeamento de processos |
| Diagrama de causa e efeito |
| Diagrama de Pareto |
| Análise de sistema de medição |
| Análise de capacidade de processo |
| Teste de hipóteses |
| Planejamento de experimentos |
| Gráficos de controle |
| Análise do modo e do efeito da falha (FMEA) |
| Programa 5S |

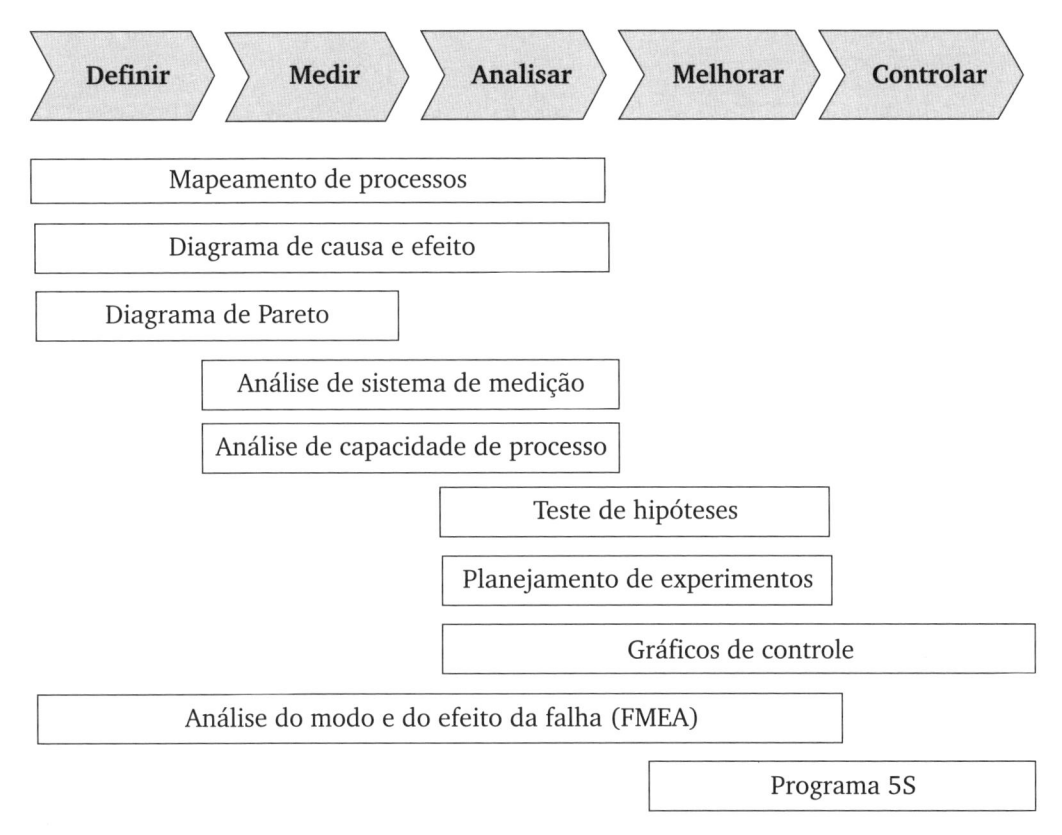

Figura 8.1 Técnicas aplicadas ao Seis Sigma.

8.1 Mapeamento de processos

Mapeamento de processos consiste na representação da lógica de funcionamento de uma organização real por meio de um formalismo descritivo. O objetivo é criar um "mapa de processo", que mostra graficamente o relacionamento entre seus elementos e atividades. Um modelo completo deve descrever como funcionam os processos de negócio de uma empresa nos seguintes aspectos:

- funcionais: descrevem O QUE deve ser feito;
- sequenciais e lógicos: descrevem o comportamento, isto é, o COMO e QUANDO;
- informação: descrevem os dados que serão utilizados e produzidos e as relações entre eles;
- organizacionais: descrevem os responsáveis (QUEM) pelas funções.

Com o mapeamento dos processos, explicitam-se as variáveis de entrada e saída, as operações, os fluxos e os responsáveis. Os mapas de processo possibilitam uma melhor compreensão dos processos de negócio e das relações sistêmicas dos processos da empresa, reforçando a visão sistêmica da organização. Com o mapeamento, o conhecimento sobre as operações da organização torna-se mais explícito. Portanto, é uma técnica bastante útil para a tomada de decisão sobre melhoria de processos, como é o caso do programa Seis Sigma, ou para a informatização dos processos de negócio.

Os mapas de processo são expressos por meio de algum formalismo descritivo. Um simples fluxograma, por exemplo, é um formalismo de mapeamento. Outra ferramenta bastante simples é o diagrama *Input-Output*, ou SIPOC, como ilustrado na Figura 8.2.

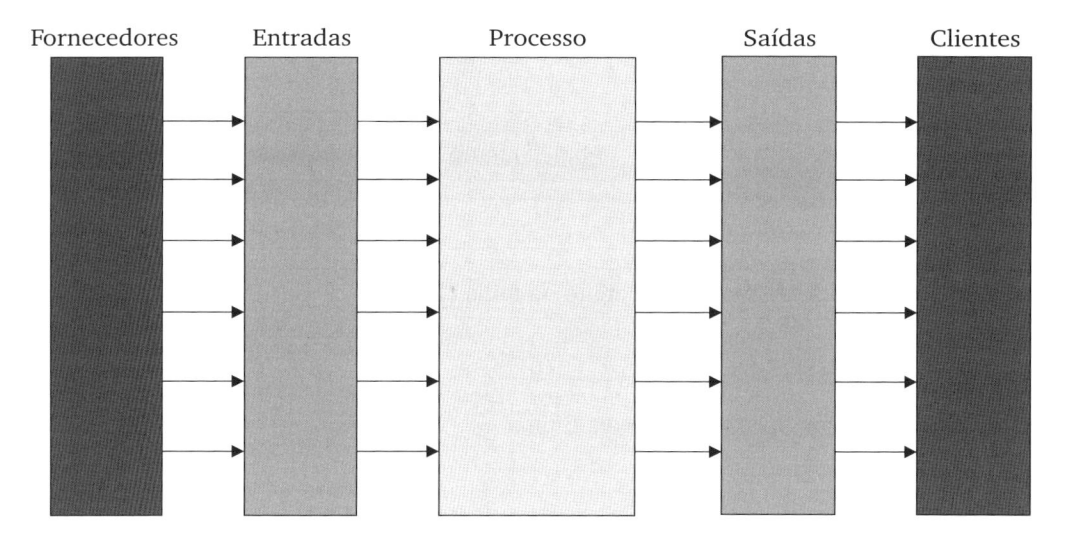

Figura 8.2 Diagrama *Input-output* para mapeamento de processos.

Por meio desse diagrama, são explicitadas todas as entradas de um processo e os fornecedores dessas entradas; as atividades realizadas pelo processo em particular; e todas as saídas e os clientes desses resultados.

O mapeamento de processos é usado também para a modelagem computacional de processos. Atualmente, existem metodologias e arquiteturas de modelagem bastante complexas, como o IDEF (*Integrated Computer Aided Manufacturing Definition*) e o EPC (*Event Driven Process Chain*), utilizadas principalmente para o desenvolvimento de sistemas computacionais de gestão integrada.

8.2 Análise de capabilidade de processos de fabricação

A análise de capabilidade de processo consiste basicamente na avaliação estatística da dispersão do resultado de um processo em torno de um valor central e na comparação dessa variação com a máxima variação aceitável para determinado parâmetro de qualidade resultante desse processo. Essa análise fundamenta-se na suposição de que um processo cuja variabilidade de seus resultados seja principalmente aleatória terá como resposta valores dispersos em torno de um ponto central segundo uma distribuição Gaussiana ou Normal. A partir dos dados dos processos, pode-se calcular o desvio-padrão do processo. Uma das fórmulas de cálculo, especialmente usada para amostras pequenas (até 15 resultados), é baseada na amplitude dos resultados dentro de cada amostra, como apresentado na seção 8.5 a seguir. Uma vez estimado o desvio-padrão do processo, pode-se quantificar a capabilidade do processo.

A capabilidade de um processo de fabricação é avaliada por meio de índices de capabilidade. Os índices mais usados para quantificar a capabilidade de processos são o C_p e o C_{pk}. O índice C_p é dado por

$$C_p = \frac{LSE - LIE}{6\sigma_X}$$

no caso de a variável de interesse ter especificação bilateral, onde LSE e LIE são respectivamente os limites superior e inferior de especificação.

No caso de especificação unilateral, a expressão de cálculo é

$$C_p = \frac{|L.E. - \hat{\mu}|}{3\sigma_X}$$

O índice C_{pk} é dado por

$$C_{pk} = \frac{Z_{MIN}}{3}$$

sendo

$$Z_{MIN} = MIN\ [Z_{LSE};\ -Z_{LIE}],$$

onde,

$$Z_{LSE} = \frac{LSE - \mu}{\sigma_X} \quad \text{e} \quad Z_{LSE} = \frac{\mu - LSE}{\sigma_X}$$

A diferença fundamental entre C_p e C_{pk} é que C_{pk} é sensível a desvios da média do processo em relação ao centro da faixa de tolerância, enquanto C_p considera apenas a variabilidade do processo. Assim, um processo com valor médio no centro da faixa de tolerância apresentará índices de C_p e C_{pk} iguais.

No exemplo da Figura 7.2, no Capítulo 7, o valor C_p é de:

$$C_p = \frac{1015 - 985}{6\,(6,0)} \quad 0{,}83,$$

e o valor de C_{pk} igual a:

$$Z_{LSE} = \frac{1015 - 1009}{6{,}0} = 1{,}00 \quad \text{e} \quad Z_{LIE} = \frac{985 - 1009}{6{,}0} = -4{,}0$$

$$C_{pk} = \frac{1{,}0}{3} \quad 0{,}33$$

A diferença de valores entre C_p e C_{pk} significa que o processo está descentrado (ou seja, a média do processo não corresponde ao centro da faixa de tolerância definido para aquele parâmetro de projeto).

O índice de capabilidade é um indicativo do nível de qualidade do processo. Quanto maior o C_{pk}, melhor o nível de qualidade do processo. Nesse exemplo do Capítulo 7, como o C_{pk} é baixo, o nível de qualidade é de 158.700 ppm. Ou seja, com base na suposição de que o processo se mantenha inalterado, estatisticamente, a chance de se ter resultados inaceitáveis é de 158.700 resultados a cada milhão de resultados. Com base nessas expectativas, pode-se dizer que um processo com $C_{pk} > 1{,}33$, cujo nível de qualidade será de no máximo 64 ppm, é altamente capaz; e um processo com $C_{pk} < 1{,}0$, cujo nível de qualidade será no máximo de 2.700 ppm, é em geral inaceitável.

Estudos de capabilidade de processo são essenciais para o planejamento e controle da qualidade de fabricação em desenvolvimento e homologação de processos, fornecendo informações como:

- adequabilidade de processo;
- necessidade de promover ajustes no processo ou estudos para a redução da variabilidade do processo;

- desempenho necessário para novos processos;
- intervalo de amostragem mais adequado para o controle estatístico do processo.

Um ponto importante a considerar é que é inapropriado e estatisticamente inválido avaliar a capabilidade de um processo sem segurança de que o processo esteja em estado de controle (isto é, sujeito principalmente a causas crônicas de variabilidade). Ainda que um processo em controle não seja necessariamente um processo cuja capabilidade seja aceitável, a primeira condição é um pré-requisito indispensável para a avaliação da capabilidade do processo.

O estudo da capabilidade de processos pode em princípio ser conduzido por meio do levantamento da frequência de distribuição dos resultados do processo, como histograma ou gráfico de probabilidade Normal. Entretanto, histogramas e gráficos de probabilidade, por não evidenciarem o comportamento do processo ao longo do tempo, não possibilitam a identificação de causas esporádicas de variabilidade do processo que, se removidas, podem aumentar a capabilidade do processo. Nesse sentido, o uso de gráficos de controle é mais adequado para a condução de estudos de capabilidade. O conceito estatístico de gráfico de controle é o teste de hipótese, que será tratado a seguir.

8.3 Teste de hipótese

Uma hipótese é uma afirmação sobre parâmetros estatísticos de uma população, a partir da amostra da população. Duas hipóteses são construídas:

H_o: Hipótese de nulidade;

H_1: Hipótese alternativa.

O teste de hipótese testa estatisticamente a validade de uma hipótese nula contra uma hipótese alternativa. No exemplo de envasamento de sabão em pó do Capítulo 7, o equipamento foi ajustado para dispensar em média 1.000 g do produto em cada pacote. Para avaliarmos estatisticamente se essa suposição está correta, podem-se coletar resultados do processo e testar a hipótese nula de que o peso médio dos pacotes preenchidos é de 1.000 g, ou seja, H_0: μ = 1.000, contra a hipótese alternativa H_1: $\mu \neq$ 1.000.

Para realizar esse teste, o peso médio dos pacotes é calculado a partir de amostras de resultados. Como é sabido que os resultados variam em torno do valor central, é provável que a média amostral calculada não seja exatamente 1.000 g, mesmo que a média populacional seja exatamente 1.000 g. Ou seja, essas médias amostrais coletadas do processo vão variar em torno da média populacional, também segundo uma distribuição normal. A Figura 8.3 ilustra a relação entre o desvio-padrão da distribuição de resultados de um processo e a distribuição de médias de amostras desses resultados.

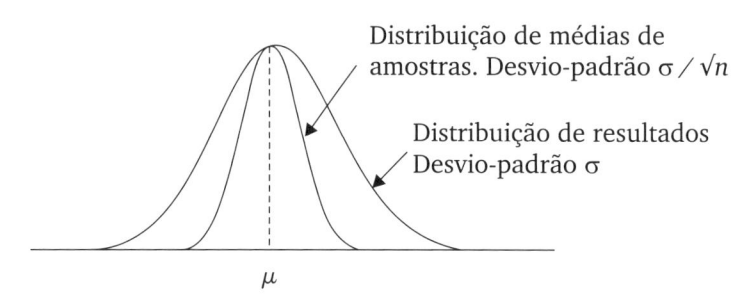

Figura 8.3 Relação entre distribuição de resultados e distribuição de médias de amostras de resultados.

Considerando-se essa possível variação da média amostral, pode-se adotar o seguinte critério: se a média amostral estiver no intervalo [990; 1010], a hipótese nula é aceita. Caso contrário, se for maior que 1.010 ou menor que 990 g, a hipótese nula é rejeitada. Esse critério de aceitação da hipótese nula é ilustrado na Figura 8.4. No exemplo da Figura 7.2 do Capítulo 7, como a média amostral calculada é de 1.003 g, a hipótese nula é aceita. De modo geral, ao invés de se adotar um intervalo de variação, adota-se um nível de significância α. Em função desse valor de α, calculam-se os limites em função de Z_α, como ilustrado na Figura 8.4. O valor de Z para um dado nível de significância α é tabelado (ver Tabela A no apêndice).

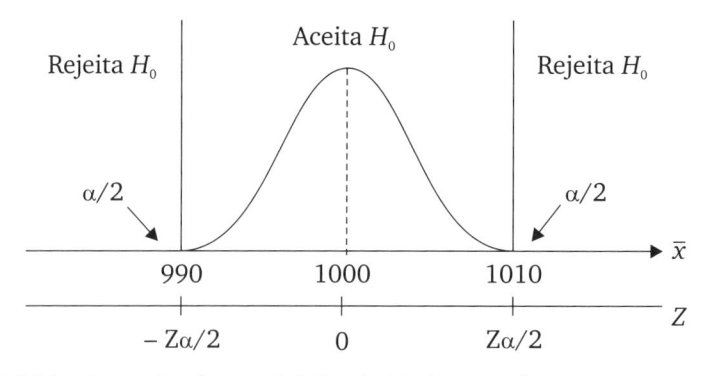

Figura 8.4 Critério de aceitação e rejeição da hipótese nula.

No entanto, como a decisão é baseada em dados de amostras, as seguintes possibilidades existem:

a) a média amostral pode estar fora do intervalo definido, ainda que a média populacional esteja dentro do intervalo. Nesse caso, pelo critério adotado, a hipótese nula seria erroneamente rejeitada. Esse erro é chamado de Erro do tipo I e a chance de se cometê-lo é α;

b) a média amostral pode estar dentro do intervalo definido, ainda que a média populacional esteja fora do intervalo. Nesse caso, pelo critério adotado, a hipótese nula seria erroneamente aceita. Esse erro é chamado de Erro do tipo II e a chance de se cometê-lo é calculada em função do desvio da média populacional.

A Tabela 8.1 apresenta as situações em que esses dois tipos de erro podem acontecer.

Tabela 8.1 Erros dos tipos I e II de testes de hipótese.

	Aceita H_0	Rejeita H_0
H_0 é verdadeira	Decisão correta	Erro tipo I
H_0 é falsa	Erro tipo II	Decisão correta

A Figura 8.5 apresenta as regras de decisão para os diferentes testes de hipóteses em função da hipótese alternativa.

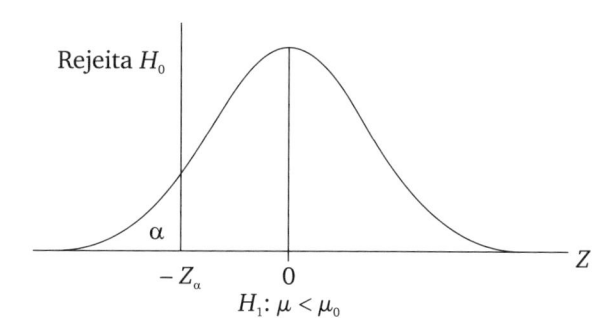

$H_0: \mu = \mu_0; \quad \mu \geq \mu_0; \quad \mu \leq \mu_0$

H_1	Rejeita H_0 se	Aceita H_0 se
$\mu < \mu_0$	$Z < -Z_\alpha$	$Z \geq -Z_\alpha$
$\mu > \mu_0$	$Z > Z_\alpha$	$Z \leq Z_\alpha$
$\mu \neq \mu_0$	$Z < -Z_{\alpha/2}$ ou $Z > Z_{\alpha/2}$	$Z_{\alpha/2} \leq Z \leq > Z_{\alpha/2}$

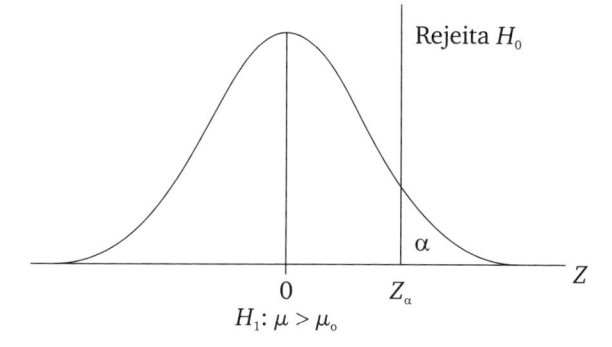

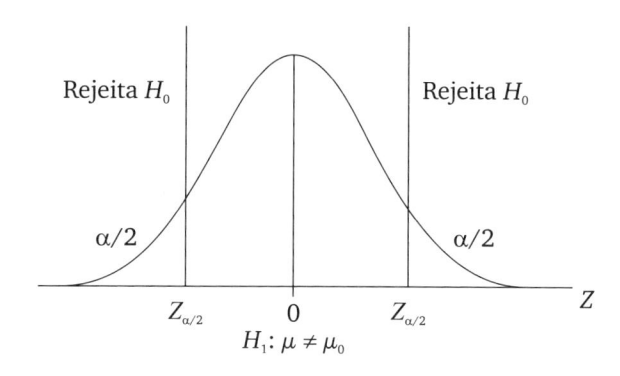

Figura 8.5 Regras de decisão para diferentes testes de hipótese.

8.4 Gráficos de controle para variáveis

Apesar de existirem vários gráficos de controle, os mais usados (e que deram origem a essa técnica) são os gráficos da média e da amplitude, ou gráficos de Shewart, nome do matemático que propôs o uso desses gráficos na década de 30 do século passado. Tipicamente, um gráfico de controle da média contém uma linha central e duas linhas horizontais definidas como limites superior e inferior. A linha central corresponde ao valor médio do parâmetro na condição de controle estatístico (ou seja, quando somente causas aleatórias de variabilidade estão presentes). As outras duas linhas horizontais correspondem aos limites de variabilidade do processo para determinado nível de significância.

O modelo estatístico para a construção dos gráficos é baseado no conceito de Teste de Hipótese. Da teoria estatística, sabe-se que a média da distribuição das médias de amostras de resultados de um processo é uma estimativa da média da distribuição da população de resultados, ou seja: $\mu = \bar{\bar{x}}$; e que o desvio-padrão da distribuição da população de resultados do processo é estimado a partir do desvio-padrão da distribuição das médias de amostras de tamanho n, dado pela relação

$$\sigma_{\bar{x}} = \frac{\sigma}{\sqrt{n}}$$

Assim, a partir de um conjunto de dados representando o comportamento do processo (sujeito principalmente a causas aleatórias de variabilidade), pode-se afirmar que estatisticamente a média do processo estará contida dentro do intervalo

$$\left[\bar{\bar{x}} - Z_{\alpha/2} \cdot \frac{\sigma}{\sqrt{n}} ; \bar{\bar{x}} + Z_{\alpha/2} \cdot \frac{\sigma}{\sqrt{n}} \right]$$

com uma confiança de $100(1-\alpha)\%$. Portanto, tem-se um modelo estatístico que pode ser usado para prever como a média do processo irá variar quando apenas causas crônicas de variabilidade estejam presentes.

Ao se extrair uma amostra de um processo num instante t ao longo de uma escala de tempo em que o instante inicial, t_o, é definido pelo estabelecimento do modelo estatístico, o seguinte teste de hipóteses pode ser formulado: se a hipótese nula, $H_0: \mu = \mu_0$, for verdadeira, ou seja, se a média do processo no instante t, μ, não tiver se alterado significativamente em relação ao seu valor no instante inicial, μ_0, então:

$$\bar{\bar{x}} - Z_{\alpha/2} \cdot \sigma_{\bar{x}} \leq \bar{x} \leq \bar{\bar{x}} + Z_{\alpha/2} \cdot \sigma_{\bar{x}}$$

onde $\bar{\bar{x}}$ e $\bar{x}$ representam respectivamente estimativas da média do processo no instante t_0 e t. Essa situação é ilustrada graficamente pelo ponto A da Figura 8.8. Caso contrário, quando o valor da média estiver fora desse intervalo, a hipótese alternativa $H_1: \mu^1 \neq \mu_0$ será aceita. Ou seja, a média do processo, μ, no instante t, é significativamente diferente (com um nível de significância α) em relação ao seu valor (μ_0) no instante inicial, t_0, conforme ilustrado pelo ponto B da Figura 8.6.

Portanto, os limites do gráfico de controle assim definidos são dados pelas expressões

$$LS = \bar{\bar{x}} + Z_{\alpha/2} \cdot \sigma_{\bar{x}} = \bar{\bar{x}} + Z_{\alpha/2} \cdot \frac{\sigma}{\sqrt{n}}$$

e

$$LI = \bar{\bar{x}} + Z_{\alpha/2} \cdot \sigma_{\bar{x}} = \bar{\bar{x}} + Z_{\alpha/2} \cdot \frac{\sigma}{\sqrt{n}}$$

para os limites superior e inferior respectivamente.

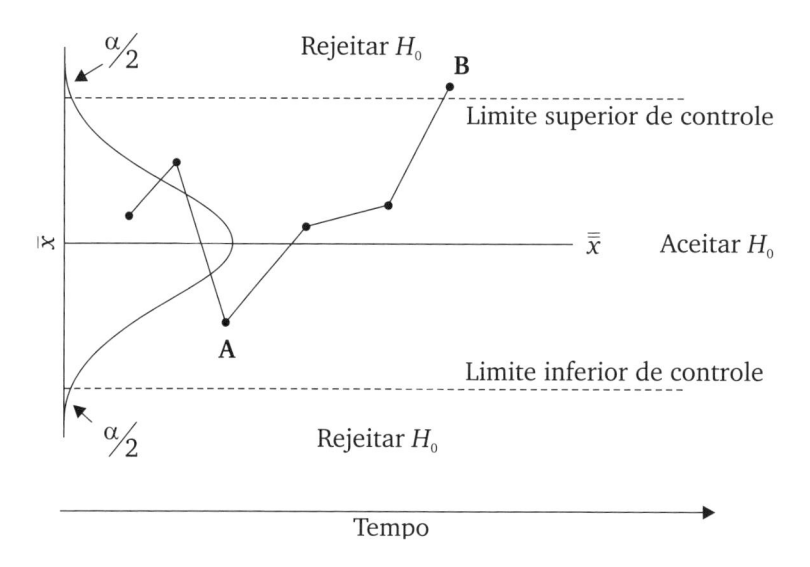

Figura 8.6 Gráfico de controle para a média: região de aceitação e rejeição da hipótese nula.

Pelas expressões acima, percebe-se que a largura da faixa compreendida entre os limites do gráfico de controle depende não só do desvio-padrão do processo como também do nível de significância α e do tamanho da amostra n. O nível de significância α determina o Erro do Tipo I do teste de hipótese, ou seja, assumir que o processo está fora de controle estatístico quando na verdade ele está em controle (rejeitar H_0 quando H_0 é verdadeiro). Assim, se α for maior, os limites do gráfico se aproximam da linha central, o que significa que a chance de se cometer um Erro do Tipo I, $P(\alpha)$, aumenta. Inversamente, uma diminuição de α afasta os limites da linha central e diminui a chance de se cometer o Erro do Tipo I. Convencionalmente, adota-se $Z_{\alpha/2} = 3$.

Em relação ao tamanho da amostra, o desvio-padrão da distribuição das médias é inversamente proporcional ao tamanho das amostras. Assim, uma diminuição do tamanho da amostra (para α constante) determina um alargamento dos limites do gráfico (em função do aumento de $\sigma_{\bar{x}}$), o que aumenta a chance de se cometer o Erro do Tipo II, ou seja, aceitar que o processo está em controle quando na verdade não está. Inversamente, um aumento do tamanho das amostras (para α constante) determina um estreitamento dos limites do gráfico (diminuição de σ_x), o que diminui a chance de se cometer o Erro do Tipo II. Ou seja, o gráfico fica mais sensível às variações da média. Portanto, o tamanho das amostras coletadas é um aspecto importante na construção e uso dos gráficos de controle.

Para a construção do gráfico da média, como na prática não conhecemos a média, μ, e o desvio-padrão, σ_x, do processo, eles devem ser inferidos a partir de amostras preliminares do processo. Essa estimativa deve, de modo geral, ser baseada em pelo menos 20 a 25 amostras. A partir da média e da amplitude (diferença entre o maior e o menor resultado) das amostras, $\bar{x}$ e R, calculam-se $\bar{\bar{x}}$ e $\bar{R}$. O desvio-padrão do processo deve ser estimado por:

$$\hat{\sigma}_X = \frac{\bar{R}}{d_2},$$

onde $R = x_{max} - x_{min}$ é a amplitude de variação entre o maior e o menor resultado dentro de cada amostra; é a média das amplitudes de um certo número de amostras; e d_2 é um valor tabelado para diferentes tamanhos amostrais, conforme Tabela 8.2.

Tabela 8.2 Valores das constantes d_2 e d_3 em função do tamanho de amostra.

n	2	3	4	5	6	7	8	9	10	12	14	15
d_2	1.128	1,693	2,059	2,326	2,534	2,704	2,847	2,970	3,078	3,258	3,407	3,472
d_3	0,853	0,888	0,880	0,864	0,848	0,833	0,820	0,808	0,797	0,778	0,763	0,756

Assim, a linha central do gráfico das médias é dada por $\bar{x}$ e os limites por:

$$LI = \bar{\bar{x}} - 3\frac{\bar{R}}{d_2\sqrt{n}}$$

e

$$LS = \bar{\bar{x}} + 3\frac{\bar{R}}{d_2\sqrt{n}}$$

Além de controlar possíveis alterações da média do processo, para manter o processo em controle é preciso também controlar possíveis alterações da dispersão dos resultados do processo. Da teoria estatística, é sabido que existe uma relação matemática entre a variação da amplitude da amostra e o desvio-padrão do processo. Portanto, alterações do desvio-padrão do processo podem ser monitoradas através de um Gráfico de Variações da Amplitude, ou seja, o Gráfico R. Os parâmetros do Gráfico R são a linha média, $\bar{R}$, e os limites, dados por:

$$LI = \bar{R} - 3\frac{d_3}{d_2}\bar{R}$$

e

$$LS = \bar{R} + 3\frac{d_3}{d_2}\bar{R}$$

Onde d_3 é uma constante tabelada (Tabela 8.2) em função do tamanho da amostra.

O ideal é que os dados utilizados para a construção dos gráficos representem um processo em controle, sujeito principalmente a causas crônicas de variabilidade; no entanto, no momento da construção dos gráficos não se tem essa certeza. A Figura 8.7 apresenta os gráficos da média e da amplitude construídos a partir de 25 amostras de tamanho $n = 4$ do processo de envasamento de pacotes de sabão com peso 1.000 g. As amostras 11 e 12 foram excluídas do cálculo da estimativa da média e a amostra 11 foi excluída do cálculo da estimativa do desvio-padrão por apresentarem média e amplitude fora do padrão aleatório evidenciado pelas demais amostras. Portanto, a construção de gráficos de controle é um processo iterativo, até se chegar em boas estimativas das estatísticas do processo, que serão usadas para a definição da linha central e dos limites dos gráficos.

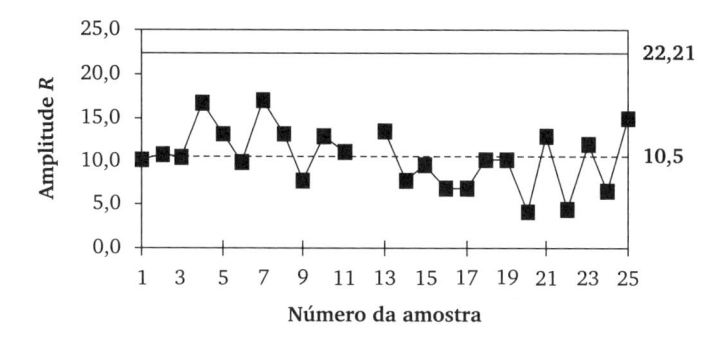

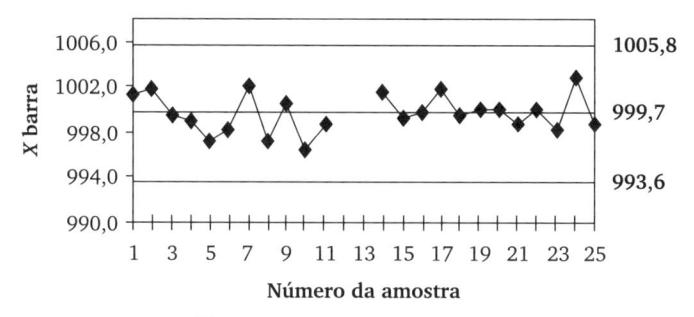

Figura 8.7 Gráfico da média $\bar{X}$ e da amplitude.

Na fase de monitoramento de um processo, o objetivo do uso dos gráficos de controle é identificar variações dos resultados do processo fora do padrão de variação aleatória esperado, definido pelos gráficos da média e da amplitude. Em geral, tende-se a considerar que o processo estará fora de controle somente quando algum ponto ultrapassar os limites. Entretanto, o modelo estatístico usado para a construção dos gráficos de controle implica que qualquer desvio dos pontos de uma distribuição normal deve indicar a presença de anormalidades. De modo geral, deve-se observar tendência, ou variação cíclica dos dados, e alta concentração de pontos perto ou além dos limites. Outros testes mais rigorosos podem ser usados, como 2 em 3 pontos consecutivos além do intervalo mais ou menos dois desvios-padrão. Entretanto, esses testes aumentam a chance de se cometer um erro do tipo I, ou seja, julgar que o processo esteja fora de controle quando na verdade não está.

Outro ponto importante na construção dos gráficos de controle é a estratégia de amostragem. Primeiramente, as amostras de resultados devem obrigatoriamente ser estratificadas por máquina (ou seja, não se devem misturar resultados de máquinas diferentes); e a amostragem deve respeitar a ordem cronológica de produção. Além disso, o tamanho da amostra e a frequência da amostragem devem ser definidos. As amostras devem ser selecionadas de modo que a chance de se ter diferenças (dentro de uma amostra) devido a causas especiais seja minimizada e a chance de se ter diferenças devido a causas especiais entre amostras seja maximizada. Para isso, a melhor estratégia de amostragem é coletar frequentemente amostras de tamanho pequeno. Mas o tamanho exato da amostra e o intervalo entre amostras devem ser projetados em função da sensibilidade desejada para os gráficos. Essa análise é discutida em detalhes por Costa, Eprechet e Carpinetti (2005).

8.5 Análise de sistemas de medição

O monitoramento do comportamento de um processo começa pela coleta ou medição dos resultados do processo por meio de algum sistema de medição. Um sistema de medição ideal seria aquele que produzisse somente resultados corretos (verdadeiros). Entretanto, como qualquer processo, o processo de medição irá produzir resultados com erros ou com certa margem de incerteza. Portanto, a variabilidade total presente em um conjunto de dados representativos dos resultados de um processo produtivo e medida por meio de algum instrumento pode ser dividida em duas partes, conforme segue:

- variabilidade inerente ao processo produtivo;
- variabilidade (precisão) inerente ao instrumento de medição.

A partir da lei de aditividade de variâncias, a variabilidade total dos dados é definida por:

$$\sigma^2_{total} = \sigma^2_{processo} + \sigma^2_{medição}$$

onde:

σ^2_{total} : variância total do conjunto de dados;

$\sigma^2_{processo}$: variância devida ao processo produtivo;

$\sigma^2_{medição}$: variância devida ao instrumento de medição.

A variância devida ao instrumento de medição decorre do erro de repitibilidade e, em alguns casos, do erro de reprodutibilidade, características do instrumento de medição. O erro de repitibilidade é calculado pela dispersão dos resultados de medições sucessivas da mesma grandeza, realizadas por um mesmo operador. Por exemplo, mede-se dez vezes a mesma peça, exatamente nas mesmas condições. A variação entre os resultados dessa amostra de leituras do instrumento de medição, a amplitude, R, é usada para o cálculo do desvio-padrão:

$$\hat{\sigma}_{repe} = \frac{R}{d_2}$$

Regra geral, a repetibilidade é quantificada pela faixa correspondente a seis desvios-padrão $\hat{\sigma}_{repe}$.

O erro de reprodutibilidade corresponde à variabilidade da leitura de medição quando diferentes operadores utilizam o instrumento para medir a mesma grandeza e sob as mesmas condições de operação. Se os resultados médios obtidos pelos operadores diferem, isso significa que o instrumento é sensível a diferenças de operação de operador para operador, ainda que todos os operadores sejam igualmente treinados e meçam as peças obedecendo ao mesmo procedimento de medição.

A reprodutibilidade do instrumento é estimada por:

$$\sigma_{repro} = \sqrt{\left(\frac{R_{\bar{\bar{x}}}}{d_2}\right)^2 - \frac{\left(\sigma_{repe}\right)^2}{nr}}$$

onde $R_{\bar{\bar{x}}} = \bar{\bar{x}}_{max} - \bar{\bar{x}}_{min}$ é a diferença entre, respectivamente, o máximo e o mínimo valor do resultado médio obtido pelos operadores. Os termos n e r são respectivamente o número de vezes que cada operador mede cada peça usada para o teste e o número de peças usadas no teste.

Para o estudo de repetibilidade e reprodutibilidade de instrumentos, o método da "média e amplitude" é normalmente usado. O estudo é feito a partir de uma amostra do resultado do processo de tamanho entre cinco e dez elementos ou peças. Em seguida, essas peças são medidas repetidas vezes com um mesmo instrumento e por mais de um operador. Desse modo, a repetibilidade do instrumento pode ser estimada a partir da amplitude média das medidas efetuadas por um mesmo operador, e a reprodutibilidade pode ser estimada a partir da amplitude de variação do resultado médio das leituras efetuadas por diferentes operadores. Esse método é discutido em detalhes por Costa, Eprechet e Carpinetti (2005).

Assim, a variabilidade inerente ao instrumento de medição, resultante da repetibilidade e reprodutibilidade, característica do instrumento de medição, é estimada por:

$$\sigma^2_{medição} = \sigma^2_{repe} + \sigma^2_{repro}$$

Portanto, quando do emprego de um determinado instrumento de medição no monitoramento do resultado de um processo, deve-se estimar qual é a contribuição do instrumento na variabilidade total do conjunto de dados. Para isso, calcula-se a relação:

$$\% \ R\&R = \frac{R\&R}{6\sigma_{total}} \ 100$$

onde $R\&R$, o erro de repetibilidade e reprodutibilidade do instrumento, corresponde a $6 \times \sigma_{medição}$. Regra geral, considera-se adequado quando o erro aleatório do instrumento é da ordem de 10% da variação total.

Além do erro aleatório, o instrumento pode apresentar erro sistemático ou vício. Toda grandeza física tem um padrão internacional de medição, que corresponde a uma medição altamente precisa daquela grandeza. Por exemplo, o padrão internacional do metro corresponde à distância percorrida pela luz, no vácuo, durante um intervalo de frações de segundos (1/299792458). Esse padrão é replicado por meio de artefatos que reproduzem essa medida padrão com alta precisão. Por exemplo, o bloco-padrão, usado para aferição de instrumentos de medição dimensional, como um micrômetro, é um artefato que reproduz o padrão internacional do metro. Todo instrumento de medição deve ser aferido usando como referência um padrão de medição. A diferença entre o valor médio do resultado de medição e o valor de referência do padrão de medição, previamente conhecido, quantifica o vício ou erro sistemático do instrumento (Figura 8.8). Essa estimativa do vício do instrumento é dada por:

$$\overline{d} = \sum_{i=1}^{k}(x_i - x)$$

onde x_i, $i = 1,..., k$ são os resultados das medições feitas com o instrumento, e x o valor de referência para a grandeza sendo medida.

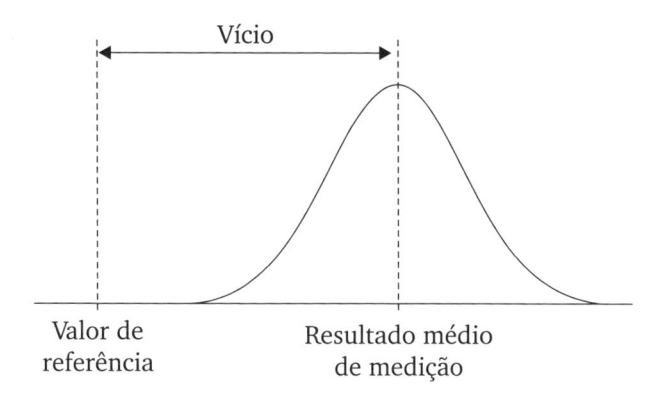

Figura 8.8 Vício de um sistema de medição.

Como utiliza-se uma média amostral para avaliar o vício, deve-se avaliar se essa média é significativamente diferente de zero. Para isso, o seguinte intervalo de confiança é usado:

$$\overline{d} - t_{\alpha/2, v} \frac{S_d}{\sqrt{k}} \leq \text{vício} \leq \overline{d} + t_{\alpha/2, v} \frac{S_d}{\sqrt{k}}$$

para uma confiança de $(1 - \alpha)$ 100%, onde $v = k - 1$ é o número de graus de liberdade da distribuição t de Student, tabelada (ver Tabela B no Apêndice) e S_d é o desvio-padrão das k medições. Se o intervalo de confiança calculado não incluir o valor zero, o vício do instrumento é dado por $\overline{d}$. Se o intervalo incluir o valor zero, pode-se afirmar, com uma confiança de $(1 - \alpha)$ 100%, que $\overline{d}$ não é significativamente diferente de zero e, portanto, o instrumento não tem erro sistemático significativo.

8.6 Análise de variância (ANOVA)

Análise de variância (ANOVA) é usada na análise estatística de resultados de experimentos para avaliar se existe diferença significativa entre mais de dois resultados. Por exemplo, em desenvolvimento de produto, deseja-se realizar um experimento para avaliar se existe variação significativa da "validade de prateleira" de um produto alimentício em função da variação da dosagem de um aditivo usado para esse propósito. Em melhoria de processo de fabricação, pode-se querer avaliar se existe variação do erro de forma de um eixo em função da profundidade de corte de uma operação de torneamento; ou se existe variação do dimensional de uma peça plástica injetada em função do tempo de resfriamento da peça antes da retirada do molde.

A Tabela 8.3 apresenta os valores de vida de prateleira, em dias, de um produto com quatro níveis de adição (chamados de tratamentos) do aditivo usado no produto em teste. Para a realização do experimento, foram testadas amostras do produto de tamanho variável. Analisando os dados, pode-se supor que, quanto mais aditivo, maior o tempo de vida. Mas de 1 para 2% não varia muito; nem de 3 para 5%. No entanto, tem-se apenas uma amostra de cada caso sendo analisado. Será que ao se repetir o experimento as diferenças de vida de um tratamento para o outro serão as mesmas? A análise de variância permite concluir, com uma chance de erro conhecida, se existe ou não diferença significativa desses tempos quando a proporção de aditivo é variada.

Tabela 8.3 Resultados de testes de resistência a tração, Exemplo 3.1.

Tratamentos (%)			
1	2	3	5
20	21	26	28
21	25	24	27
23	22	30	32
22	20	25	27
19	26	28	26
	17	23	28
	23		
Médias dos tratamentos			
21	22	26	28

Por meio da análise de variância, testamos a hipótese nula de que não existe diferença significativa entre os tratamentos contra a hipótese alternativa de que pelo menos um dos tratamentos é significativamente diferente dos demais.

A análise de variância calcula uma estimativa da variância entre tratamentos e uma estimativa da variância dentro de tratamentos, e em seguida compara a razão entre essas duas variâncias com um valor apropriado da estatística F, tabelada.

As estatísticas para a análise de variância são organizadas no Quadro de ANOVA, conforme ilustrado na Tabela 8.4, onde:

$\bar{x}_t$: é a média da *t-ésima* amostra, onde t varia de 1 a k, sendo k o número de tratamentos ou níveis do fator de controle;

n_t é o tamanho de cada amostra das k amostras;

$\bar{\bar{x}}$: é a média das médias $\bar{x}_t$;

x_{ti}: é o i-ésimo resultado da t-ésima amostra;

N: é o número total de resultados.

Tabela 8.4 Quadro de Anova.

Fonte de variabilidade	Soma de quadrados	Graus de liberdade	Quadrado médio	Razão F
Entre tratamentos	$S_T = \sum_{t=1}^{k} n_t (\bar{x}_t - \bar{\bar{x}})^2$	$v_T = k - 1$	$s_T^2 = \dfrac{S_T}{V_T}$	$\dfrac{S_T^2}{S_R^2}$
Dentro tratamento	$S_R = \sum_{t=1}^{k} \sum_{t=1}^{n_t} (x_{ti} - \bar{x}_t)^2$	$V_R = N - k$	$s_R^2 = \dfrac{S_R}{V_R}$	

Para o exemplo da Tabela 8.3, a estatística F calculada é de 10,44, conforme a Tabela 8.5.

Tabela 8.5 Quadro de ANOVA do exemplo da Tabela 8.3.

Fonte de variabilidade	Soma de quadrados	Graus de liberdade	Quadrado médio	Razão F
Entre tratamentos	$S_T = 191$	$v_T = 3$	$s_T^2 = 63,667$	$F = 10,44$
Dentro tratamento	$S_R = 122$	$v_R = 20$	$s_R^2 = 6,1$	

Um valor da razão F bem maior que 1 é um indicativo de que existe diferença significativa entre as médias amostrais, e portanto a hipótese nula deve ser rejeitada. A análise correta é feita comparando-se esse valor com o valor tabelado para estatística F, em função dos graus de liberdade da amostra entre tratamentos $(k - 1)$ e dentro do tratamento $(N - k)$ e do nível de significância α (ver Tabela C no Apêndice). Para um nível de significância de 1%, o valor tabelado da estatística F é de $F = 4,94$, o que confirma a decisão pela rejeição da hipótese nula; a probabilidade de errar nessa decisão (rejeitar a hipótese nula) é α, de 1%. Entre as quatro médias sendo comparadas, sabe-se que existe diferença significativa, mas não se sabe com certeza quais são significativamente diferentes de quais. Mas, muitas vezes, apenas pela análise do valor numérico, é possível chegar a uma conclusão sobre as diferenças. No exemplo da Tabela 8.3, é bem provável que não haja diferença significativa entre os níveis 1 e 2 e 3 e 4. É mais provável que as diferenças sejam dos níveis 1 ou 2 para 3 ou 4. Mas para ser mais conclusivo, devem-se realizar testes de contrastes entre as médias. Nesse exemplo, a conclusão desse experimento é que o nível de 3% de aditivo deveria ser adotado, pois nesse nível há uma melhoria da vida de prateleira em relação ao nível 2%, mas não há melhoria em relação ao nível 5%. Portanto, opta-se pela mínima adição do aditivo para o mesmo resultado da característica vida de prateleira.

No exemplo citado anteriormente, experimentação e construção do quadro ANOVA poderiam ser usadas para avaliação da variação do erro de forma de um eixo em função da variação da profundidade de corte da operação de usinagem desse eixo. Não rejeitando a hipótese nula, concluir-se-ia que o erro de forma não varia significativamente quando a profundidade de corte varia no intervalo testado. Nesse caso, a opção seria pela maior profundidade de corte, que diminui o tempo de ciclo da operação e aumenta o *lead-time*. Caso contrário, rejeitando a hipótese nula, a profundidade de corte teria que ser limitada para não causar um erro de forma inaceitável para o funcionamento do eixo.

Em alguns casos, a experimentação precisa ser realizada em blocos. Por exemplo, considere o caso em que se deseje fazer um teste de estrada para avaliar o desgaste de três modelos de pneus. Para acelerar o teste, três pilotos diferentes realizarão os testes simultaneamente, percorrendo exatamente o mesmo circuito. Sabe-se que a maneira como cada motorista pilota o carro afeta o desgaste do pneu; portanto, deseja-se eliminar essa fonte de variabilidade. Para isso, o experimento é organizado em blocos de experimentação, onde cada piloto de prova faz pelo menos um teste com cada modelo de pneu. Com o experimento realizado dessa maneira, evitam-se conclusões errôneas e a análise de variância permite concluir se a variação de piloto causa uma variação significativa no desgaste do pneu.

8.7 Experimentos fatoriais

Na seção anterior, considerou-se a análise da variação da resposta decorrente da variação de apenas um fator de controle. Entretanto, muitos experimentos envolvem o estudo do efeito de dois ou mais fatores. Em geral, planejamentos fatoriais são mais eficientes para esse tipo de experimento. Em um experimento fatorial, todas as possíveis combinações dos níveis dos fatores são testadas. Por exemplo, se temos um fator A com dois níveis e um fator B com três níveis, teremos $2 \times 3 = 6$ combinações a serem testadas.

Na maioria das situações, o número de fatores que precisariam ser testados é maior do que dois. Em situações como essa, é necessário limitar o número de níveis de teste dos fatores, caso contrário o número de combinações de teste pode inviabilizar a realização do experimento. Nesses casos, uma alternativa bastante usada é o experimento fatorial 2^k, onde k fatores são testados em apenas 2 níveis, resultando em 2^k combinações de teste.

Em um experimento fatorial 2^3, temos 3 fatores de controle em 2 níveis, resultando em $2^3 = 8$ combinações. Os níveis dos fatores são codificados por -1, nível baixo, e $+1$, nível alto. Uma forma sistemática de planejar o experimento é apresentada a seguir.

1. para o fator de controle 1 (x_1), escreva uma coluna de (1) com sinal alternando seguidamente. Ou seja: $-1, +1, -1, +1, -1, +1, -1, +1$;

2. para o fator de controle 2 (x_2), escreva uma coluna (1) com o sinal alternando em pares, ou seja: $-1, -1, +1, +1, -1, -1, +1, +1$;

3. para o fator de controle 3 (x_3), escreva uma coluna de (1) com o sinal alternando em grupos de 4, ou seja: $-1, -1, -1, -1, +1, +1, +1, +1$.

Essas três colunas são escritas como uma matriz de planejamento, como segue (Tabela 8.6):

Tabela 8.6 Matriz de planejamento para um experimento 2^3.

Teste	Fator de controle		
	x_1	x_2	x_3
1	−1	−1	−1
2	+1	−1	−1
3	−1	+1	−1
4	+1	+1	−1
5	−1	−1	+1
6	+1	−1	+1
7	−1	+1	+1
8	+1	+1	+1

Para o caso geral, com k fatores, isto é, um experimento 2^k, o procedimento é o seguinte:

1. para x_1, o sinal da coluna de (1) alterna em grupos de $2^0 = 1$, ou seja, seguidamente;

2. para x_2, o sinal da coluna de (1) alterna em grupos de $2^1 = 2$, ou seja, em pares;

3. para x_3, o sinal da coluna de (1) alterna em grupos de $2^2 = 4$, ou seja, em grupos de 4;

4. para x_4, o sinal alterna em grupos de $2^{(4-1)} = 8$;

5. para x_k, o sinal alterna em grupos de $2^{(k-1)}$, ou seja, $2^{(k-1)}$ vezes (-1), seguido de $2^{(k-1)}$ vezes $(+1)$.

Em um experimento fatorial, o objetivo é calcular o efeito da variação dos fatores na resposta de interesse, ou seja, a variação da resposta causada pela variação dos fatores; além disso, é importante avaliar se esses efeitos são significativos. Considere o caso em que se deseja verificar o efeito no erro de forma de um eixo usinado causado pela variação dos fatores listados a seguir:

- x_1: taxa de avanço, nos níveis 10, 30 μm/min, ou seja, (-1) e $(+1)$ em forma codificada;
- x_2: profundidade do corte, nos níveis 30 e 50 μm, (-1) e $(+1)$;
- x_3: raio de ponta da ferramenta, nos níveis 1 e 3 mm, (-1) e $(+1)$.

Usando a matriz de planejamento da Tabela 8.6, suponha que os resultados apresentados na Tabela 8.7 tenham sido obtidos após a realização de experimentos. A ordem de realização do teste é aleatória, para que outras possíveis fontes de variabilidade não interfiram sistematicamente nos resultados do experimento.

Tabela 8.7 Matriz de planejamento e dados de experimento.

Teste	Fator de controle			Ordem do teste	Resposta (μm)
	x_1	x_2	x_3		(y_i)
1	−1	−1	−1	6	15
2	+1	−1	−1	8	19
3	−1	+1	−1	1	21
4	+1	+1	−1	2	23
5	−1	−1	+1	5	15
6	+1	−1	+1	3	18
7	−1	+1	+1	4	22
8	+1	+1	+1	7	22

O efeito principal de um fator corresponde à mudança da resposta média do processo quando o nível desse fator é alterado de (−1) para (+1), mantendo os outros fatores constantes. Para um experimento 2^3, existem 4 comparações ou contrastes que indicam como a resposta do processo muda quando mudamos o nível de um fator mantendo constantes os níveis dos outros dois fatores. No exemplo da Tabela 8.7, os contrastes para o cálculo do efeito do fator x_1 são:

$$y_2 \text{ e } y_1 \Rightarrow y_2 - y_1 = 4$$

$$y_4 \text{ e } y_3 \Rightarrow y_4 - y_3 = 2$$

$$y_6 \text{ e } y_5 \Rightarrow y_6 - y_5 = 3$$

$$y_8 \text{ e } y_7 \Rightarrow y_8 - y_7 = 0$$

Desse modo, o efeito principal é dado pela média desses contrastes:

$$E_1 = \frac{1}{4}[y_2 - y_1 + y_4 - y_3 + y_6 - y_5 + y_8 - y_7] =$$

$$E_1 = \frac{1}{4}[4+2+3+0] = 2,25$$

O efeito de interação indica se o efeito na reposta pela alteração do nível de um fator muda dependendo do nível de outro fator. No exemplo da Tabela 8.7, o efeito da interação entre os fatores x_1 e x_2, E_{12} corresponde à variação do efeito na resposta do fator 1 em função da variação do nível do fator 2. Matematicamente, é dado por:

$$E_{12} = \frac{[(\text{Efeito de } x_1 \text{ para } x_2 (+1)) - (\text{Efeito de } x_1 \text{ para } x_2 (-1))]}{2}$$

$$E_{12} = \frac{(22,5 - 21,5) - (18,5 - 15)}{2} = -1,25$$

Um modo simplificado de calcular os efeitos principais e de interação é por meio da matriz de cálculo dos efeitos, apresentada na Tabela 8.8. As colunas das interações são formadas por meio da multiplicação das colunas dos efeitos principais.

Tabela 8.8 Matriz de planejamento com efeitos de interações para um experimento 2^3.

Teste	Efeitos principais				Efeitos de interação				y
	I	x_1	x_2	x_3	$x_1 x_2$	$x_1 x_3$	$x_2 x_3$	$x_1 x_2 x_3$	
1	+1	−1	−1	−1	+1	+1	+1	−1	15
2	+1	+1	−1	−1	−1	−1	+1	+1	19
3	+1	−1	+1	−1	−1	+1	−1	+1	21
4	+1	+1	+1	−1	+1	−1	−1	−1	23
5	+1	−1	−1	+1	+1	−1	−1	+1	15
6	+1	+1	−1	+1	−1	+1	−1	−1	18
7	+1	−1	+1	+1	−1	−1	+1	−1	22
8	+1	+1	+1	+1	+1	+1	+1	+1	22

Para o cálculo dos efeitos, o seguinte procedimento é usado:

- multiplique o resultado y pela coluna da matriz de cálculo correspondente ao efeito que se deseja calcular;
- some os valores obtidos; e
- divida pela metade do número de condições de teste, $N/2$.

Por exemplo, para E_1, temos:

x1	x	y
−1	x	15
+1	x	19
−1	x	21
+1	x	23
−1	x	15
+1	x	18
−1	x	22
+1	x	22
Soma	=	9

$$Soma/(N/2) = E_1 = 2{,}25$$

Após o cálculo dos efeitos principais e de interação, avalia-se se esses efeitos são significativamente diferentes de zero. Identificados os efeitos significativos, podem-se identificar os níveis dos fatores para os quais a resposta de interesse melhora. No exemplo da Tabela 8.7, o objetivo é identificar qual a melhor ajustagem do processo, de maneira que o erro de forma seja minimizado.

Também nesse caso, um modo objetivo de testar a significância dos efeitos é por meio do quadro de ANOVA da Tabela 8.9.

Tabela 8.9 Quadro de ANOVA para experimento fatorial 2^3, n réplicas.

Fonte de Variação	Soma de Quadrados.	Graus de Liberdade	Quadrado Médio	Razão F
E_1	S_{E_1}	1	$s^2_{E_1}$	$s^2_{E_1} / s^2_R$
E_2	S_{E_2}	1	$s^2_{E_2}$	$s^2_{E_2} / s^2_R$
E_3	S_{E_3}	1	$s^2_{E_3}$	$s^2_{E_3} / s^2_R$
Inter. E_{12}	$S_{E_{12}}$	1	$s^2_{E_{12}}$	$s^2_{E_{12}} / s^2_R$
Inter. E_{13}	$S_{E_{13}}$	1	$s^2_{E_{13}}$	$s^2_{E_{13}} / s^2_R$
Inter. E_{23}	$S_{E_{23}}$	1	$s^2_{E_{23}}$	$s^2_{E_{23}} / s^2_R$
Inter E_{123}	$S_{E_{123}}$	1	$s^2_{E_{123}}$	$s^2_{E_{123}} / s^2_R$
Erro	S_R	$2^k(n-1)$	s^2_R	
Total	S_D	$n2^k - 1$		

Para qualquer um dos efeitos, a Soma de Quadrados (S_E) é dada por:

$$S_E = \frac{n \cdot 2^k (E)^2}{4}$$

onde n corresponde ao número de respostas por combinação de teste. A Soma de Quadrados Total (S_D) é dada por:

$$S_D = \sum_{i=1}^{m} \sum_{j=1}^{n} y_{ij}^2 - \frac{T^2}{n \cdot m}$$

Onde $m = 2^k$, e

$$S_R = S_D - S_{E_1} - S_{E_2} - S_{E_3} - S_{E_{12}} - S_{E_{13}} - S_{E_{23}} - S_{E_{123}}$$

8.8 Experimentos fatoriais fracionários e princípios do método Taguchi

Com um número grande de fatores, os planejamentos fatoriais com 2 níveis exigem um grande número de combinações de teste. Por exemplo, um planejamento com 7 fatores requer $2^7 = 128$ combinações de teste, sem contar repetições. Tal quantidade de experimentação certamente inviabilizaria qualquer iniciativa de experimentação em projetos de melhoria. Portanto, há grande interesse prático em realizar frações de planejamentos fatoriais.

Por exemplo, um experimento fatorial 2^4 completo envolve 16 combinações. Supondo que só haja recurso e tempo para realizar metade desse experimento, pode-se realizar metade do experimento completo, ou seja, $\frac{1}{2} \cdot 2^4 = 2^{4-1} = 8$ combinações de teste. Ao se reduzir o número de combinações de teste, economizam-se recursos, mas por outro lado perde-se em precisão de análise, pois ocorre o que é chamado de confundimento dos efeitos principais e de interação.

Para a realização de um experimento fracionário, devem-se determinar a matriz de planejamento e o padrão de confundimento dos efeitos. Para o caso de um 2^{4-1}, o experimento básico é um 2^3. Pela Tabela 8.10, percebe-se que, para a definição dos níveis do quarto fator para as combinações de 1 a 8, uma das possibilidades é acomodar o quarto fator na coluna correspondente ao produto dos três outros fatores.

Da matriz da Tabela 8.10, tem-se a igualdade 4 = 123, que indica que a coluna 4 ($-1, +1, +1, -1, +1, -1, -1, +1$) é igual ao produto das colunas 1, 2 e 3, ou seja, 4 = 1 × 2 × 3. Esse é o gerador usado para a construção da matriz de planejamento do experimento fracionário.

Tabela 8.10 Matriz de cálculo do experimento 2^{4-1}

Teste	1	2	3	12	13	23	4 =123	y
1	−	−	−	+	+	+	−	y_1
2	+	−	−	−	−	+	+	y_2
3	−	+	−	−	+	−	+	y_3
4	+	+	−	+	−	−	−	y_4
5	−	−	+	+	−	−	+	y_5
6	+	−	+	−	+	−	−	y_6
7	−	+	+	−	−	+	−	y_7
8	+	+	+	+	+	+	+	y_8
	l_1	l_2	l_3	l_{12}	l_{13}	l_{23}	l_{123}	

A relação definidora é obtida multiplicando os dois lados pela coluna do 4, ou seja:

$4 \times 4 = 4 \times 1 \times 2 \times 3$

$I = 1 \times 2 \times 3 \times 4$

$I = 1234$

Multiplicando-se a relação definidora pela coluna do fator 1 da Tabela 8.10, obtém-se o padrão de confundimento do fator 1. Ou seja:

$1 \times I = 1 \times 1 \times 234$

$1 = I \times 234 = 234$

Isto é, o efeito principal do fator 1 se confunde com o efeito de interação dos fatores 2, 3 e 4. Da mesma forma, multiplicando-se a relação definidora pela coluna do fator 2 da Tabela 8.9, obtém-se o padrão de confundimento do fator 2. Ou seja:

$2 \times I = 2 \times 2 \times 134$

$2 = I \times 134 = 134$

O efeito principal do fator 2 se confunde com o efeito de interação dos fatores 1, 3 e 4. De modo geral, têm-se:

1 = 234	12 = 34
2 = 134	13 = 24
3 = 124	23 = 14
4 = 123	

Isso significa que o valor numérico obtido pelo procedimento de cálculo dos efeitos (soma da multiplicação dos resultados pelos correspondentes sinais (−1 ou +1) e divisão por $N/2$) corresponde à soma dos valores dos efeitos confundidos. A simplificação que pode ser feita é assumir que o efeito de interação entre três fatores tenha uma contribuição pequena quando comparado ao efeito principal. Portanto, o valor numérico obtido pela multiplicação da resposta pela coluna I_1 da Tabela 8.10 corresponde ao efeito principal do fator 1. Da mesma forma, os valores obtidos pelas multiplicações das colunas I_2, I_3 e I_{123} correspondem respectivamente aos efeitos principais dos fatores 2, 3 e 4. Assim, com o experimento fracionário 2^{4-1}, tem-se uma razoável precisão para definição dos efeitos principais. Já os efeitos de interação ficam confundidos. Se houver algum efeito de interação relevante, o experimentador deverá recorrer a outros meios para definir qual efeito de interação é de fato relevante.

Nesse exemplo, o efeito principal se confundiu com um efeito de interação entre três fatores, o que significa que o experimento tem resolução IV. A resolução é um indicativo do grau de confundimento de um experimento fracionário. Por exemplo, um experimento fracionário 2^{5-2} é um experimento em que se tem 5 fatores mas que são realizadas apenas 8 combinações de teste. Então, 2 fatores precisam ser acomodados nas colunas dos efeitos de interação, como, por exemplo, indicado na Tabela 8.11. Os geradores são 4 = 12 e 5 = 123, e a relação definidora é:

$$I = 124 = 345 = 1235$$

Tabela 8.11 Matriz de cálculo do experimento 2^{5-2}.

Teste	1	2	3	12 = 4	13	23	5 = 123	y
1	−	−	−	+	+	+	−	y_1
2	+	−	−	−	−	+	+	y_2
3	−	+	−	−	+	−	+	y_3
4	+	+	−	+	−	−	−	y_4
5	−	−	+	+	−	−	+	y_5
6	+	−	+	−	+	−	−	y_6
7	−	+	+	−	−	+	−	y_7
8	+	+	+	+	+	+	+	y_8
	I_1	I_2	I_3	I_{12}	I_{13}	I_{23}	I_{123}	

Nesse caso, o efeito principal se confunde com um efeito de interação de dois fatores e um efeito de interação de três fatores. Como a pior situação é o confundimento do efeito principal com um efeito de interação de menor ordem (ordem 2 nesse caso), neste exemplo diz-se que a resolução é III; ou seja, confundimento de um efeito principal (de 1 fator) com o efeito da interação de 2 fatores.

Na maioria das vezes, o experimento fracionário é pouco conclusivo sobre quais são os efeitos mais importantes. No entanto, ele é bastante útil para indicar quais fatores não são importantes e que, portanto, podem ser excluídos em experimentações futuras.

O método Taguchi usa essa técnica de fatoriais fracionários para predefinir arranjos para experimentação, como, por exemplo, o arranjo $L8$, 8 combinações de teste para

7 fatores em dois níveis cada; o arranjo *L9*, 9 combinações de teste para 4 fatores em três níveis cada.

Além desses arranjos, outra proposta importante do método Taguchi é o uso do conceito de fator de ruído e de matriz interna e externa de experimentação. Por exemplo, considere um experimento em que se queira verificar a vida útil de um retentor de borracha, usado em um sistema de transmissão de veículos, em função dos seguintes fatores em dois níveis cada, conforme apresentado na Tabela 8.12.

Tabela 8.12 Fatores de desempenho de um retentor.

Fator 1	Elasticidade
Fator 2	Dureza
Fator 3	Temperatura
Fator 4	Umidade

Analisando os fatores considerados nesse experimento, percebe-se que, em termos de desenvolvimento de produto, não faz sentido incluir os fatores temperatura e umidade, já que não existe meio de controlar esses fatores durante a utilização do produto. Ou seja, ainda que possível controlar os níveis desses fatores durante a realização do experimento, durante o uso do produto esses fatores assumirão níveis variados de maneira quase imprevista. Por outro lado, seria interessante que a durabilidade do produto fosse menos sensível (dependente) à variação desses fatores. Desse modo, o método Taguchi propõe que variáveis desse tipo devem ser tratadas como ruído externo. Para isso, o método Taguchi organiza o experimento de forma que os fatores de controle (ou parâmetros de projeto) sejam organizados em um experimento fatorial dentro de outro experimento fatorial, onde as variáveis sejam os fatores de ruído. Quer dizer, os fatores de controle são organizados em uma matriz interna e os fatores de ruído em uma matriz externa, conforme ilustrado na Figura 8.9 e na Tabela 8.13, para um experimento com dois fatores de controle e dois fatores de ruído (em dois níveis cada). Assim, para cada condição de teste da matriz interna, teremos N condições de teste para a matriz externa. Para o exemplo ilustrado na Tabela 8.12, cada condição de teste da matriz interna é repetida para N diferentes combinações de níveis dos fatores de ruído. Assim, para cada condição de teste dos fatores de controle, temos uma resposta média e uma variância, como indicado na Tabela 8.13.

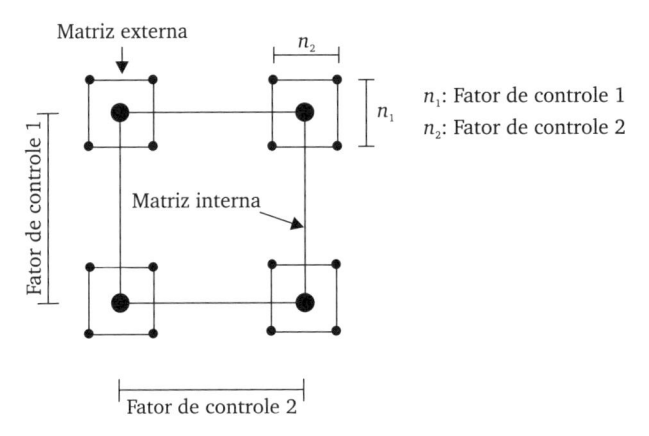

Figura 8.9 Representação geométrica das matrizes interna e externa de planejamento de Taguchi.

Tabela 8.13 Matrizes interna e externa de planejamento de Taguchi.

Teste	Matriz Interna		Matriz externa				Média	S^2
			n_1: −1	+1	−1	+1		
			n_2: −1	−1	+1	+1		
	X_1	X_2						
1	−1	−1	y_{11}	y_{12}	y_{13}	y_{14}	$\bar{y}_1$	S_1^2
2	+1	−1	y_{21}	y_{22}	y_{23}	y_{24}	$\bar{y}_2$	S_2^2
3	−1	+1	y_{31}	y_{32}	y_{33}	y_{34}	$\bar{y}_3$	S_3^2
4	+1	+1	y_{41}	y_{42}	y_{43}	y_{44}	$\bar{y}_4$	S_4^2

Com o experimento organizado dessa maneira, é possível identificar os níveis dos fatores de controle para os quais a variação dos níveis dos ruídos cause menos variabilidade da resposta. Esse é o conceito de projeto robusto: projetar produtos insensíveis ou menos sensíveis às variações das condições de uso (ruídos externos).

Leitura complementar

COSTA, A. F. B.; EPRECHET, E. K.; CARPINETTI, L. C. R. *Controle estatístico da qualidade*. São Paulo: Atlas, 2005.

MONTGOMERY, D. *Introdução ao controle estatístico da qualidade*. São Paulo: LTC, 2004.

Questões

1. O que é capabilidade de um processo de fabricação e qual a consequência em não se avaliar e controlar a capabilidade de processos de fabricação?

2. Deseja-se usar gráficos de controle para monitorar a dimensão do diâmetro externo de um eixo usinado, cuja especificação de projeto para esse parâmetro é de 220 +/− 35. Para isso, amostras de tamanho $n = 7$ são coletadas, e a média e amplitude de cada amostra são calculadas. Depois de 35 amostras, têm-se os dados abaixo. Calcule a linha central e os limites dos gráficos de controle da média e da amplitude. Calcule os índices de capabilidade Cp e Cpk e conclua sobre a capabilidade do processo.

$$\sum_{i=1}^{35} \overline{x}_i = 7.805 \quad \text{e} \quad \sum_{i=1}^{35} R_i = 568$$

3. Qual a influência de um instrumento de medição na análise dos resultados de um processo de fabricação? Explique usando o conceito de variância.

4. Para avaliar a capacidade de medição de um relógio apalpador na medição do erro de batida radial de um eixo retificado, 20 peças resultantes do processo são medidas duas vezes cada por um mesmo operador. Os dados, em décimos de mícrons, são apresentados na tabela abaixo. Estime a variância devida ao instrumento de medição e a variância devida ao processo.

Peça	Medidas		Peça	Medidas	
	1	2		1	2
1	190	230	11	200	250
2	220	280	12	160	150
3	190	240	13	250	240
4	280	230	14	240	220
5	160	190	15	310	270
6	200	190	16	240	230
7	210	240	17	200	240
8	170	150	18	170	190
9	240	260	19	250	230
10	250	230	20	170	160

5. Para a avaliação do erro sistemático de leitura de um micrômetro usado para medir peças com dimensão nominal de 20,000 mm, um bloco padrão de dimensão 20,0000 mm foi usado como padrão de referência. Esse bloco foi então medido 10 vezes por um mesmo operador usando o micrômetro em questão. Os resultados das medições são apresentados a seguir. Calcule o erro sistemático do instrumento. Para um intervalo de confiança de 95%, avalie se o erro sistemático é significativamente diferente de zero.

Medição	Leitura (mm)	Medição	Leitura (mm)
1	20,005	6	20,003
2	20,005	7	20,001
3	20,000	8	20,004
4	20,003	9	20,002
5	19,998	10	19,998

6. Descreva uma situação, industrial/serviços, em que um experimento fatorial possa ser realizado para melhorar a qualidade do produto/processo. Indique os fatores de controle e seus respectivos níveis e a resposta de interesse.

7. Uma indústria metalmecânica realizou um experimento 2^3 para estudar a influência, em torneamento de superfícies cilíndricas, da rotação do eixo-árvore (2400 e 2600 rpm (níveis − 1 e + 1)), avanço (0,10 e 0,20 mm/rev. (níveis − 1 e + 1)) e raio da ponta da ferramenta (0,4 e 0,8 mm (níveis − 1 e + 1)), na rugosidade da superfície usinada. Os resultados (rugosidade Ra × 100) são apresentados a seguir. A ordem de realização dos testes foi aleatória.

Teste	1	2	3	y
1	−	−	−	52
2	+	−	−	63
3	−	+	−	213
4	+	+	−	206
5	−	−	+	31
6	+	−	+	28
7	−	+	+	110
8	+	+	+	105

8. A tabela abaixo apresenta a matriz de planejamento de um experimento fatorial fracionário. Quais os geradores e a relação definidora para esse planejamento? Qual o padrão de confundimento dos efeitos? Qual a resolução desse experimento?

Teste	x_1	x_2	x_3	x_4	x_5	x_6
1	−	−	−	+	+	+
2	+	−	−	−	−	+
3	−	+	−	−	+	−
4	+	+	−	+	−	−
5	−	−	+	+	−	−
6	+	−	+	−	+	−
7	−	+	+	−	−	+
8	+	+	+	+	+	+

9. Na fase de projeto de parâmetros, Taguchi propõe o uso de técnicas de delineamento de experimento com algumas diferenças fundamentais quanto à forma de organizar o experimento e quanto à análise dos dados. Explique em detalhes essas diferenças de abordagem.

PARTE III

Gestão Estratégica da Qualidade

Um dos fatores de sucesso de qualquer negócio relaciona-se à capacidade da empresa em atender aos requisitos dos clientes dos segmentos de mercado que a empresa escolheu atender, de forma melhor ou igual à concorrência, e ao mesmo tempo gerar resultados financeiros satisfatórios. Para atingir tais resultados, torna-se de fundamental importância:

- desdobrar, para o nível de gestão das operações de produção, as decisões estratégicas que objetivem melhorar a capacidade da empresa de atender requisitos de clientes. Os esforços da empresa para melhoria de produtos, processos de fabricação e processos de atendimento de pedidos de clientes devem ser direcionados, no médio e longo prazo, por decisões estratégicas da empresa sobre como a gestão da qualidade pode contribuir para a competitividade e sustentabilidade do negócio;
- avaliar os resultados obtidos a partir das ações tomadas e replanejar os esforços da empresa para melhoria de produto e processos de fabricação e atendimento de pedidos de clientes, em um processo cíclico de revisão de progresso, análise da situação e tomada de novas decisões e ações.

A partir dessa visão sobre gestão estratégica da qualidade é que se desenvolveu o método de gerenciamento pelas diretrizes, visto no Capítulo 9, e *benchmarking*, visto no Capítulo 11. Em paralelo ao desenvolvimento dessas teorias, surgiram outras, de certo modo influenciadas pela evolução dos conceitos da gestão da qualidade e estratégia de manufatura, relacionadas à contribuição da função produção para a estratégia do negócio. Essas teorias também são apresentadas no Capítulo 9. A evolução delas sobre estratégia de manufatura, apresentada no Capítulo 9, também contribuiu para o desenvolvimento dos conceitos e técnicas contemporâneos sobre medição de desempenho, como será tratado no Capítulo 10.

Desdobramento e Gestão de Estratégias de Qualidade e Melhoria

9.1 Estratégia de manufatura

De modo geral, na área gerencial, as definições sobre estratégia referem-se ao estabelecimento de objetivos e metas de longo prazo e a adoção de planos de ações e alocação de recursos para atingir esses objetivos e metas. O fato de decisões e ações estratégicas serem necessárias em vários níveis organizacionais levou a uma classificação das estratégias em três níveis: estratégia corporativa (de uma corporação ou grupo de empresas); estratégia das unidades de negócios; e estratégias funcionais.

As principais questões a serem respondidas por uma estratégia corporativa são em quais negócios a corporação deve atuar e como administrar o conjunto dos negócios. A estratégia de negócios define como o negócio irá competir. Portanto, ela tem como foco central a especificação do escopo dos negócios e a definição da forma como a empresa irá competir. Porter (1996) diz que uma estratégia de negócios significa "escolher deliberadamente um conjunto de atividades específicas para oferecer valor único". Por último, as estratégias funcionais têm como propósito definir ações estratégicas específicas a cada função, tendo como objetivo contribuir para a melhoria da vantagem competitiva do negócio. Nessa categoria enquadram-se estratégias de manufatura, de desenvolvimento de produto, de recursos humanos, entre outras.

A função manufatura ou produção engloba todas as atividades e recursos voltados para a fabricação ou produção de um produto ou serviço. Ela é central para a organização, pela simples razão de produzir os bens ou produtos comercializados pela empresa. Mas certamente não é a única. Outro aspecto importante decorrente desse papel central da função produção é que existe uma grande interação e superposição da função manufatura com as outras funções, como marketing, desenvolvimento de produtos, recursos humanos, contabilidade e finanças, entre outras.

Nesse contexto, uma estratégia de manufatura inclui decisões e ações relacionadas à melhoria de desempenho da função manufatura naqueles aspectos que mais contribuem para o alcance dos objetivos e metas definidos pela estratégia do negócio. Ou seja, a contribuição da manufatura é atingida por meio de decisões estratégicas em áreas da manufatura, de modo a alinhar os recursos de manufatura da companhia com a sua estratégia competitiva e aumentar sua capacidade de competir em critérios geralmente classificados como:

- qualidade: atributos de produto requeridos pelo mercado. Significa também fabricar produtos sem defeitos e conforme as especificações;
- custo: relacionado aos custos de fabricação e distribuição para atendimento de pedidos;
- velocidade da entrega: relacionado ao prazo de entrega, ou à velocidade com que a função manufatura consegue processar e entregar os pedidos;
- confiabilidade da entrega: relacionado à confiabilidade da manufatura em processar e entregar os pedidos no prazo prometido, mantendo a pontualidade das entregas;
- flexibilidade: relacionado à capacidade da função manufatura de mudar para se adequar à nova demanda. A capacidade de mudança necessária pode ser relacionada a: flexibilidade em desenvolvimento de produto ou flexibilidade de produção (de *mix* de produtos, de volume de produção ou de prazo de entrega).

Portanto, uma estratégia de manufatura inclui ações relacionadas à gestão da qualidade, mas não só; outras iniciativas, destinadas à melhoria de desempenho em outros critérios, fazem parte de uma estratégia de manufatura.

O desenvolvimento das teorias sobre estratégia de manufatura iniciou-se com o artigo de Wickham Skinner, publicado em 1969. Baseado no argumento de que a manufatura não consegue ter um desempenho excelente em todos os critérios, desenvolveu-se a ideia de que é preciso identificar os critérios de desempenho mais críticos para a competitividade do negócio, e a partir dessa consideração identificar as áreas de decisão consequentemente críticas para o negócio. Nigel Slack (SLACK et al., 1995) sugere a utilização de uma matriz de importância *versus* desempenho frente à concorrência para os diferentes critérios de desempenho, como ilustrado na Figura 9.1. Na coluna dessa matriz, tem-se a importância para o cliente (de um determinado critério), variando numa escala de 1 (menos importante) a 9 (mais importante). Na linha da matriz, tem-se o desempenho frente à concorrência, também numa escala de 1 a 9, mas invertida, ou seja, 1 (bom desempenho frente à concorrência) a 9 (mau desempenho frente à concorrência). Dependendo da importância dada pelo cliente e da avaliação de desempenho frente à concorrência, o cruzamento dessas duas escalas cairá em uma das regiões da matriz: ação urgente, melhoramento, adequada e de excesso. Dependendo dessa análise, decisões e ações podem ser tomadas em áreas da manufatura que mais contribuam para a melhoria de desempenho na perspectiva dos clientes e tendo em vista os concorrentes.

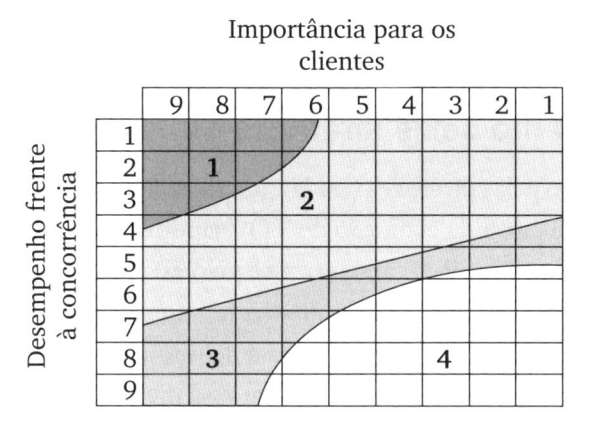

1 Zona de excesso
2 Zona adequada
3 Zona de melhoramento
4 Zona de ação urgente

Figura 9.1 Matriz de importância para clientes *versus* desempenho frente à concorrência proposta por Nigel Slack.

As áreas de decisão de uma estratégia de manufatura são questões que devem ser focalizadas para que se consiga melhor desempenho nos critérios de desempenho críticos. As áreas de decisão normalmente consideradas são: instalações industriais; capacidade de produção; tecnologia de fabricação, integração vertical, recursos humanos, gerência da qualidade, planejamento e controle da produção, controle de materiais; e organização. Essas áreas são também classificadas como estruturais (instalações industriais; capacidade; tecnologia e integração vertical) ou infraestruturais (recursos humanos, gerência da qualidade, planejamento e controle da produção e de materiais; e organização).

Como a importância relativa dos critérios depende de várias questões, relacionadas a produto, estratégia de mercado, expectativa dos clientes, desempenho da concorrência, entre outras, e como a definição de ações específicas na manufatura focadas nas áreas estruturais e infraestruturais depende, por sua vez, dos objetivos de desempenho prioritários, cabem ao processo de desenvolvimento de uma estratégia de manufatura a adequada priorização desses critérios e a definição de ações de alinhamento da função manufatura com os objetivos estratégicos. Outro ponto importante é que o desenvolvimento de ações de alinhamento das operações de produção deve ser complementado por sistemas de desdobramento e gerenciamento da melhoria. Um método de desdobramento de ações de melhorias é o gerenciamento pelas diretrizes, apresentado a seguir.

9.2 Gerenciamento pelas diretrizes

O gerenciamento pelas diretrizes (ou *Hoshin Kanri*) é um sistema de gerenciamento que se estruturou a partir da evolução do TQC japonês no início da década de 1960. O gerenciamento pelas diretrizes caracteriza-se pelo estabelecimento, desdobramento e implementação de diretrizes. A palavra *diretriz* tem uma conotação especial nesse sistema de gerenciamento: uma diretriz engloba a definição de uma meta para um determinado objetivo e meio ou forma para se atingir essa meta desse objetivo.

O gerenciamento pelas diretrizes inicia-se pelo estabelecimento das diretrizes, que envolve os seguintes passos:

- análise macro:
  - análise de necessidades dos clientes e outros requisitos;
  - análise de ambiente em que o negócio está inserido;
  - análise de planos de longo prazo;
  - análise de questões internas;
  - avaliação de desempenho atual;
  - avaliação de fatores críticos de sucesso;
  - formulação de diretrizes: que sejam alinhadas com os objetivos decorrentes da análise das questões anteriores. Priorizar diretrizes em função da:
  - importância para os clientes;
  - oportunidades de vantagem competitiva;
  - áreas com maiores necessidades de melhorias;

- estabelecimento de indicadores e metas;
- divulgação das diretrizes, indicadores e metas para o resto da organização.

A etapa seguinte, de desdobramento das diretrizes, engloba o desdobramento das diretrizes da alta gerência em diretrizes dos níveis hierárquicos inferiores. Ou seja, os níveis intermediários da organização devem definir, a partir das diretrizes da alta gerência, seus objetivos, metas e meios para se atingir esses objetivos, como ilustrado na Figura 9.2. Portanto, pressupõe-se que o desdobramento seja feito através da estrutura hierárquica funcional da organização.

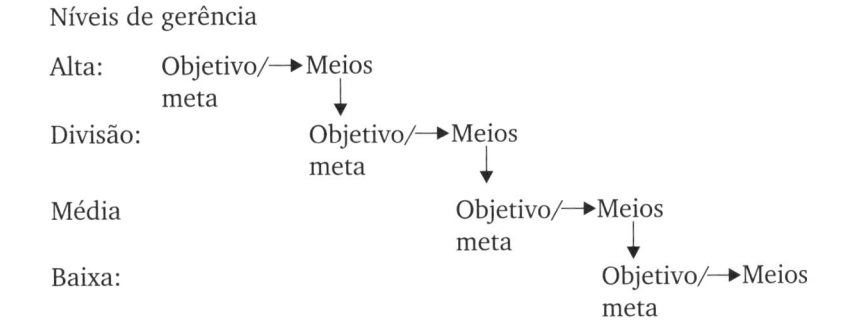

```
Níveis de gerência

Alta:       Objetivo/ → Meios
            meta          ↓
Divisão:              Objetivo/ → Meios
                      meta          ↓
Média                           Objetivo/ → Meios
                                meta          ↓
Baixa:                                    Objetivo/ → Meios
                                          meta
```

Figura 9.2 Desdobramento de diretrizes no gerenciamento pelas diretrizes.

A última etapa, de implementação das diretrizes, pressupõe o gerenciamento interfuncional, ou seja, o gerenciamento dos objetivos de desempenho entre as diferentes funções da estrutura funcional da organização, e avaliação de progresso, por meio do que se convencionou chamar de auditorias do presidente. A implementação do gerenciamento pelas diretrizes também pressupõe a adoção do gerenciamento da rotina do dia a dia do GQT japonês.

Desse modo, pode-se perceber que existe bastante semelhança e complementaridade entre o gerenciamento pelas diretrizes e os processos de desdobramento de estratégias funcionais a partir de estratégias competitivas e corporativas. O gerenciamento pelas diretrizes enfatiza o foco no cliente, nas necessidades ou oportunidades de melhorias prioritárias, nos meios e medidas de desempenho. Entretanto, o gerenciamento pelas diretrizes, pelo seu desdobramento através dos grupos funcionais organizados verticalmente, e não através dos processos (que fluem horizontalmente através das funções), pode resultar em muitas lacunas ou superposições e estimular apenas otimizações locais. O gerenciamento por diretrizes é tratado em mais detalhes por Campos (2004).

9.3 Requisitos de análise crítica e melhoria contínua da ISO 9001

Como visto no Capítulo 3, dentre os requisitos estabelecidos pela ISO 9001 para a gestão da qualidade, estão aqueles de responsabilidade da direção, que incluem a definição da política da qualidade, o planejamento de objetivos da qualidade, incluindo a definição de indicadores de desempenho, e análise crítica da eficácia do sistema de gestão da qualidade a partir da medição e análise de desempenho passado e proposição de ações de melhoria. Esses requisitos da ISO 9001 fazem com que o sistema da qualidade da empresa inclua um processo iterativo de desdobramento de objetivos estratégicos e revisão de progresso sobre o desempenho da empresa em dimensões relacionadas à qualidade ou entrega, como ilustrado na Figura 9.3. Esse processo de desdobramento e implementação de melhorias estratégicas é discutido em mais detalhes na próxima seção.

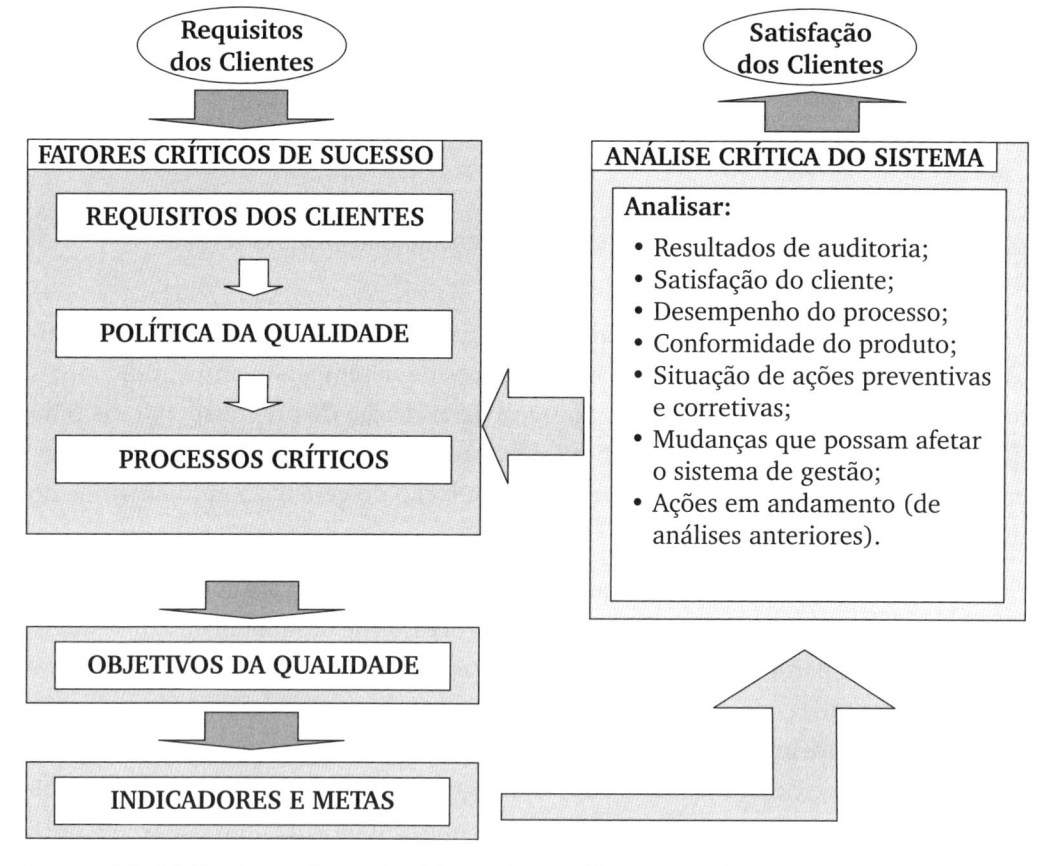

Figura 9.3 Melhoria contínua do sistema de gestão da qualidade.

9.4 Desdobramento e implementação de melhorias estratégicas

O gerenciamento do processo de identificação e desdobramento de melhorias estratégicas deve ser capaz de contemplar a necessária integração entre decisões estratégicas, desdobramento, implementação de ações de melhoria e revisão de progresso. Com esse objetivo, uma estrutura para o modelo conceitual é proposta, conforme ilustra a Figura 9.4, em três grandes etapas iterativas: integração com a direção estratégica; desdobramento das melhorias; e implementação e análise do progresso. O modelo pressupõe ainda a existência de uma infraestrutura organizacional que dê suporte ao processo de gerenciamento de melhorias.

A primeira etapa, de direção estratégica, está mais relacionada à integração entre os processos de desenvolvimento de estratégias e de gerenciamento da melhoria. Tem como propósito recuperar ou levantar informações relacionadas aos objetivos estratégicos, estratégia competitiva, e estratégias funcionais da empresa que sejam relevantes para direcionar o desdobramento de melhorias da produção.

Figura 9.4 Modelo conceitual para desdobramento e implementação de melhorias estratégicas.

Os resultados dessa etapa, no que concerne ao desdobramento de melhorias, são a identificação de prioridades competitivas ou dimensões de desempenho prioritárias e os principais processos ou competências que devam ser considerados para ações de melhoria, conforme ilustrado na Figura 9.5.

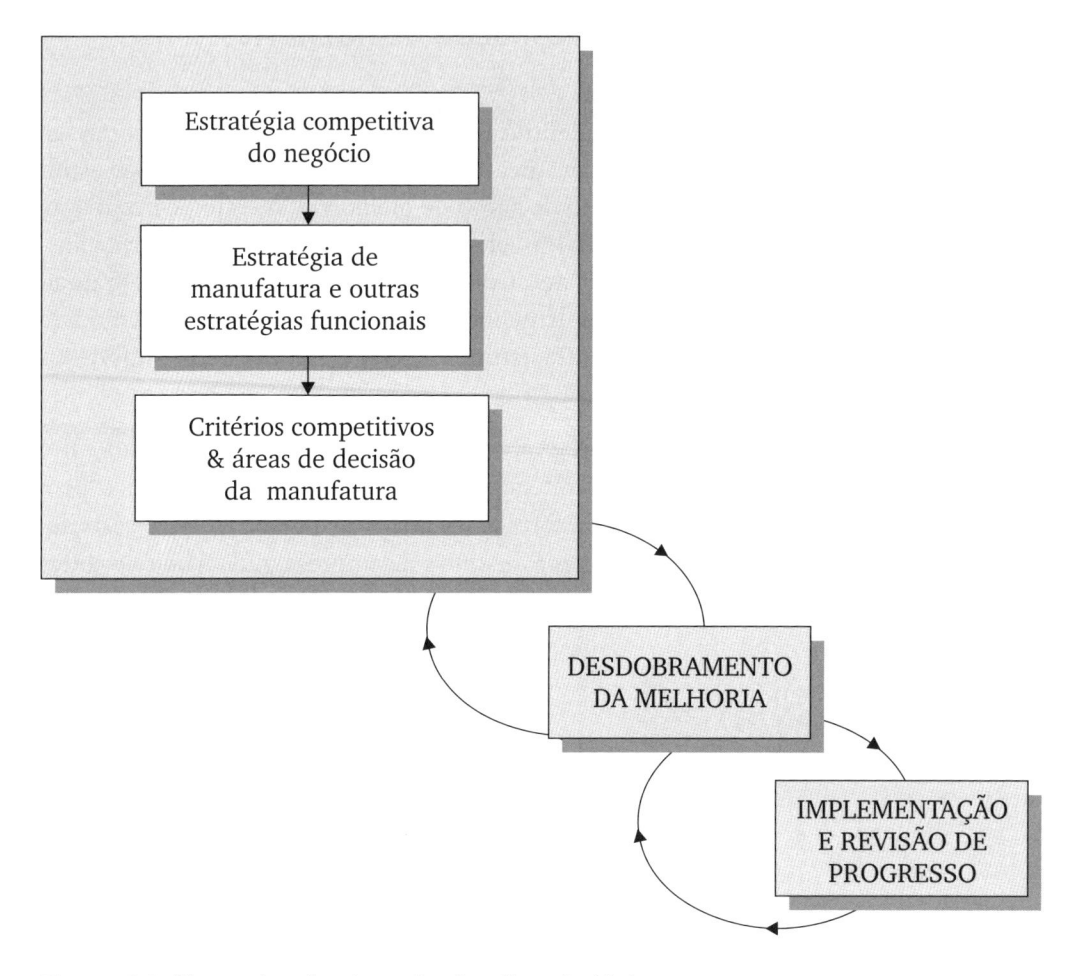

Figura 9.5 Elementos da etapa de direção estratégica.

Essa primeira etapa direciona o processo seguinte de desdobramento de melhorias. Deve-se observar que nem sempre as empresas possuem um processo formal de desenvolvimento de estratégias e que portanto essas informações podem não estar disponíveis e nesse caso teriam que ser definidas nesse momento.

A segunda etapa corresponde ao desdobramento de melhorias propriamente dito. Ou seja, em muitas situações, uma decisão estratégica de alinhamento pode requerer o desdobramento dessa decisão pelos processos e atividades envolvidos para, a partir disso, poder-se chegar a ações de melhoria concretas e possíveis de serem implementadas. Por exemplo, o alinhamento da produção com os objetivos estratégicos da empresa pode requerer a melhoria da qualidade de fabricação do produto, redução das não conformidades e das perdas pela não qualidade. Para isso, é preciso que haja um desdobramento dessa ação pelos processos e atividades mais relevantes que possam estar comprometendo o desempenho da produção nesse critério a fim de, partindo desse desdobramento e análise, poder-se chegar a uma ação de melhoria objetiva para ser implementada. Essa mesma argumentação é válida independentemente da dimensão de desempenho em consideração.

O desdobramento de melhorias proposto na segunda etapa decorre de uma sistemática de priorização com base em:

- critérios competitivos de desempenho do negócio: que são priorizados para melhorias, com base nas expectativas dos clientes e no desempenho em relação aos competidores;
- processos de negócio: os processos selecionados para melhoria são aqueles que mais potencial tenham para melhorar o desempenho do negócio nas dimensões competitivas prioritárias e cujo desempenho se mostre insuficiente, a partir de um diagnóstico qualitativo ou quantitativo;
- ações de melhorias: as ações são priorizadas com base no potencial de contribuição para alavancar o desempenho do processo nas dimensões críticas.

A Figura 9.6 ilustra esse processo de priorização. Para o desenvolvimento dessa etapa, pressupõe-se que conceitos e práticas, tais como mapeamento de processos, avaliação de desempenho, *benchmarking*, entre outros, possam ser empregados de forma integrada, em uma sequência lógica de desdobramentos. Os elementos ou informações usadas nesse processo podem ser descritos como segue (ilustrados na Figura 9.6):

a) Identificação de critérios e processos prioritários:
   - critérios competitivos decorrentes de posicionamento estratégico com relação a produto e mercado (conforme identificados na etapa anterior);
   - expectativas dos clientes ou segmentos de clientes quanto à qualidade percebida em dimensões como custo, qualidade, entrega, atendimento;
   - pontos fracos frente à concorrência;
   - avaliação interna de desempenho;
   - mapeamento de processos.

b) Priorização de ações de melhorias:
   - uso de ferramentas da qualidade;
   - *benchmarking*;
   - entendimento do processo.

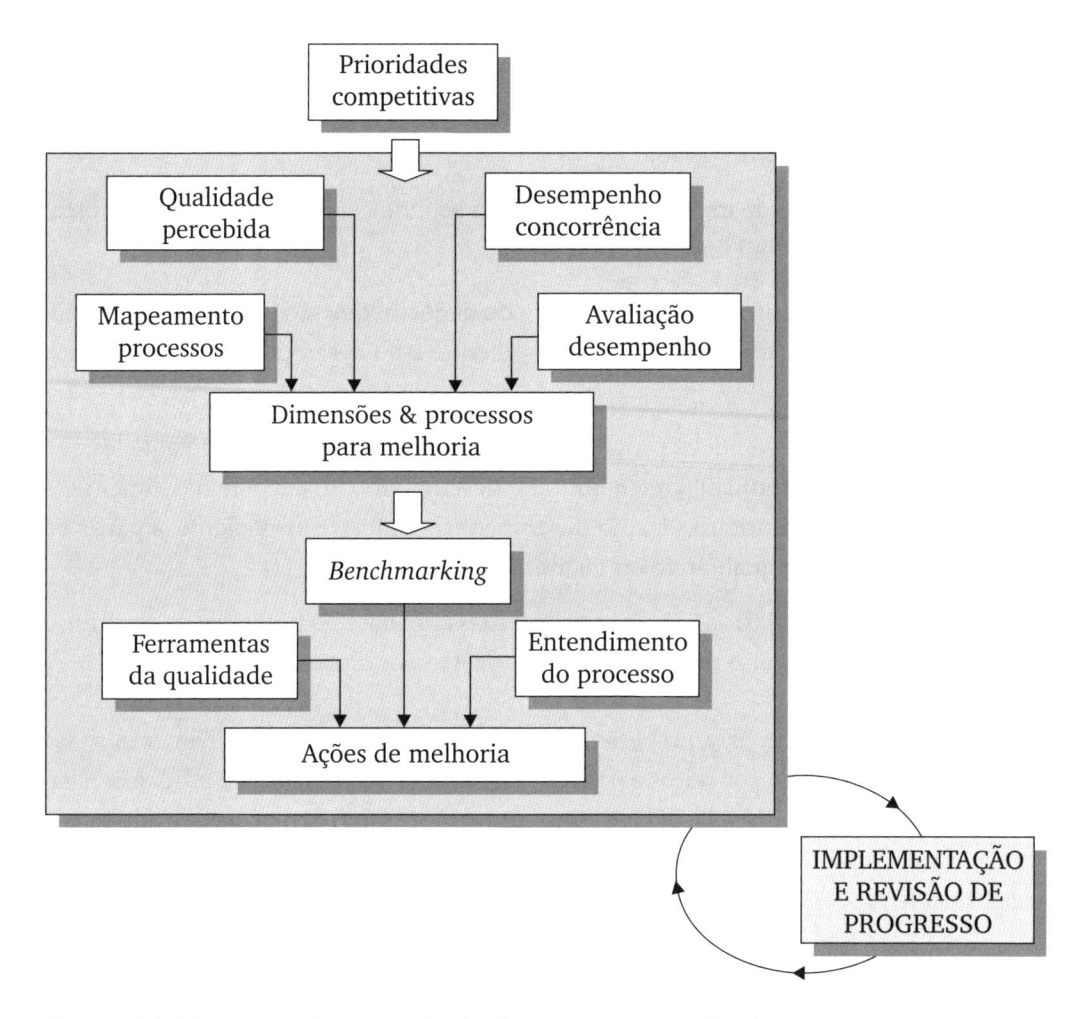

Figura 9.6 Elementos da etapa de desdobramento de melhorias.

O terceiro passo preocupa-se com a implementação e análise do progresso das ações de melhoria, conforme ilustrado na Figura 9.7. Ele envolve basicamente planejamento, alocação de recursos, implementação, monitoramento do progresso e *feedback*. O uso das técnicas de gestão da qualidade e melhoria vistas nos capítulos anteriores pode auxiliar essa etapa do processo.

A análise sistemática do progresso e *feedback* é de fundamental importância para avaliar se os esforços de melhoria estão produzindo os resultados desejados, como também para validar a estratégia de melhoria sob a perspectiva das estratégias de manufatura e de negócio. Outro ponto importante no que se refere ao monitoramento de progresso é a utilização de um sistema de medição de desempenho. O desenvolvimento e a implementação de um conjunto de indicadores de desempenho devem, em algum momento, fazer parte das ações de melhoria, como será discutido no Capítulo 10.

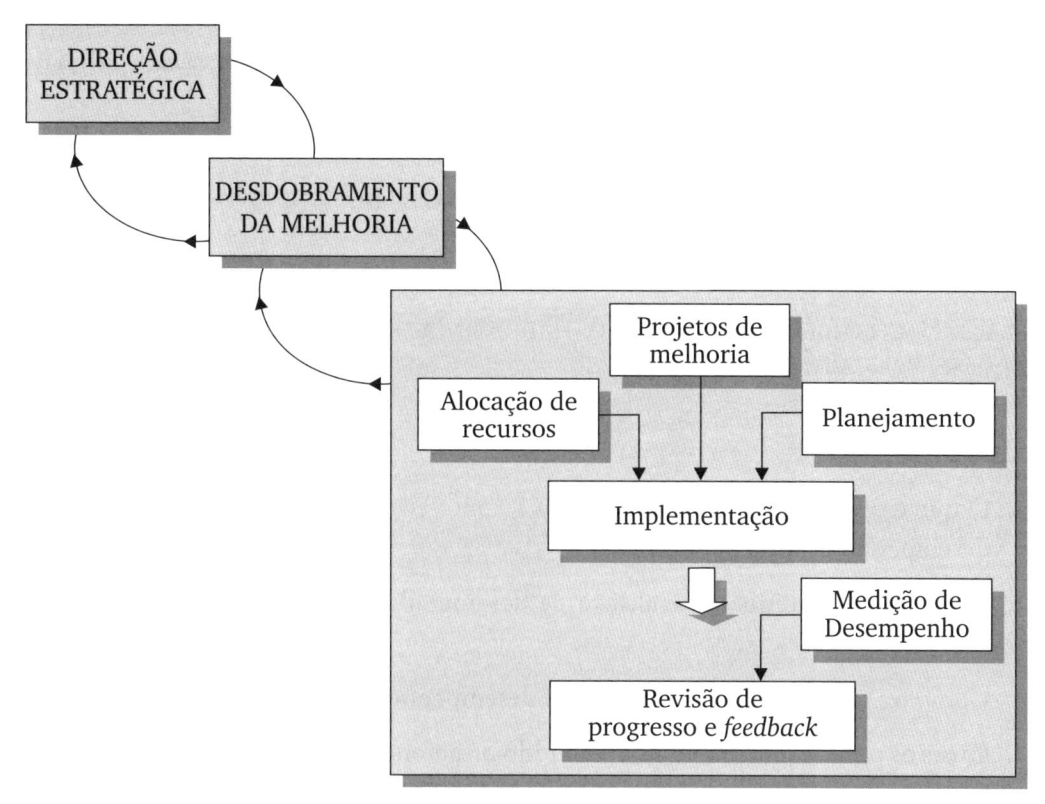

Figura 9.7 Elementos da etapa de implementação e revisão de progresso.

Finalmente, esses passos devem ser apoiados por uma infraestrutura e cultura organizacional adequadas. Os valores e princípios da cultura organizacional da gestão pela qualidade total, como discutido no Capítulo 2, formam a base para esse tipo de intervenção. No que se refere à infraestrutura organizacional, um aspecto bastante importante é a integração entre as diversas funções relacionadas aos processos em que melhorias estejam sendo desenvolvidas. Equipes de melhoria multifuncionais devem atuar como elemento de integração vertical, entre os esforços de melhoria das operações e as decisões estratégicas da alta gerência, e integração horizontal, entre as várias organizações funcionais envolvidas.

Leitura complementar

CAMPOS, V. F. *Gerenciamento pelas diretrizes*. Nova Lima, MG: INDG, 2004.

CARPINETTI, L. C. R. *Uma proposta para o processo de identificação e desdobramento de melhorias da manufatura*: uma abordagem estratégica. São Carlos, 2000. 170 p. Tese (Livre-docência) – Escola de Engenharia de São Carlos, Universidade de São Paulo, São Carlos.

CORRÊA, H. L.; CORRÊA, C. A. *Administração da produção e operações*. São Paulo: Atlas, 2004.

HILL, T. *Manufacturing strategy*: the strategic management of the manufacturing function. London: Macmillan, 1985.

PORTER, M. What is strategy? *Harvard Business Review*, p. 61-70, Nov./Dec. 1996.

SLACK, N.; CHAMBERS, S.; HARLAND, C.; HARRISON, A.; JOHNSTON, R. *Administração da produção*. São Paulo: Atlas, 1995.

Questões

1. O que é uma estratégia de manufatura e como ela pode contribuir para o melhor desempenho de um negócio?
2. Quais são os critérios de avaliação de desempenho da manufatura normalmente considerados?
3. Como é a matriz de importância *versus* desempenho proposta por Slack?
4. Quais os pontos fundamentais do método de gerenciamento pelas diretrizes?
5. Que requisitos a ISO 9001 estabelece que induzem as empresas certificadas à prática de gestão estratégica da qualidade?

Sistemas de Medição de Desempenho 10

O uso de sistemas de medição de desempenho vem sendo cada vez mais considerado como uma técnica relevante de gestão de desempenho, especialmente no processo de revisão de progresso de uma organização, como discutido no capítulo anterior. A avaliação do desempenho pode ser feita sob duas perspectivas: em relação à eficiência; ou em relação à eficácia. Eficácia refere-se a quanto o resultado de um processo atende às expectativas do cliente ou receptor do resultado do processo. Já eficiência é uma medida da economia na utilização de recursos materiais e humanos utilizados no processo de obtenção de um determinado produto ou resultado; refere-se, portanto, à produtividade dos recursos. O que significa ser eficaz para uma determinada empresa depende de suas escolhas estratégicas sobre que produtos e que segmentos de mercado ela pretende atender, e de que forma. Medição de desempenho é, portanto, o processo de quantificar a eficiência e/ou a eficácia das atividades de um negócio por meio de métricas ou indicadores de desempenho.

Medição de desempenho não é um fim, mas um meio de gerenciar o desempenho de um produto, de uma atividade ou de uma organização como um todo. Como discutido no Capítulo 9, ela faz parte de um processo cíclico de avaliação e melhoria de desempenho de produtos e processos de uma organização, em que a tomada de decisão e ação depende dos níveis de desempenho quantificados. Uma analogia bastante pertinente é com um sistema de controle com retroalimentação (*feedback*). Ilustrativamente, pode-se pensar no controle de velocidade de um automóvel feito pelo sistema de piloto automático: em função da velocidade instantânea medida, o carro é acelerado ou freado, de forma a manter a velocidade do carro próximo do valor-meta definido.

Da mesma forma, como apresentado na Figura 9.7 do Capítulo 9, as metas de desempenho de uma organização podem ser monitoradas por meio de indicadores de desempenho, e um desempenho abaixo do esperado pode disparar ações nas operações do negócio, na tentativa de se obterem resultados melhores. Mas, para isso, é importante que os indicadores utilizados apontem a causa do problema. Por exemplo, o indicador financeiro de lucratividade pode estar abaixo da meta porque o indicador que mede a parcela de mercado atendido pela empresa caiu, porque o índice de satisfação do cliente piorou, porque o tempo de entrega e o índice de qualidade do produto entregue pioraram, como ilustrado na Figura 10.1. Assim, com base nessas evidências, a empresa deve atuar na causa dos problemas. Daí a importância de se ter um alinhamento entre os indicadores usados no chão de fábrica e os objetivos prioritários, estratégicos para a empresa.

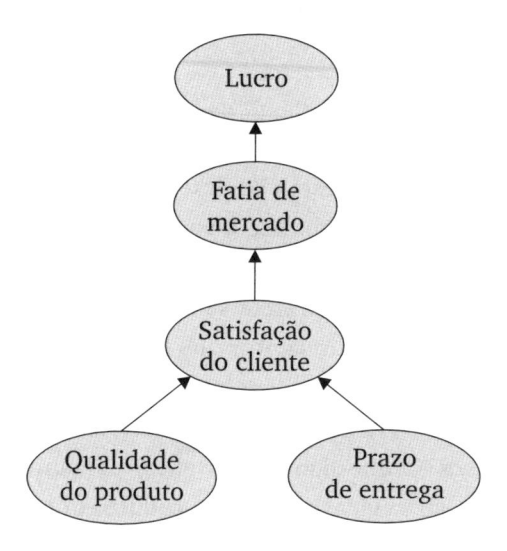

Figura 10.1 Relação entre lucratividade e indicadores de produção.

Com a evolução das teorias de gestão de operações e estratégia de manufatura, percebeu-se que a medição de desempenho tradicionalmente usada, focada em resultados financeiros e, em alguns casos, medidas de produtividade e qualidade de fabricação, era bastante limitada para ser usada como instrumento de gestão estratégica do desempenho das operações de produção e outras funções da empresa. Percebeu-se a necessidade de se ter um sistema de medição de desempenho; ou seja, um conjunto de indicadores, incluindo indicadores financeiros e não financeiros, inter-relacionados entre si por relações de causa e efeito, e alinhados com os objetivos estratégicos da organização. Além disso, o uso de indicadores de desempenho interfere no comportamento dentro da organização. Pessoas modificam seu comportamento na tentativa de assegurar um resultado positivo da medição. Por isso, indicadores de desempenho devem ser escolhidos de forma que induzam a comportamentos planejados.

Assim, a partir dessas constatações, pode-se perceber que a prática de medição de desempenho não financeiro se tornou um instrumento importante para:

- alinhar o gerenciamento das melhorias e mudanças com os objetivos estratégicos;
- identificar pontos críticos que comprometam o desempenho e que devam ser alvos de melhorias;
- obter parâmetros confiáveis para a comparação entre empresas e entre os setores das empresas, como será discutido no Capítulo 11, sobre *benchmarking*.

Nesse contexto, o uso de sistemas de medição de desempenho envolve as seguintes grandes etapas:

- projeto conceitual do sistema de medição de desempenho: envolve a definição do conjunto de indicadores e o detalhamento desses indicadores;
- implementação de um sistema de informação: envolve a implementação de ferramentas de tecnologia de informação para a coleta de dados, cálculo de indicadores, geração de relatórios, entre outras funcionalidades;
- uso e revisão do sistema de medição de desempenho: consiste em melhorias e alterações do sistema, baseado no aprendizado decorrente do uso do sistema de medição de desempenho.

As próximas seções discutem esses tópicos em detalhes; antes, porém, são apresentados alguns conceitos e modelos teóricos de medição de desempenho, além de uma breve discussão sobre produtividade e eficiência.

10.1 Indicadores de desempenho: resultado e tendência

Uma das contribuições mais significativas das teorias sobre medição de desempenho surgidas nos anos 1990 é sobre a importância, para a análise de desempenho de uma empresa, de se ter um conjunto de indicadores de resultado e tendência relacionados entre si. Como ilustra a Figura 10.2, a satisfação dos acionistas decorre da satisfação do cliente e da redução de custos, que se relacionam respectivamente com eficácia e eficiência do negócio. Por sua vez, a eficácia do negócio depende de fatores que gerem satisfação, que, no que se refere à produção, podem ser critérios de desempenho como qualidade, prazo e pontualidade de entrega, flexibilidade, entre outros, como ilustrado na Figura 10.3. Da mesma forma, a eficiência do negócio depende de fatores como produtividade e custos.

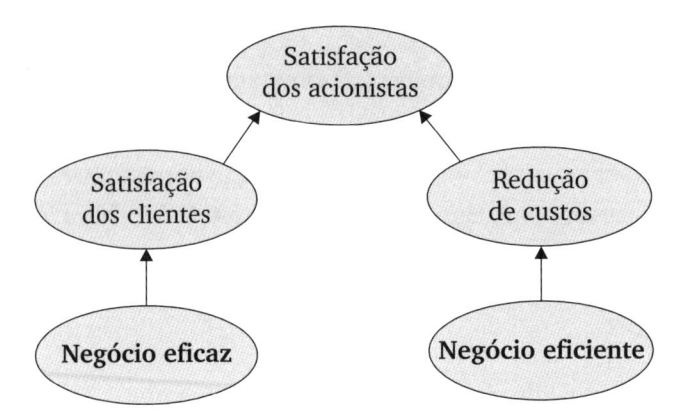

Figura 10.2 Relações de causa e efeito entre eficácia e eficiência do negócio e satisfação do cliente e do acionista.

Figura 10.3 Relação entre satisfação do cliente e dimensões de desempenho da produção.

A análise das relações de causa e efeito de fatores que podem levar à eficácia e eficiência do negócio permite que se identifiquem indicadores de desempenho relacionados a esses fatores. Por exemplo, para um fabricante de autopeças, a conformidade do produto com as especificações do cliente é essencial. A conformidade do produto decorrente de um processo de produção em particular leva a um índice de refugo baixo, que por sua vez pode ser controlado mediante a melhoria do índice de capabilidade do processo, visto no Capítulo 8. Essas relações de causa e efeito são ilustradas na Figura 10.4.

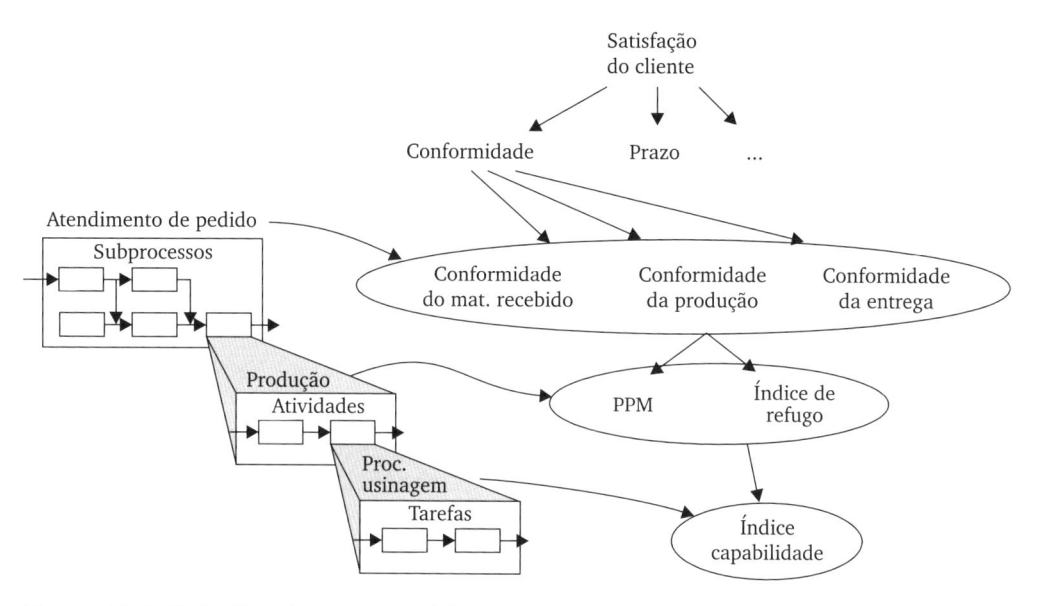

Figura 10.4 Relações de causa e efeito entre satisfação do cliente e fatores de produção.

Dessas relações, pode-se perceber que os indicadores associados a esses fatores de desempenho indicam uma tendência de resultado. Ou seja, um bom índice de capabilidade indica uma tendência de resultado em termos de satisfação do cliente e outros indicadores de resultados. Medidas como qualidade de produto ou pontualidade são medidas de tendência, pois têm o potencial de gerar resultados futuros positivos, como resultados financeiros e de mercado, de acordo com ilustração na Figura 10.5. Já medidas como fatia de mercado ou tamanho de mercado podem ser tanto de resultado, pois indicam o resultado decorrente do desempenho da produção, como de tendência, pois são um indicativo de melhoria de resultados financeiros. Enquanto as medidas de resultados informam sobre o passado, as medidas de tendências são indicativas do desempenho futuro. Normalmente, indicadores de tendência são indicadores não financeiros, e indicadores de resultados são financeiros, mas nem sempre esse é o caso.

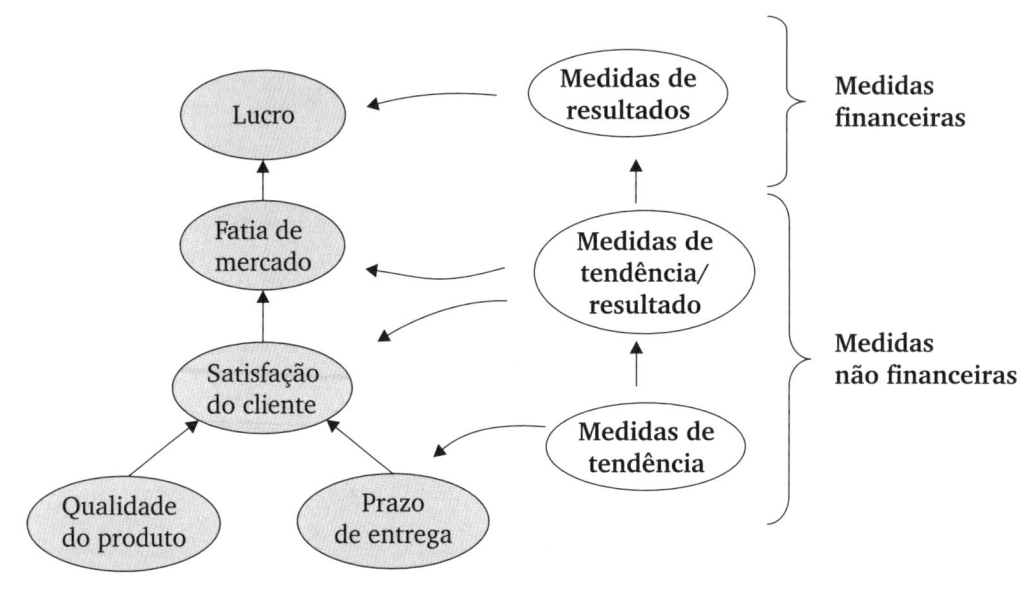

Figura 10.5 Indicadores de resultado e de tendência.

Portanto, um sistema de medição de desempenho se caracteriza fundamentalmente por reunir um conjunto de indicadores relacionados a processos (por exemplo, produção, aquisição, vendas) e critérios de desempenho que mais interfiram na eficácia, definida em função de objetivos estratégicos, e eficiência do negócio. Esses indicadores são definidos a partir da identificação de relações de causa e efeito entre os resultados e os meios para se atingir tais resultados. Daí a importância para o projeto de um sistema de medição de desempenho em primeiramente se construir um mapa das relações de causa e efeito entre resultados e os fatores causadores desses resultados. Os modelos conceituais de sistemas de medição de desempenho como o *Balanced Scorecard* e outros apresentam essa característica, como visto na seção 10.3.

10.2 Produtividade e eficiência

Produtividade é uma medida de desempenho de sistemas produtivos em geral. Podemos medir a produtividade de uma atividade industrial, agrícola ou outra atividade qualquer que transforme insumos ou recursos em algum produto ou resultado da produção. Ou seja:

$$Produtividade = \frac{Saídas}{Entradas}$$

Em geral, calculamos a produtividade parcial, em relação a um insumo em particular. Por exemplo, em atividade agrícola, é muito comum o cálculo da produtividade da terra. Uma medida de produtividade seria, por exemplo, toneladas de soja por hectare de plantação. Na indústria, uma medida de produtividade muito comum é da mão de obra. Uma medida seria, por exemplo, peças fabricadas por unidade de mão de obra. Outras medidas de produtividade parcial seriam em relação ao capital ou em relação ao consumo de energia.

No entanto, deve-se tomar cuidado com medidas de produtividade parcial, pois melhorias da produtividade parcial não significam necessariamente que o insumo está sendo mais bem utilizado. Essa é uma situação bastante típica na indústria, onde investimentos em equipamentos automatizados levam a uma redução da necessidade de mão de obra e ao mesmo tempo a um aumento da produção. Se analisarmos apenas a relação produtos por mão de obra, concluímos que a produtividade da mão de obra melhorou. Mas essa melhoria se deve a uma diminuição da produtividade do capital. A expressão a seguir exprime essa confusão: a relação produção por trabalhadores pode melhorar em decorrência do aumento da produção por capital investido e do aumento do capital investido por trabalhador.

$$\frac{Produção}{Trabalhadores} = \frac{Produção}{Capital} \times \frac{Capital}{Trabalhadores}$$

Em situações como essa, o cálculo da produtividade total dos fatores pode ser preferível. Existem diferentes formas de calcular a produtividade. Uma delas, chamada de Índice de Kendrick, que considera a participação do trabalho e do capital, é dada por:

$$PTF = 100 \times \frac{Q_t}{(w_0 L + r_0 K_t)}$$

onde:

Q_t: produção no período;

W_o: salário por unidade de mão de obra no período;

L_t: unidades de mão de obra no período;

r_o: taxa de retorno de capital no período;

K_t: quantidade de capital no período.

Nesse caso, os fatores capital e trabalho são considerados. Da mesma forma, outros insumos poderiam ser considerados, como energia, por exemplo. No entanto, a dificuldade de trabalhar com dados consistentes torna o cálculo da produtividade cada vez mais impreciso. Daniel Moreira (1991) apresenta outras formulações para o cálculo da produtividade total dos fatores.

Uma confusão elementar bastante comum é assumir volume de produção como produtividade. Por exemplo, a produtividade do mês da indústria ABC foi de 300 toneladas de produto, ou de 1.200 produtos. Obviamente, esses números se referem a volume ou capacidade de produção, e não à produtividade. É claro que implícita está uma certa quantidade de insumos utilizados para se gerar tal volume.

Outra confusão bastante comum é entre produtividade e eficiência. A eficiência é uma medida da relação entre capacidade real e capacidade efetiva, ou seja:

$$Eficiência = \frac{Capacidade\ real}{Capacidade\ efetiva}$$

onde:

- capacidade efetiva: é a máxima produção possível dada certa composição de produtos, programação, tempos de paradas de máquina para preparação, manutenção, trocas de turnos, descanso dos trabalhadores etc.;
- capacidade real: é a produção realmente contabilizada.

A eficiência é, portanto, um indicador adimensional. Ela se relaciona à produtividade, já que a capacidade considera determinada disponibilidade de insumos ou recursos de produção, mas são conceitos e indicadores diferentes.

Finalmente, deve-se observar que, apesar de produtividade e eficiência serem indicadores importantes e bastante utilizados, eles são indicadores de resultado, que têm como causa uma série de fatores, que podem e devem ser desdobrados em indicadores de tendência. Por exemplo, a produtividade pode ser comprometida por fatores como: não conformidade, *lead-time* de processo, estoques em processo, entre outros.

10.3 Modelos de sistemas de medição de desempenho

O *Balanced Scorecard*, desenvolvido nos anos 1990 por Kaplan e Norton, da Universidade de Harvard, é o modelo de sistema de medição de desempenho mais difundido na literatura e no meio empresarial. O *Balanced Scorecard* (BSC) é definido pelos autores como um sistema de gestão estratégica, mais do que um sistema de medição de desempenho. O modelo é estruturado em quatro perspectivas básicas, que consideram as medidas financeiras tradicionais, além de medidas de desempenho focadas nos clientes, nas operações internas e no aprendizado e crescimento. Para cada uma das perspectivas, o BSC busca, por meio de medidas de desempenho, endereçar as seguintes questões (Figura 10.6):

- perspectiva financeira: para sermos bem-sucedidos financeiramente, como deveríamos ser vistos pelos nossos acionistas?
- perspectiva dos clientes: para alcançarmos nossa visão e missão, como deveríamos ser vistos pelos nossos clientes?
- processos internos: para satisfazermos nossos acionistas e clientes, em quais processos de negócio devemos alcançar excelência?
- aprendizado e crescimento: para alcançarmos nossa visão, como sustentaremos nossa habilidade de mudar e melhorar?

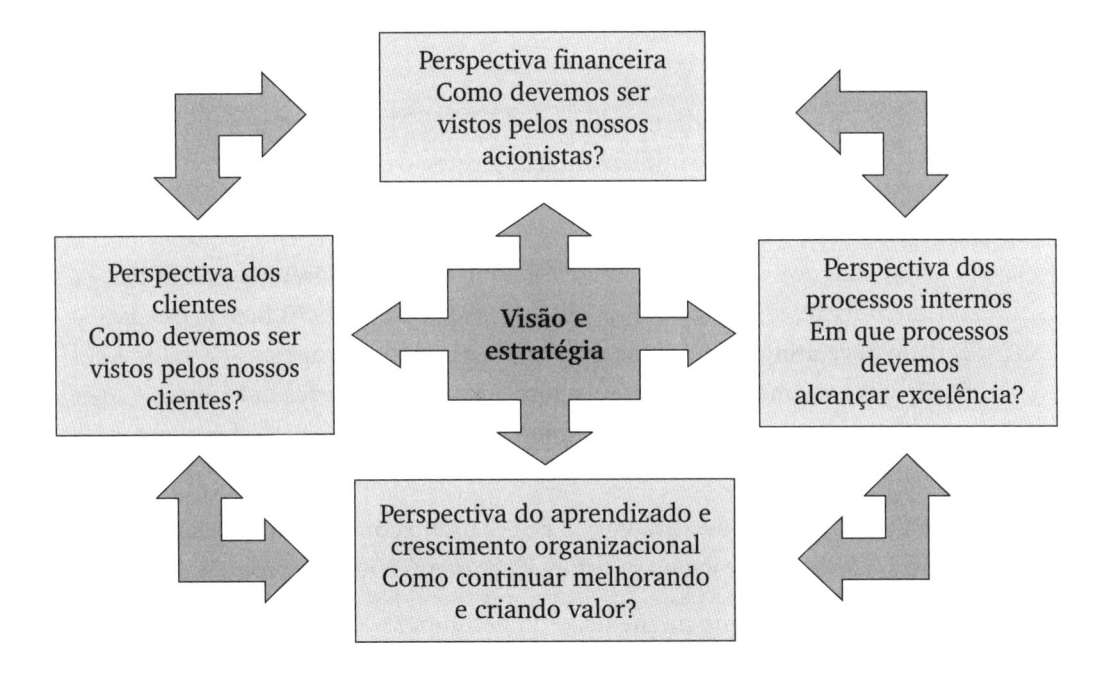

Figura 10.6 Modelo do *Balanced Scorecard* de sistema de medição de desempenho.

A partir dos objetivos financeiros, todos os objetivos e medidas das outras perspectivas do *scorecard* deverão estar relacionados à consecução de um ou mais objetivos dessa perspectiva. E toda medida selecionada para um *scorecard* deve fazer parte de uma cadeia de relações de causa e efeito entre os resultados financeiros e as outras perspectivas, e também representa um tema estratégico para a unidade de negócios.

Outro aspecto importante é que o BSC é construído em torno da ideia de que, para que a medição de desempenho possa ser usada como um instrumento gerencial, deve existir um balanço adequado entre medidas de resultados e medidas de tendências (que os autores chamam de vetores de desempenho, ou *performance drivers*). Conforme afirmado por Kaplan e Norton (1997).

> "As medidas de resultado sem os vetores de desempenho não comunicam a maneira como os resultados devem ser alcançados, além de não indicarem antecipadamente se a implementação da estratégia está sendo bem-sucedida ou não. Por outro lado, vetores de desempenho sem as medidas complementares de resultado podem permitir que a unidade de negócios obtenha melhorias operacionais a curto prazo, mas não revelarão se essas melhorias foram traduzidas em expansão dos negócios com os clientes existentes e novos, e, consequentemente, em melhor desempenho financeiro."

Outro ponto importante destacado por Kaplan e Norton é o uso do BSC como instrumento para o processo de implementação e revisão da estratégia da empresa. Eles definem estratégia de forma bastante singular, como sendo

> "a escolha de segmentos de mercado que a empresa pretende servir prioritariamente, identificando os processos internos críticos nos quais a unidade deve atingir excelência para concretizar suas propostas de valor aos clientes e segmentos alvo, e selecionando as capacidades individuais e organizacionais necessárias para atingir os objetivos internos, dos clientes e financeiros".

A partir dessa definição de estratégia, o BSC é usado como instrumento para traduzir e comunicar a estratégia, planejar e estabelecer metas e rever o progresso.

Outro modelo de sistema de medição de desempenho, chamado de *performance prism*, foi desenvolvido pelo Prof. Andy Neely, do *Cranfiled Business School*, Inglaterra. Essa proposta considera que a construção de um sistema de medição de desempenho deve se fundamentar nas seguintes questões:

1. *stakeholders* (partes interessadas): quem são os *stakeholders* e o que cada um deles quer e necessita?
2. estratégias: quais estratégias devemos adotar para satisfazer esses anseios e necessidades?

3. processos: quais processos devemos melhorar para alcançar nossas estratégias?
4. capacidades: quais capacidades são necessárias para alcançar as estratégias?
5. contribuição dos *stakeholders*: o que nós necessitamos e queremos dos nossos *stakeholders* para manter e desenvolver nossas capacidades?

Segundo esse modelo, o sistema de medição de desempenho deve incluir indicadores de desempenho que decorrem dessa análise sobre como atender às necessidades das partes interessadas (*stakeholders*), ou seja, clientes, acionistas, fornecedores, entre outros. Portanto, os indicadores devem ter o potencial de avaliar: a satisfação dos *stakeholders*, a consecução das estratégias, a eficácia dos processos, a capacitação organizacional e por último a contribuição dos *stakeholders*.

A literatura especializada apresenta outros modelos conceituais de sistemas de medição de desempenho. De modo geral, esses modelos sugerem o uso de medidas financeiras e não financeiras alinhadas com objetivos e metas estratégicas do negócio, e identificadas a partir de um processo de desdobramento dos objetivos e metas em fatores críticos de sucesso, processos e atividades críticos para a melhoria de desempenho. Outro ponto importante é o desdobramento dos indicadores pelos níveis hierárquicos da estrutura funcional da empresa, como discutido na próxima seção.

10.4 Projeto conceitual de um sistema de medição de desempenho

O projeto conceitual de um sistema de medição de desempenho começa pela definição do conjunto de indicadores. As seguintes recomendações, baseadas nos modelos conceituais de sistemas de medição, podem ser adotadas:

- definição de indicadores alinhados com a estratégia da organização;
- definição de indicadores baseados em perspectivas de medição;
- desdobramento de indicadores por processos de negócios e pela estrutura organizacional.

As empresas que planejam seu futuro de forma explícita tomam decisões que são estratégicas para a sua sobrevivência ou crescimento. As decisões podem ser relacionadas a o que fazer para melhorar aquilo que já faz, para fazer frente à concorrência e às novas exigências do mercado e com isso garantir a sustentabilidade do negócio. A decisão pode ser, por exemplo, manter o segmento de mercado atual com o mesmo produto ou serviço, porém melhorado, por exemplo com novos lançamentos, ou reduzir desperdícios, melhorar a produtividade e a eficiência do negócio.

As decisões também podem ser relacionadas a novos desafios, como entrar em novos negócios, com produtos e serviços completamente novos, ou novos mercados, com um produto diferenciado, mas baseado na mesma tecnologia de produto e processo. Por exemplo, um fabricante de eletrodomésticos pode planejar desenvolver uma nova linha de produtos para ganhar segmentos de mercado de maior poder aquisitivo. Ou uma empresa de construção civil pode decidir entrar no mercado de extração de minério ou de petróleo.

Essas decisões normalmente decorrem de um processo de questionamento sobre o que os *stakeholders* querem e que estratégias devem ser adotadas, como sugerido pelo *performance prism* proposto por Andy Neely e visto na seção anterior. E essas decisões são normalmente acompanhadas de objetivos e metas relacionados a indicadores de resultados em termos de participação de mercado e resultados financeiros, duas das perspectivas sugeridas no BSC.

Temas normalmente abordados pelos indicadores usados para avaliar o desempenho nessas duas perspectivas são apresentados nas Tabelas 10.1 e 10.2. Para a definição do indicador, é preciso definir a fórmula de cálculo. Para alguns temas, como fatia de mercado, a fórmula é mais ou menos evidente: parcela do mercado que a empresa atende dividida pelo tamanho total do mercado, quantificado, por exemplo, como porcentagem de itens vendidos pela empresa em relação ao total das vendas, incluindo produtos similares dos concorrentes. Para outros temas, como retenção de clientes, o indicador pode ser calculado como número de clientes que retornam após a primeira compra em relação ao total; ou o número de clientes que permanecem na carteira de clientes após determinado número de anos em relação ao total de clientes. A fórmula de cálculo dependerá da situação em análise. Já em outros casos, existe um jeito padronizado de cálculo do indicador. Por exemplo, a Figura 10.7 apresenta a fórmula de cálculo do indicador ROI (Retorno de Investimento). Da mesma forma, o indicador EVA (Valor Econômico Agregado) é definido como: lucro operacional depois dos impostos menos o custo do capital.

Tabela 10.1 Temas para indicadores de mercado e cliente.

Fatia de mercado

Retenção de clientes

Fatias de clientes

Acuracidade de vendas

Vendas a novos clientes

Índice de reclamações não atendidas

Tabela 10.2 Temas para indicadores de resultados financeiros.

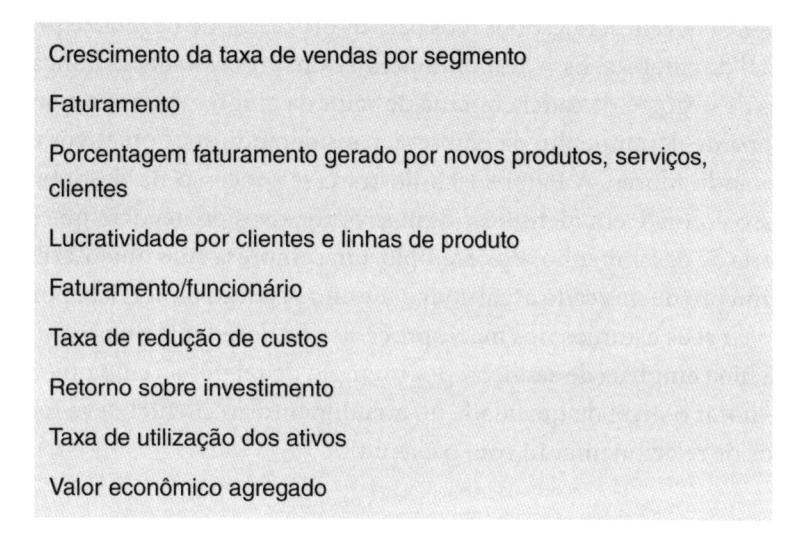

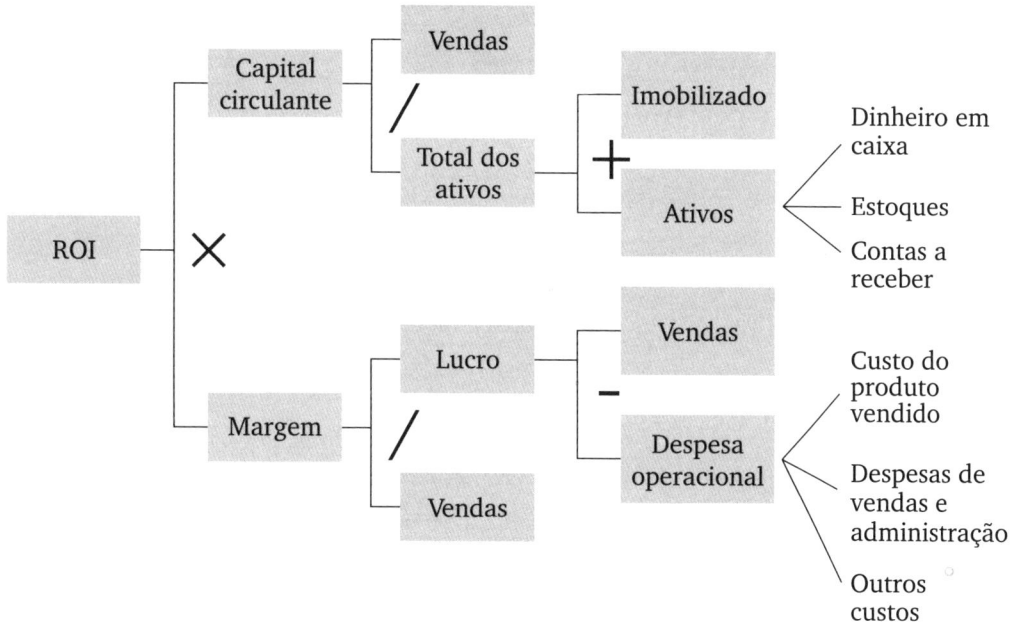

Crescimento da taxa de vendas por segmento
Faturamento
Porcentagem faturamento gerado por novos produtos, serviços, clientes
Lucratividade por clientes e linhas de produto
Faturamento/funcionário
Taxa de redução de custos
Retorno sobre investimento
Taxa de utilização dos ativos
Valor econômico agregado

Figura 10.7 Cálculo do indicador Retorno do Investimento (ROI).

Além desses objetivos, outros podem fazer parte das decisões estratégicas da organização, como aqueles relacionados à redução do impacto ambiental, seja por pressão de organismos reguladores, seja visando a maior sustentabilidade e responsabilidade social. Cada vez mais, as empresas, especialmente as grandes, têm se defrontado com esse tipo de demanda. Em tais casos, pode-se adicionar uma nova perspectiva de desempenho, de sustentabilidade ambiental e social.

Após a definição desses objetivos estratégicos e respectivos indicadores e metas, esses indicadores devem ser desdobrados para os processos de negócio e pela estrutura organizacional da empresa. Esse desdobramento é um processo de identificação daqueles processos de negócio da cadeia interna de valor da empresa que são chave, cruciais, para a melhoria de desempenho da empresa, considerando seus objetivos estratégicos e respectivos indicadores. A Figura 10.8 ilustra esse processo de desdobramento. O primeiro passo consiste em identificar os macroprocessos de negócio que são cruciais para a melhoria de desempenho. Por exemplo, uma empresa cujo objetivo estratégico é manter o segmento de mercado atual com o mesmo produto ou serviço, porém melhorado, deve focar seus esforços nos macroprocessos de desenvolvimento de produtos e produção. Já uma empresa de serviços, por exemplo de telefonia, cujo objetivo estratégico seja melhorar o nível de qualidade no atendimento ao cliente, deve focar atenção nos processos de relacionamento com o cliente.

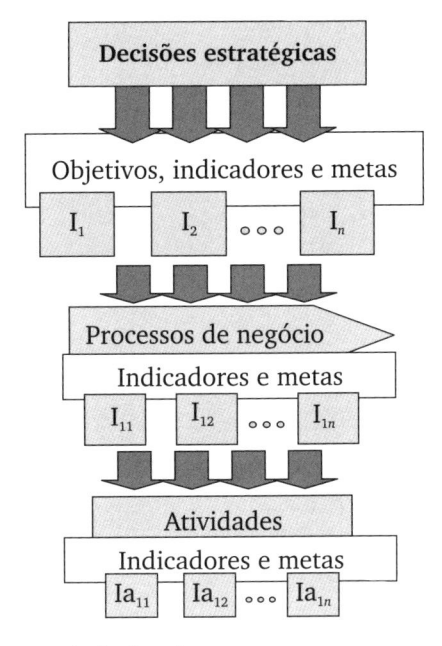

Figura 10.8 Desdobramento de indicadores para processos e atividades.

Independentemente de quais são os processos críticos, o objetivo é identificar indicadores que possam monitorar o desempenho daqueles processos e atividades que são críticos para melhorar o desempenho dos indicadores relacionados aos objetivos estratégicos. Dessa forma, identificam-se os indicadores de tendência, que são, segundo o modelo do BSC, os indicadores relacionados à perspectiva dos processos internos. Com esse desdobramento, também se responde à terceira questão do *performance prism*: Quais processos devemos melhorar para alcançar nossas estratégias?

Além dos indicadores relacionados aos processos internos, o desempenho dos fornecedores, como por exemplo qualidade, prazos e pontualidade, flexibilidade, entre outros, na maioria das vezes interfere significativamente no desempenho da empresa cliente. Especialmente em setores pouco verticalizados, fortemente baseados em cadeias produtivas, como a indústria automotiva, linha branca, eletroeletrônico, entre outros, a gestão do desempenho do fornecedor pode ser crítica para a gestão de desempenho do negócio. Por exemplo, um fabricante de máquina de lavar roupa seleciona fornecedores para fabricação e fornecimento de vários componentes. Em alguns casos, o desenvolvimento do componente é feito em conjunto. Os cabos e conexões elétricas são um exemplo. Se o componente for fabricado fora das especificações, essa falha de fornecimento pode causar vários transtornos e custos da não qualidade, como falha do produto na linha de montagem, retrabalho, falha do produto no período de garantia, insatisfação dos clientes, podendo chegar até a perda de credibilidade da marca e perda de mercado.

O mesmo é verdade para outras dimensões de desempenho, como prazo e pontualidade de entrega; sistemas de produção *just-in-time* dependem da confiabilidade da entrega dos fornecedores; o não cumprimento dos prazos acordados pode causar paradas da linha de produção da empresa cliente, gerando desperdícios de capacidade produtiva que podem comprometer as metas de vendas. Portanto, uma outra perspectiva de gestão e medição de desempenho é a dos fornecedores. Em cadeias mais complexas, como a da indústria automobilística, pode haver vários elos de fornecimento, o que torna a gestão de desempenho dos fornecedores ainda mais crucial.

Em cadeias produtivas, outros elos da cadeia também podem interferir nas metas de desempenho da empresa, vendas e reputação da marca. Por exemplo, a indústria automobilística depende da rede de concessionárias para a venda e assistência técnica pós-venda. O aumento da fatia de mercado ou cumprimento das metas de vendas das montadoras depende de vários fatores; um deles é a existência de uma rede de lojas espalhadas pelas regiões geográficas onde a montadora pretende atuar. Além disso, a existência de um serviço autorizado de assistência técnica pós-venda pode interferir na decisão de compra de uma marca de carro. E a qualidade desse serviço pode interferir na decisão de se manter fiel à marca ou mudar de marca em uma próxima compra. Uma situação um pouco parecida se aplica à rede de assistência técnica de eletrodomésticos. Portanto, o desenvolvimento da rede de distribuição e assistência técnica é fundamental para a consecução dos objetivos estratégicos da empresa. Os indicadores de desempenho dos distribuidores e assistência técnica, que por sua vez são clientes intermediários da cadeia de fornecimento, também podem ser tratados como uma perspectiva de desempenho em separado.

Tanto os fornecedores quanto os clientes intermediários são *stakeholders* que podem melhorar ou prejudicar as metas de desempenho da empresa foco. Portanto, a resposta à quinta pergunta do *performance prism* pode ajudar a identificar os indicadores relacionados às perspectivas dos fornecedores e clientes intermediários: O que nós necessitamos e queremos dos nossos *stakeholders* para manter e desenvolver nossas capacidades? Esse relacionamento entre empresa, fornecedores e clientes intermediários de uma cadeia produtiva é ilustrado na Figura 10.9.

A capacitação dos recursos humanos é outro vetor do desempenho das organizações. Daí a importância em gerenciar a capacitação dos recursos humanos e a aprendizagem organizacional, como proposto pelo *Balanced Scorecard*. O *performance prism* também procura identificar as capacidades necessárias para alcançar as estratégias. A Figura 10.9 também ilustra a relação de dependência entre a realização das operações dos processos da cadeia interna de valor e a capacitação dos recursos humanos da empresa.

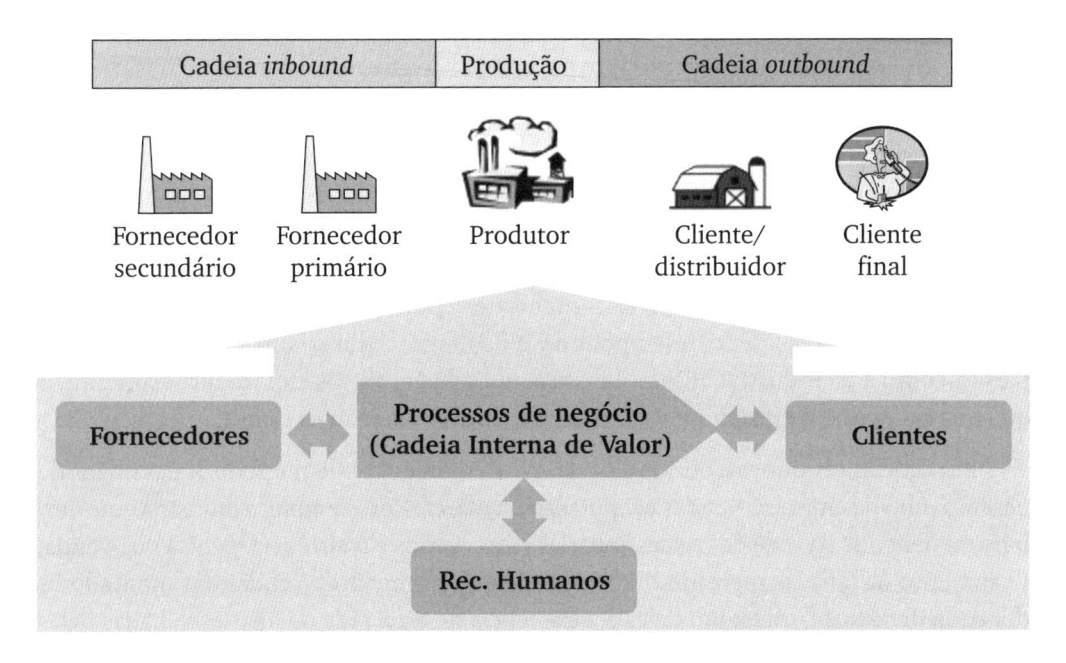

Figura 10.9 Perspectivas de desempenho de empresas inseridas em cadeias de suprimento.

Indicadores de processos normalmente usados são relacionados aos critérios de desempenho, como qualidade, entrega, flexibilidade etc. As Tabelas 10.3, 10.4, 10.5, 10.6, 10.7 e 10.8 apresentam alguns exemplos de temas para a definição de indicadores usados para avaliar o desempenho em, respectivamente, produção, desenvolvimento de produtos, fornecedores, serviços de pós-venda, recursos humanos e cadeia de fornecimento. Essas listas são bastante limitadas, já que, dependendo do setor de atuação da empresa e da situação em análise, outros indicadores podem ser definidos. Por exemplo, para uma empresa que tenha um serviço de atendimento ao cliente, como um *call center*, uma medida de qualidade de serviço seria o tempo de espera até o atendimento; ou o número de clientes em relação ao total que desistem antes de ser atendidos.

Também nesses casos, a fórmula de cálculo e os dados usados dependem da situação particular. Por exemplo, índice de refugo é a relação entre a quantidade produzida fora da especificação (e refugada) e a quantidade total produzida. Os dados para o cálculo podem ser unidades, para um fabricante de autopeças, ou unidades de peso; por exemplo, toneladas, para um fabricante de estruturas metálicas.

As Tabelas 10.3 a 10.8 apresentam de forma indistinta temas para a definição de indicadores usados em níveis de atividades e de processos de negócios; por exemplo, *lead-time* de produção é um indicador do macroprocesso de produção; já tempo de *set-up* ou tempo de parada por quebra de máquina são indicadores em nível de atividade, que podem ser agrupados em um índice geral, do processo de negócio de produção.

Tabela 10.3 Temas para indicadores usados para avaliar o desempenho da produção.

Índice de refugo do produto acabado
Estoque em processo
Giro de estoque de produto acabado
Tempo médio de *set-up*
Custo unitário de produção
Custos de *set-ups*
Acuracidade da lista de materiais
Tempo de parada por quebra
Porcentagem de retrabalho
Lead-time interno de produção
Flexibilidade de *mix* de produção
Porcentagem de refugo interno e retrabalho
Acuracidade de previsão de demanda
Dias de *back log* de pedidos (dias de espera até o pedido entrar em produção)
Pontualidade de produto despachado e entregue
Lead-time comercial, de produção e entrega
Acuracidade de despacho e entrega
Nível de estoque de produto acabado
Porcentagem de atendimento de pedidos completos

Tabela 10.4 Temas para indicadores de gestão de desenvolvimento de produto.

Time-to-market

Time-to-first-make

Custo de desenvolvimento de produto

Grau de inovação de produtos

Qualidade de projeto de produto

Porcentagem de vendas de novos produtos

Porcentagem de produtos representando X% das vendas

Tabela 10.5 Temas para indicadores de gestão de fornecimento.

Tempo de reposição de materiais e componentes

Desempenho de entrega do fornecedor (prazo e pontualidade)

Acuracidade de reposição de estoque

Qualidade dos materiais e componentes fornecidos

Índice geral de qualidade do fornecedor

Falta de materiais e componentes

Desempenho de expedição dos fornecedores

Porcentagem de fornecedores compartilhando previsões

Porcentagem de fornecimento em *Eletronic Data Inventory* ou Internet

Desempenho de fornecimento em *Vendor Management Inventory*

Custos de aquisição

Lead-time de aquisição

Acuracidade da atividade de compra

Tabela 10.6 Temas para indicadores de gestão de serviços de pós-venda.

> Porcentagem de resolução de problemas na primeira chamada
>
> Porcentagem de retorno de clientes com problemas
>
> Tempo de resolução de problemas
>
> Serviços em atraso
>
> Custos dos serviços de reparo em garantia

Tabela 10.7 Temas para indicadores de gestão de recursos humanos.

> Satisfação dos funcionários
>
> Retenção dos funcionários
>
> Produtividade dos funcionários
>
> Clima para ação
>
> Competências dos funcionários
>
> Horas de treinamento
>
> Nível de formação do pessoal
>
> Quantidade de sugestões implementadas
>
> Dias sem acidentes de trabalho

Tabela 10.8 Temas para indicadores de gestão da cadeia de fornecimento.

> Disponibilidade do produto no ponto de consumo
>
> Custos totais da cadeia
>
> Estoque total da cadeia
>
> Estoque nos canais de distribuição
>
> Porcentagem de transações em EDI
>
> Porcentagem de abastecimento em VMI
>
> Porcentagem de fornecedores/clientes compartilhando previsões
>
> Porcentagem de parceiros em ESI
>
> Flexibilidade da cadeia

Para o projeto conceitual do sistema de medição de desempenho, além da definição de indicadores por meio do desdobramento das decisões e objetivos estratégicos pelos processos de negócio críticos para a consecução desses objetivos, também é importante a particularização dos indicadores em função da estrutura organizacional da empresa. Para pequenas empresas, em que existam pouca divisão funcional e poucos níveis hierárquicos, essa segmentação pode não ser necessária. Mas para grandes empresas, a definição dos indicadores das diferentes áreas funcionais, em diferentes níveis hierárquicos, e também a complementaridade entre esses índices, é parte fundamental para a estruturação do sistema. A Figura 10.10 ilustra essa ideia, segmentando os indicadores em áreas funcionais (por exemplo, industrial, marketing etc.) e relacionando os indicadores de macroprocessos com os níveis gerenciais da estrutura organizacional, e os indicadores de processos e atividades com níveis inferiores da hierarquia. Por exemplo, os indicadores de tempo de *set-up* e tempo de quebra de máquina são indicadores da função produção, de responsabilidade do gerente de produção. Já o indicador *lead-time* de produção é um indicador do nível do diretor industrial; dependendo da situação, o *lead-time* de produção depende também do *lead-time* de aquisição, que por sua vez seria um indicador do gerente de compras. E o *lead-time* de atendimento de pedido pode ser que inclua o *lead-time* comercial, que por sua vez seria um indicador do diretor comercial. Portanto, assim como é preciso vincular à estrutura funcional os processos de negócio e atividades da cadeia interna de valor, também neste caso é preciso vincular os indicadores do sistema de medição de desempenho à estrutura funcional da organização.

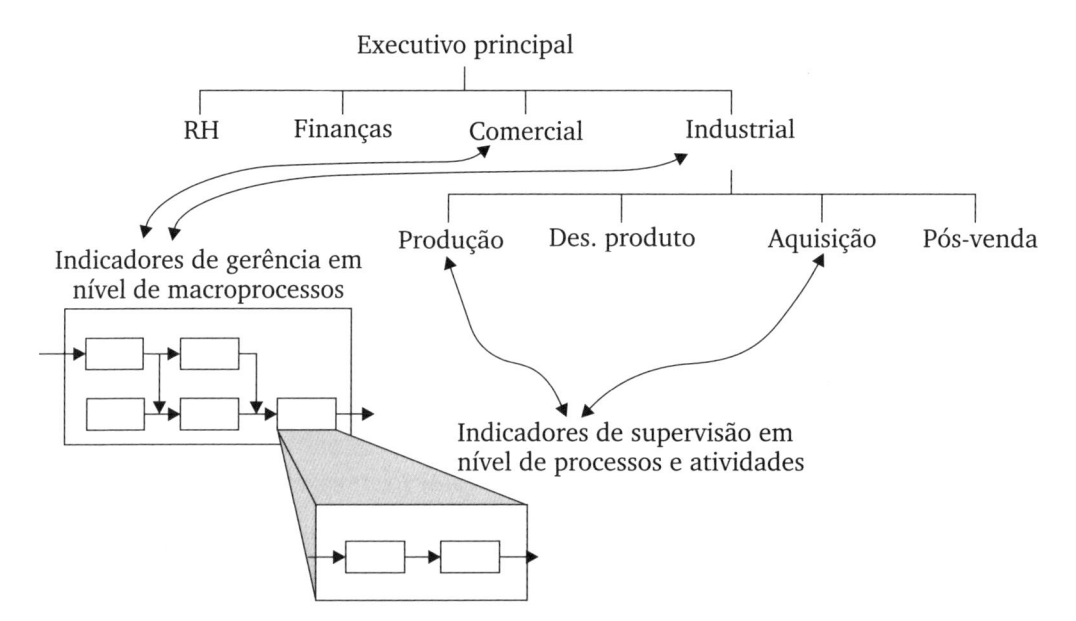

Figura 10.10 Definição dos indicadores das diferentes áreas e níveis funcionais.

Por último, após a definição do conjunto de indicadores que constituem o sistema de medição de desempenho, esses indicadores precisam ser detalhados. O detalhamento do indicador consiste na definição de:

- fórmula de cálculo: um indicador não existe sem uma fórmula de cálculo ou uma explicação da forma de cálculo. Por exemplo, o *lead-time* de produção é calculado como a diferença, em unidade de tempo, entre o instante em que a produção de um produto é disparada e o instante em que o produto é liberado para expedição;

- dados básicos: dados que são usados para o cálculo: no exemplo do *lead-time*, os dados seriam dia-hora-minuto de apontamento;

- unidade de medição: se o indicador for dimensional, a unidade de medição; no exemplo do *lead-time*, dependendo do produto, o *lead-time* pode ser medido em minutos, horas ou dias;

- frequência de medição: dependendo do indicador e do produto, pode ser com frequência definida; por exemplo, mensal, bimensal; ou com frequência variável;

- formato de exibição dos resultados: de modo geral, devem-se exibir os resultados em formato gráfico; podendo ser gráfico de linha ou de barra;

- responsável pela coleta de dados e cálculo do indicador: a responsabilidade pela coleta de dados e cálculo do indicador precisa ser definida, para que o indicador não deixe de ser calculado;

- responsável pela análise e comunicação dos resultados: como dito inicialmente, a medição de desempenho não é um fim, mas um meio para se atingir objetivos traçados. Daí a importância em se definir claramente quem será responsável pela tomada de ação a partir da análise e discussão dos resultados evidenciados pelos indicadores;

- distribuição da informação: como garantir que a informação chegue aos funcionários responsáveis pela análise e comunicação dos resultados.

A Tabela 10.9 sumariza as principais diretrizes discutidas nesta seção para o projeto conceitual do sistema de medição de desempenho.

Tabela 10.9 **Diretrizes gerais para o projeto conceitual de sistema de medição de desempenho.**

Diretriz	Explicação
Definição de indicadores de resultados a partir de objetivos estratégicos	Os objetivos estratégicos da organização devem ser explicitados por meio de indicadores de resultados e respectivas metas. Normalmente, os objetivos estratégicos incluem temas relacionados a participação no mercado e resultados financeiros. Outros objetivos, relacionados a sustentabilidade ambiental e responsabilidade social estão se tornando cada vez mais frequentes, especialmente em grandes organizações.
Desdobramento de indicadores de resultados em indicadores de processos internos	O desempenho medido pelos indicadores de resultados depende do desempenho de alguns processos de negócio considerados críticos. Análise das relações de causa e efeito entre resultados e processos internos deve ser feita para identificar indicadores de processo em dimensões em que uma melhoria de desempenho sinalize uma tendência de melhoria de resultados.
Desdobramento de indicadores de resultados e processos internos para os fornecedores e clientes intermediários	Em setores industriais organizados em cadeias produtivas, os fornecedores e clientes intermediários realizam atividades que podem melhorar ou prejudicar as metas de desempenho da empresa foco. Daí a importância em identificar indicadores que possam monitorar o desempenho de clientes intermediários e fornecedores.
Desdobramento de indicadores de resultados e processos em indicadores de gestão de recursos humanos	A realização dos processos da cadeia interna de valor do ciclo de vida do produto depende essencialmente da capacitação organizacional e dos recursos humanos. Indicadores podem auxiliar a empresa a direcionar e monitorar seus esforços de capacitação e gestão dos recursos humanos.
Organização dos indicadores em perspectivas de medição de desempenho	As perspectivas de medição de desempenho são os grandes temas de gestão de desempenho relacionados aos objetivos estratégicos da organização. A definição de perspectivas não só ajuda no processo de análise para desdobramento dos indicadores, mas também facilita a comunicação aos membros da organização sobre os grandes temas de gestão de desempenho.
Atribuição dos indicadores às áreas funcionais e desdobramento dos indicadores pelos níveis funcionais	Especialmente para grandes empresas, é preciso vincular os indicadores do sistema de medição de desempenho, focados em processos e atividades, à estrutura funcional da organização, delegando responsabilidades.
Detalhamento dos indicadores de desempenho	Os indicadores não serão indicadores se não tiverem uma fórmula ou uma forma precisa de cálculo, com dados específicos, unidade e frequência de medição. O esforço de medição será inútil se não forem definidas as responsabilidades, por coleta, distribuição da informação e análise do desempenho.

10.5 Sistema informatizado de medição de desempenho

O projeto conceitual de sistema de medição de desempenho precisa ser implementado para que ele possa ser usado para a análise das informações e tomada de decisão. A crescente informatização das atividades de gestão empresarial vem possibilitando, cada vez mais, o uso de tecnologias de informação para a implementação do projeto conceitual de um sistema de medição de desempenho.

Um sistema informatizado de medição de desempenho é um tipo de Sistema de Informação Gerencial (SIG), cujo objetivo principal é disponibilizar aos gestores informações precisas necessárias para a tomada de decisão.

Os requisitos básicos de um sistema informatizado de medição de desempenho são:

- *coleta de dados*: envolve o acesso a informações relevantes na empresa, provenientes de bancos de dados, sistemas transacionais e questionários, abordando tanto informações internas como externas relevantes ao processo de medição de desempenho adotado pela empresa;
- *análise dos dados e indicadores*: corresponde à análise das informações obtidas a partir da coleta de informações, calculando indicadores e fazendo análises estatísticas, buscando padrões, tendências, e comparando essas informações com padrões de desempenho estabelecidos pela empresa, a partir de suas metas;
- *comunicação para tomada de decisão*: de acordo com os resultados das análises, esses resultados e outras informações devem ser comunicados aos responsáveis pelos processos e áreas funcionais, para que as ações pertinentes sejam iniciadas;
- *aprendizado*: as informações relevantes sobre o processo de gestão de desempenho, bem como do processo de medição em si, devem ser registradas e disponibilizadas para o aprendizado organizacional.

A implementação de um sistema informatizado de medição de desempenho pode ser feita de forma muito simples, utilizando recursos básicos de informática, como planilhas eletrônicas. Ou pode resultar em um sistema com várias funcionalidades, baseadas no uso de várias tecnologias de informação. A definição dessas funcionalidades depende basicamente dos recursos já existentes em termos de tecnologia de informação usada na gestão empresarial. A seguir, são apresentadas algumas funcionalidades e tecnologias que podem ser utilizadas para atender aos requisitos básicos de um sistema de medição de desempenho. Mais detalhes são apresentados por Buosi (2002).

Coleta de dados

A coleta de dados pode ser feita por meio de aplicativos que extraiam os dados de uma base de dados local ou de uma base de dados de um sistema corporativo ou utilizando uma base de dados não operacional chamada genericamente de *Data Warehouse* (DW). Alguns sistemas comerciais chamam seus sistemas de informações gerenciais de *Business Inteligence*. Diferentemente dos bancos de dados operacionais, o *Data Warehouse* é um banco de dados que armazena dados históricos sobre temas específicos da empresa e de interesse de seus diversos usuários. Além do banco de dados propriamente dito, várias ferramentas são usadas em conjunto, para extração de dados, análises, geração de relatórios, entre outros.

Análise de dados e indicadores

A análise dos dados inclui a geração de gráficos e relatórios dos indicadores calculados a partir dos dados extraídos da base de dados. Sistemas mais complexos utilizam ferramentas usadas em conjunto com DW, como:

- *ferramentas para o gerenciamento de consultas*: fazem consultas e geram relatórios retirados do DW, apresentando-os em formato apropriado;
- *ferramentas para gerenciamento de relatórios*: semelhantes às ferramentas do item anterior, porém voltadas para a geração de relatórios mais complexos contendo relatórios sintéticos e analíticos em conjunto, gráficos e outros recursos;
- *OLAP (On Line Analytical Process)*: é uma ferramenta utilizada para análise de dados extraídos do DW. A análise é personalizada, para cada tipo de negócio ou questão elaborada, e o processo de consulta é interativo, possibilitando ao usuário analisar resultados e descobrir padrões e tendências não explícitos;
- *Data Mining*: a tecnologia *Data Mining* utiliza ferramentas *automatizadas* para a análise de padrões, tendências e relacionamentos em dados num DW. Os *softwares* de *Data Mining* pesquisam grandes volumes de dados, procurando características interessantes ou padrões que permitam prever comportamentos e prospectos em relação a certos eventos. Eles utilizam técnicas sofisticadas como redes neurais, diferentes tipos de algoritmos, clusterização, entre outras, para descobrir relacionamentos ocultos entre os dados.

Comunicação para a tomada de decisão

Os recursos e funcionalidades do sistema para a comunicação, tomada de decisão e ações de melhoria e mudança podem incluir:

- definição do perfil de acesso à informação em função do usuário, perfil funcional e nível hierárquico;
- painel de controle do sistema de medição de desempenho, para visualização do conjunto de indicadores do sistema. Uma solução mais sofisticada pode permitir a configuração do painel de controle de acordo com a função do perfil de acesso;
- interação com outros aplicativos de apresentação de resultados;
- emissão de relatórios configurados de acordo com o perfil do usuário;
- envio de mensagens com conteúdo configurável;
- agendamento de reuniões de revisão de progresso;
- registro de ações em andamento, com cronograma de atividades e informações relacionadas. Acesso controlado e *online* a cronogramas e outros dados sobre atividades em andamento.

Aprendizado

Finalmente, o sistema pode incluir um mecanismo de registro das ações realizadas, com relatório de resultados atingidos e outras informações pertinentes. Um mecanismo de busca a banco de dados convencional pode permitir a recuperação do histórico de ações realizadas no processo de medição e gestão de desempenho. Soluções mais sofisticadas podem incluir ferramentas e conceitos específicos de sistemas de gestão do conhecimento.

10.6 Uso e revisão do sistema de medição de desempenho

A eficácia de um sistema de medição de desempenho depende muito da maturidade da organização em relação à prática de gestão de desempenho por meio de um sistema de medição de desempenho. Mas depende também de quanto o sistema de medição de desempenho, devido às suas funcionalidades, motiva ou desmotiva a empresa a adotar essa prática. Portanto, o projeto e a implementação de um sistema de medição de desempenho devem passar por revisões periódicas para:

- incorporação ou exclusão de funcionalidades, de forma a tornar o sistema mais amigável, contribuindo assim para a adoção do sistema como uma ferramenta gerencial;
- correção de erros percebidos durante o uso;
- incorporação de melhorias decorrentes do amadurecimento da empresa com essa prática.

Essas e outras questões são discutidas em mais detalhes por Neely (2005).

Leitura complementar

BUOSI, T. *Sistemas computacionais de suporte à medição de desempenho*: proposição de critérios para análise, comparação e aquisição de sistemas. 2002. Dissertação (Mestrado) – Escola de Engenharia de São Carlos, Universidade de São Paulo, São Carlos.

KAPLAN, R.; NORTON, D. *A estratégia em ação*. Rio de Janeiro: Campus, 1997.

_____. *Mapas estratégicos*. Rio de Janeiro: Campus, 2004.

MOREIRA, D. *Medida da produtividade na empresa moderna*. São Paulo: Pioneira, 1991.

NEELY, A. The evolution of performance measurement research – developments in the last de cade and agenda for the nest. Int. *Journal of Operations and Production Management*, v. 25, nº 12, p. 1264-1277, 2005.

_____. A. *Business performance measurement*. Cambridge, USA: Cambridge University Press, 2007.

Questões

1. Qual o propósito da medição de desempenho?
2. Quais as definições de eficácia e eficiência?
3. O que são indicadores de resultado e de tendência? Cite exemplos.
4. Qual é o conceito de produtividade? Como ele se diferencia de eficiência? Quais os cuidados que se devem tomar ao analisar a produtividade de um sistema produtivo?
5. Quais os modelos de sistema de medição de desempenho mais discutidos e aplicados? Quais as características básicas desses modelos?
6. Quais as diretrizes básicas para o projeto conceitual de um sistema de medição de desempenho?
7. Quais os requisitos básicos de um sistema informatizado de medição de desempenho?

Benchmarking 11

11.1 Conceituação

Desde os primórdios, o homem tem se valido da experiência alheia na realização de atividades para, por meio da comparação ou cópia, aprender como realizar tais atividades com melhores resultados. Essa natureza humana também se manifesta no contexto de negócios. Num mercado competitivo, um dos motores da melhoria é a comparação que empresas fazem com seus concorrentes. Também não é recente a busca de boas ideias para o seu negócio em contextos completamente diferentes. Um exemplo bastante citado é o de Taiichi Ono, da Toyota, que usou o supermercado como referência para aprimorar seu sistema de reposição de estoques.

Apesar da antiguidade dessa prática, ela só foi denominada *benchmarking* e formalizada como uma prática gerencial no final dos anos 1980. O primeiro livro sobre o tema, escrito por Robert Camp, data de 1989, e relata a experiência do autor na Xerox Corporation, nos EUA. Nesse livro, Camp define *benchmarking* como "a busca pelas melhores práticas que levarão a um desempenho superior". Ou seja, por meio de *benchmarking*, objetiva-se identificar e incorporar as melhores práticas, em um ambiente constantemente evolutivo. A Fundação Nacional da Qualidade (FNQ) define *benchmarking* como:

> "Método para comparar desempenho de algum processo, prática de gestão ou produto da organização com o de um processo, prática ou produto similar, que esteja sendo executado de maneira mais eficaz e eficiente, na própria ou em outra organização, entender as razões do desempenho superior, adaptar à realidade da organização e implementar melhorias significativas."

O termo *benchmarking* é normalmente usado sem tradução, ainda que uma possível tradução, não literal, seria "avaliação competitiva". Esse termo foi apropriado pela área de gestão de negócios a partir do paralelo estabelecido com o processo de definição de uma referência geográfica, ou *benchmark*, em estudos de topografia e demarcação geográfica. Possivelmente, o conceito de *benchmarking* foi desenvolvido a partir dos japoneses, que usavam o termo *dantotsu*, que significa se esforçar para ser o melhor dos melhores. A primeira empresa ocidental a adotar essa prática foi a Xerox, que comparou seus produtos e processos das fábricas americanas com a empresa japonesa Fuji-Xerox, pertencente ao grupo, e posteriormente com outras empresas japonesas concorrentes.

O sucesso da aplicação do *benchmarking* depende da existência de algumas suposições e pré-condições. Primeiramente, deve haver também reconhecimento e aceitação de que existem lições a serem aprendidas a partir da experiência de terceiros que podem levar à melhoria de desempenho. Outra pré-condição é a existência de potenciais parceiros de *benchmarking* ou no mínimo a percepção de possibilidade de acesso à experiência de terceiros, considerados referência. Por último, é fundamental que haja respeito e ética profissional na condução de projetos de *benchmarking*; caso contrário, a falta de confiança comprometerá definitivamente qualquer iniciativa futura. Outros condicionantes da prática do *benchmarking* estão relacionados à capacitação da empresa para conduzir projetos de melhoria, como cultura de melhoria contínua, abordagem científica, visão de processos, comprometimento, liderança, entre outros.

Existem vários tipos de *benchmarking*, que podem ser classificados quanto ao objeto de estudo e quanto à natureza do parceiro. Quanto ao objeto de estudo, existem dois tipos fundamentais: *benchmarking* de produto ou processo, como descrito a seguir:

- *benchmarking* de produto: é o tipo de *benchmarking* mais praticado. A prática do *benchmarking* começou com *benchmarking* de produto. A prática mais comum é as empresas fazerem *benchmarking* sem declarar que o fazem. Essa prática de analisar o produto do concorrente e incorporar conceitos, soluções e tecnologias dos concorrentes é limitada pelas proteções legais das patentes. Mas o esforço de dissecar o produto do concorrente e por meio de uma engenharia reversa reproduzir os atributos do produto concorrente é, na maioria das vezes, limitado pela falta de conhecimento sobre as tecnologias dos processos de fabricação;

- *benchmarking* de processo: quando o objeto de estudo é o "como fazer", o *benchmarking* é classificado como de processo, e inclui processos produtivos e de gestão. Algumas classificações diferenciam *benchmarking* de processo e *benchmarking* estratégico. O *benchmarking* de processo, especialmente processos de gestão e estratégico, se tornou mais comum a partir da formalização do *benchmarking* como prática gerencial.

Outra classificação para diferenciar os tipos de *benchmarking* é quanto à natureza do parceiro, que pode ser: interno, concorrente direto, do mesmo setor ou de setores distintos, como segue:

- *benchmarking* interno: cada vez mais comum em grandes corporações. Por meio da Intranet da empresa, as diferentes unidades distribuídas geograficamente disponibilizam as informações relacionadas a suas melhores práticas, os *benchmarks* da organização. É um tipo de *benchmarking* de processo que pode ser relacionado a processos produtivos ou de gestão de unidades de negócio diferentes. Os responsáveis pelas melhores práticas são estimulados a disponibilizar as informações sobre como se conseguiu obter resultados superiores. As facilidades de troca de informações, o dever de compartilhar as melhores práticas e o baixo custo associado a essas práticas tornam esse tipo de *benchmarking* mais viável e mais eficaz;

- *benchmarking* competitivo: quando a comparação é com um concorrente direto, denomina-se *benchmarking* competitivo. O *benchmarking* competitivo é desenvolvido com o objetivo de comparar o desempenho da empresa em relação aos seus competidores. Nesse tipo de *benchmarking*, comparam-se produtos, processos produtivos e de gestão. Apesar de empresas concorrentes fazerem a comparação de produtos, serviços, preços e outras informações para lançar estratégias competitivas, a realização de projetos de *benchmarking* em que haja uma relação de cooperação e compartilhamento de informação sobre melhores práticas é muito difícil de acontecer, pelo fato de as empresas perceberem essa troca de experiência como uma ameaça à sua sobrevivência;

- *benchmarking* funcional: quando a comparação é com empresas do mesmo setor mas não concorrentes, denomina-se *benchmarking* funcional. Nesse caso, o objetivo é comparar processos produtivos e de gestão similares. Esse tipo de *benchmarking* também é bastante viável. Por exemplo, empresas fabricantes de autopeças, não concorrentes mas pertencentes à mesma cadeia produtiva, podem estabelecer uma parceria para trocar experiências sobre práticas de desenvolvimento de fornecedores, capacitação de pessoas ou projetos de melhoria Seis Sigma. Nesse tipo de *benchmarking*, não é difícil encontrar potenciais parceiros, mas os projetos são mais pontuais, menos sistemáticos, que no caso de *benchmarking* interno;

- *benchmarking* genérico: é aquele em que empresas de setores de atuação distintas fazem comparações e trocam experiências sobre processos de suporte. Por exemplo, uma indústria pode trocar experiência com um banco no que se refere à gestão de recursos humanos ou sobre gestão de informação.

11.2 Processo de *benchmarking*

Independentemente do tipo de *benchmarking*, o processo de realização de *benchmarking* começa com a identificação da necessidade de melhoria e a decisão pela condução de *benchmarking* como caminho a seguir. A partir daí, o processo de *benchmarking* inclui basicamente os passos a seguir (ilustrados na Figura 11.1):

- **conhecer objeto de estudo (produto ou processo):** nesta etapa, o objetivo é levantar todas as informações sobre o produto ou processo com vistas à comparação com outros. Para isso, podem ser coletadas informações sobre desempenho, com dados quantitativos ou qualitativos, sobre como as atividades são realizadas e problemas existentes. Quanto maior o conhecimento sobre o produto ou processo e suas limitações, melhor será a capacidade da equipe em explorar o parceiro de *benchmarking*;

- **identificar fontes de informação e parceiros de *benchmarking*:** nesta etapa, o objetivo é identificar fontes de informação sobre desempenho de produtos ou processos que sirvam como comparativo e fontes de informação sobre possíveis parceiros. As fontes de informação podem ser: literatura especializada; serviços prestados por entidades setoriais; seminários e serviços de *benchmarking* oferecidos por empresas ou associações. Atualmente, existem vários serviços de *benchmarking* disponíveis pela Internet, como apresentado a seguir;

- **fazer comparações e trocar experiências:** nesta etapa, o objetivo é conhecer a prática, processos e produtos do parceiro, com o objetivo principal de identificar o que o parceiro faz de diferente que se julgue como uma melhoria do produto ou processo e que possa ser apropriado;

- **definir ações, planejar, implementar e rever progresso:** nesta última etapa, o objetivo é realizar a melhoria com base na experiência trazida do parceiro. Envolve planejamento, implementação e revisão de progresso.

1	2	3	4
Conhecer objeto de estudo	Identificar fontes de informação e parceiros	Fazer comparações e trocar experiências	Definir ações, implementar e rever progresso

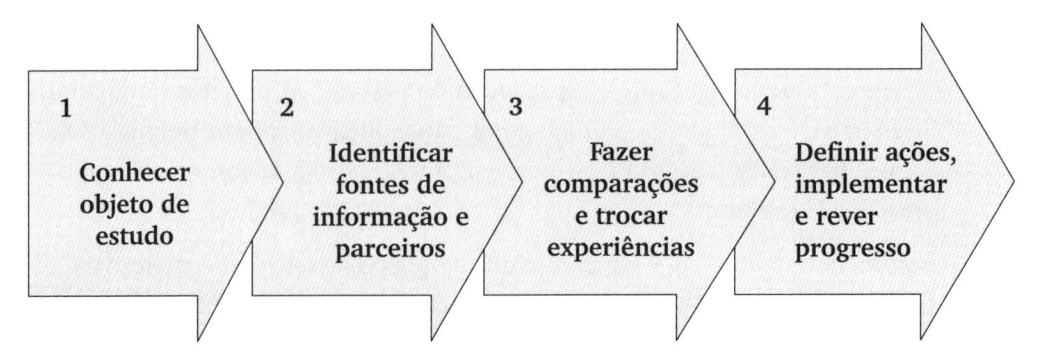

Figura 11.1 Passos básicos para a realização de um estudo de *benchmarking*.

Apesar de essas etapas serem requeridas para a realização de um projeto de *benchmarking*, o rigor e formalismo com que cada uma delas é desenvolvida são bastante variáveis. Por exemplo, dependendo do tipo de *benchmarking*, a identificação do objeto de melhoria, fontes de informação e parceiros podem ser bastante imediatos, dispensando maiores formalismos do método. Além disso, muitas vezes o *benchmarking* acontece de forma acidental, não planejada. Por exemplo, pode acontecer de uma ação de melhoria de um produto ou processo ser concebida a partir de uma troca de informação casual, com um cliente, um fornecedor, ou mesmo com um colega de profissão. Portanto, muitas melhorias decorrentes de *benchmarking* podem não ter seguido esse roteiro.

11.3 Fontes de informação de *benchmarking*

Além das fontes tradicionais de informação, como literatura especializada e levantamentos e estudos realizados por entidades setoriais, a Internet é cada vez mais uma grande fonte de informações. Em particular, com a expansão dos serviços oferecidos pela Internet, surgiram também vários *websites* que oferecem serviços que possibilitam troca de informações e compartilhamento de melhores práticas. Uma pesquisa realizada em 2001 por pesquisadores da Nova Zelândia[1] identificou cerca de 200 desses *websites*. De modo geral, esses *sites* são mantidos por associações profissionais, entidades sem fins lucrativos ou empresas. Essas entidades, a maioria americana, normalmente disponibilizam em seus *sites* bases de dados de melhores práticas. Elas também oferecem treinamento, material bibliográfico, serviços de comparação de desempenho entre empresas, por meio de indicadores de desempenho comuns ou diagnóstico de melhores práticas; algumas delas também disponibilizam serviços de intermediação no estabelecimento de relacionamentos de parcerias entre empresas. As entidades mais conhecidas e seus *sites* são apresentados na Tabela 11.1.

Tabela 11.1 Entidades internacionais prestadoras de serviços de *benchmarking*.

Entidade	Site
Best Manufacturing Practice	<www.bmpcoe.org/index.html>
American Productivity and Quality Center	<www.apqc.org/portal/apqc/site>
Agile Manufacturing Benchmarking Consortium	*<www.ambcbenchmarking.org/>*
The Benchmarking Exchange	<www.benchnet.com/>
Best Practice LLC	*<www.best-in-class.com/>*
The Benchmarking Network	*<www.benchmarkingnetwork.com>*
Supply Chain Council	<www.supply-chain.org/>

---

[1] WELCH & MANN, 2001, p. 431-452.

Além desses serviços internacionais, existem outros programas, brasileiros ou internacionais, praticados no Brasil. Um deles é o prêmio *International Best Factory/Best Service Award* – IBFA/IBSA. A premiação, criada pela Cranfield School of Management, na Inglaterra, baseia-se em uma metodologia que inclui questionários de avaliação, com perguntas sobre todas as áreas das empresas participantes, seguida da escolha de três empresas por categoria para serem visitadas por auditores, para escolher a melhor de cada categoria. Ao final da primeira avaliação, é apresentado um relatório que permite às empresas comparar sua posição em cada critério avaliado frente às outras empresas participantes de seu segmento, em todos os países que integram o programa, as quais não têm seus nomes revelados. Dessa forma, as empresas podem identificar seus pontos fortes e fracos e adotar estratégias de correção e manutenção baseadas nas melhores práticas do mercado. Essa premiação foi feita também no Brasil em 2005, mas não houve continuidade em anos seguintes.

Outro programa é o de Melhores Práticas para a Excelência Industrial, desenvolvido e coordenado pelo Instituto Euvaldo Lodi (IEL), para difundir práticas de avaliação e disseminar melhores práticas empresariais, por meio da formação de uma rede nacional de *Benchmarking* (Portal Rede Benchmarking: <www.portalbmk.org.br/publico/programa.php>) em parceria com instituições de pesquisa e desenvolvimento. O programa tem como parceiros a FINEP, a Universidade Federal de Santa Catarina e as instituições multiplicadoras. As instituições multiplicadoras estão espalhadas pelo Brasil, sendo que no Estado de São Paulo são: Unicamp, Fundação Vanzolini, CENPRA e Instituto de Pesquisas Tecnológicas.

A Fundação Nacional para a Qualidade também disponibiliza, desde 2006, um banco de dados com relatos de práticas em diversas áreas de gestão de empresas de classe mundial. A lista de relatos de práticas existentes e uma breve descrição são de livre acesso na página do FNQ. Para ter acesso ao caso completo, é necessário ser membro da FNQ, o que implica em uma contribuição anual.

11.4 Indicadores e melhores práticas

Na etapa de comparação e troca de experiências, o *benchmarking* pode ser feito de forma bastante subjetiva, simplesmente por meio da análise das práticas das outras empresas e troca de informações sobre essas práticas. No entanto, uma forma mais objetiva de fazer comparações é por meio de indicadores de desempenho. Por exemplo, uma empresa pode ter interesse em comparar um indicador de rotatividade de mão de obra com empresas do mesmo setor e região geográfica. Várias são as possibilidades de comparação, seja relacionada à atividade de produção – por exemplo, produtividade da mão de obra –, ou a atividades de suporte – por exemplo, consumo de energia por funcionário administrativo.

Independentemente do indicador usado, a comparação pode ser feita utilizando uma escala normalizada. Por exemplo, se a produtividade da mão de obra da empresa A é 15, da empresa B é 13 e da C é 20, podem-se normalizar todos pelo maior (dividindo todos pelo maior, no caso 20). Então, o índice de produtividade relativa entre as empresas seria de 0,75, 0,65 e 1, respectivamente para as empresas A, B e C. Com isso, evita-se a divulgação de indicadores com números absolutos, que contenham a informação sobre o desempenho da empresa. Essa transformação dos indicadores pode ser feita por meio de uma base de dados em que as empresas participantes de um estudo comparativo de desempenho forneçam dados sobre os indicadores preestabelecidos.

A partir da comparação do seu desempenho com as demais empresas participantes da base, pode-se perceber a necessidade de se analisar com mais cuidado por que a empresa vem desempenhando abaixo da média, em relação a outras empresas. No entanto, para que essas bases de dados se tornem viáveis, elas devem atender a uma série de requisitos, como discutido a seguir.

11.5 Bases de dados de *benchmarking*

As bases de dados de *benchmarking* normalmente disponibilizam informações sobre melhores práticas, na forma de relatos de experiências bem-sucedidas, e os resultados obtidos com a aplicação de alguma técnica ou desenvolvimento de alguma atividade de forma inovadora. Outra utilização de bases de dados, como dito na seção anterior, é para comparação entre empresas por meio de indicadores de desempenho. Nesse caso, as empresas devem carregar na base de dados os seus níveis de desempenho segundo os indicadores comuns adotados para comparação. De modo geral, as bases de dados de *benchmarking* devem atender aos seguintes requisitos:

Acesso

- ser acessado remotamente;
- prover segurança às empresas que alimentarem o sistema com suas informações;
- permitir o acesso somente a usuários previamente cadastrados;
- proporcionar acesso diferenciado a outras instituições.

Dados

- permitir o armazenamento e a recuperação de informações tanto sobre o desempenho das empresas, como de seus relatos de boas práticas;
- armazenar histórico de desempenho.

Relatórios

- possibilitar que sejam levantadas as causas (prováveis) de melhor desempenho das empresas;
- possibilitar maior aprofundamento no estudo de *benchmarking*, além das informações contidas na base de dados;
- permitir que os relatórios sejam configuráveis;
- omitir o nome das empresas nos relatórios quando elas decidirem por isso (relatórios anônimos);
- permitir selecionar o tipo de empresa sobre o qual se deseja obter informações;
- vedar a consulta a informações alheias às empresas que não disponibilizaram seus dados na base.

Flexibilidade de aplicações

- permitir cadastro de novos indicadores ainda não previstos;
- permitir que se definam indicadores que resultam de uma operação matemática entre outros dois ou mais indicadores;
- permitir que se definam indicadores que resultam de uma operação matemática entre indicadores de períodos diferentes.

Uma base de dados com essas características foi desenvolvida em uma dissertação de mestrado (OIKO, 2007), para aplicações em arranjos produtivos locais (APL).

11.6 Aspectos legais do *benchmarking*

Uma das grandes dificuldades na realização de *benchmarking* está relacionada ao receio de a prática ultrapassar os limites do ético e do legal, ou mesmo de prejudicar sigilo industrial e interesses comerciais. É comum que as empresas que detêm tecnologias inovadoras de produto e processo usem, além de patentes, termos de confidencialidade na contratação de funcionários e regras de conduta que protejam segredos industriais e preservem os interesses comerciais. É natural que essas empresas não participem de projetos de *benchmarking*.

A ilegalidade na realização do *benchmarking* pode acontecer, por exemplo, se alguma empresa, por meio dessa prática, incorporar aos seus produtos inovações protegidas por patente industrial ou informações protegidas por algum mecanismo de sigilo. É possível, mas improvável, pois empresas sérias desenvolvem suas próprias patentes e dificilmente agiriam de forma a desrespeitar essas leis. Já as empresas interessadas em produzir e comercializar produtos pirateados fazem e vão continuar a fazer cópia ilegal não por meio de *benchmarking*, mas usando meios escusos. No caso de quebra de sigilo, por mais que as empresas se protejam, é muito complicado coibir totalmente a chance de acontecer. Mas isso também não tem nada a ver com a prática de *benchmarking*. O mesmo se aplica a práticas que violem propriedade intelectual. De qualquer forma, no desenvolvimento de projetos de *benchmarking*, para evitar ações pela infração da lei comum, é necessário estar atento às circunstâncias em que a propriedade intelectual deva ser respeitada.

Outra possível ilegalidade indevidamente associada à prática de *benchmarking* pode ocorrer se a troca de informações ferir a livre concorrência ou leis antitruste: troca de informações com concorrentes diretos ou potenciais sobre preços, custo, investimento, estratégias de mercado, descontos, faturamento, especialmente quando o mercado é oligopolista ou com poucos compradores. Na Comunidade Europeia, o Tratado de Roma, no artigo 81, cuida da troca de informações e considera nulos os acordos potencialmente prejudiciais à concorrência. No Brasil, o Sistema Brasileiro de Defesa da Concorrência (SBDC), composto pela Secretaria de Acompanhamento Econômico (SEAE), vinculada ao Ministério da Fazenda, pela Secretaria de Direito Econômico (SDE) e pelo Conselho Administrativo de Defesa Econômica (CADE), ambos vinculados ao Ministério da Justiça, é o órgão responsável pela regulação do mercado. A Lei Antitruste brasileira (Lei nº 8.884/94, em seu artigo 21) determina as condutas que caracterizam infração da ordem econômica.

Mas é importante frisar que troca de informações sobre mercado para a formação de cartel não tem nada a ver com *benchmarking*. *Benchmarking* consiste na troca de informação e conhecimento considerado de domínio público. Mas é claro que, mesmo considerando a troca de informações não protegidas por lei, é importante que haja um código de conduta que estabeleça o compromisso das partes interessadas, especialmente relacionado à reciprocidade entre as partes, extremamente valorizada em relações de cooperação.

Leitura complementar

OIKO, O. T. *Desenvolvimento de um sistema de informação para* benchmarking *e sua aplicação em arranjos produtivos locais*. 2007. Dissertação (Mestrado) – Escola de Engenharia de São Carlos, USP, São Carlos.

WELCH, S.; MANN, R. The development of a benchmarking and performance improvement resource. *Benchmarking: An International Journal*, Bradford, v. 8, nº 5, p. 431-452, 2001.

ZAIRI, M. *Benchmarking for best practice*. Butterworth-Heineman, 1998.

Questões

1. Como a prática de *bechmarking* pode ser classificada?
2. Quais as etapas básicas de um estudo de *benchmarking*?
3. Quais as principais dificuldades na realização de um estudo de *benchmarking*?
4. Quais aspectos legais e éticos devem ser observados em um estudo de *benchmarking*?

Apêndice
Tabelas estatísticas

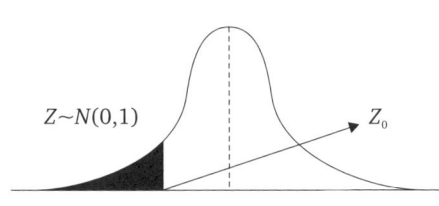

Tabela A $Pr[Z < Z_0]$

$Z \sim N(0,1)$

– 0.09	– 0.08	– 0.07	– 0.06	– 0.05	– 0.04	– 0.03	– 0.02	– 0.01	0	Z0
0.00003	0.00003	0.00004	0.00004	0.00004	0.00004	0.00004	0.00004	0.00005	0.00005	– 3.9
0.00005	0.00005	0.00005	0.00006	0.00006	0.00006	0.00006	0.00007	0.00007	0.00007	– 3.8
0.00008	0.00008	0.00008	0.00008	0.00009	0.00009	0.00010	0.00010	0.00010	0.00011	– 3.7
0.00011	0.00012	0.00012	0.00013	0.00013	0.00014	0.00014	0.00015	0.00015	0.00016	– 3.6
0.00017	0.00017	0.00018	0.00019	0.00019	0.00020	0.00021	0.00022	0.00022	0.00023	– 3.5
0.00024	0.00025	0.00026	0.00027	0.00028	0.00029	0.00030	0.00031	0.00032	0.00034	– 3.4
0.00035	0.00036	0.00038	0.00039	0.00040	0.00042	0.00043	0.00045	0.00047	0.00048	– 3.3
0.00050	0.00052	0.00054	0.00056	0.00058	0.00060	0.00062	0.00064	0.00066	0.00069	– 3.2
0.00071	0.00074	0.00076	0.00079	0.00082	0.00084	0.00087	0.00090	0.00094	0.00097	– 3.1
0.00100	0.00104	0.00107	0.00111	0.00114	0.00118	0.00122	0.00126	0.00131	0.00135	– 3
0.00139	0.00144	0.00149	0.00154	0.00159	0.00164	0.00169	0.00175	0.00181	0.00187	– 2.9
0.00193	0.00199	0.00205	0.00212	0.00219	0.00226	0.00233	0.00240	0.00248	0.00256	– 2.8
0.00264	0.00272	0.00280	0.00289	0.00298	0.00307	0.00317	0.00326	0.00336	0.00347	– 2.7
0.00357	0.00368	0.00379	0.00391	0.00402	0.00415	0.00427	0.00440	0.00453	0.00466	– 2.6
0.00480	0.00494	0.00508	0.00523	0.00539	0.00554	0.00570	0.00587	0.00604	0.00621	– 2.5
0.00639	0.00657	0.00676	0.00695	0.00714	0.00734	0.00755	0.00776	0.00798	0.00820	– 2.4
0.00842	0.00866	0.00889	0.00914	0.00939	0.00964	0.00990	0.01017	0.01044	0.01072	– 2.3
0.01101	0.01130	0.01160	0.01191	0.01222	0.01255	0.01287	0.01321	0.01355	0.01390	– 2.2
0.01426	0.01463	0.01500	0.01539	0.01578	0.01618	0.01659	0.01700	0.01743	0.01786	– 2.1
0.01831	0.01876	0.01923	0.01970	0.02018	0.02068	0.02118	0.02169	0.02222	0.02275	– 2

− 0.09	− 0.08	− 0.07	− 0.06	− 0.05	− 0.04	− 0.03	− 0.02	− 0.01	0	Z0
0.02330	0.02385	0.02442	0.02500	0.02559	0.02619	0.02680	0.02743	0.02807	0.02872	− 1.9
0.02938	0.03005	0.03074	0.03144	0.03216	0.03288	0.03362	0.03438	0.03515	0.03593	− 1.8
0.03673	0.03754	0.03836	0.03920	0.04006	0.04093	0.04182	0.04272	0.04363	0.04457	− 1.7
0.04551	0.04648	0.04746	0.04846	0.04947	0.05050	0.05155	0.05262	0.05370	0.05480	− 1.6
0.05592	0.05705	0.05821	0.05938	0.06057	0.06178	0.06301	0.06426	0.06552	0.06681	− 1.5
0.06811	0.06944	0.07078	0.07215	0.07353	0.07493	0.07636	0.07780	0.07927	0.08076	− 1.4
0.08226	0.08379	0.08534	0.08692	0.08851	0.09012	0.09176	0.09342	0.09510	0.09680	− 1.3
0.09853	0.10027	0.10204	0.10383	0.10565	0.10749	0.10935	0.11123	0.11314	0.11507	− 1.2
0.11702	0.11900	0.12100	0.12302	0.12507	0.12714	0.12924	0.13136	0.13350	0.13567	− 1.1
0.13786	0.14007	0.14231	0.14457	0.14686	0.14917	0.15151	0.15386	0.15625	0.15866	− 1
0.16109	0.16354	0.16602	0.16853	0.17106	0.17361	0.17619	0.17879	0.18141	0.18406	− 0.9
0.18673	0.18943	0.19215	0.19489	0.19766	0.20045	0.20327	0.20611	0.20897	0.21186	− 0.8
0.21476	0.21770	0.22065	0.22363	0.22663	0.22965	0.23270	0.23576	0.23885	0.24196	− 0.7
0.24510	0.24825	0.25143	0.25463	0.25785	0.26109	0.26435	0.26763	0.27093	0.27425	− 0.6
0.27760	0.28096	0.28434	0.28774	0.29116	0.29460	0.29806	0.30153	0.30503	0.30854	− 0.5
0.31207	0.31561	0.31918	0.32276	0.32636	0.32997	0.33360	0.33724	0.34090	0.34458	− 0.4
0.34827	0.35197	0.35569	0.35942	0.36317	0.36693	0.37070	0.37448	0.37828	0.38209	− 0.3
0.38591	0.38974	0.39358	0.39743	0.40129	0.40517	0.40905	0.41294	0.41683	0.42074	− 0.2
0.42465	0.42858	0.43251	0.43644	0.44038	0.44433	0.44828	0.45224	0.45620	0.46017	− 0.1
0.46414	0.46812	0.47210	0.47608	0.48006	0.48405	0.48803	0.49202	0.49601	0.50000	0

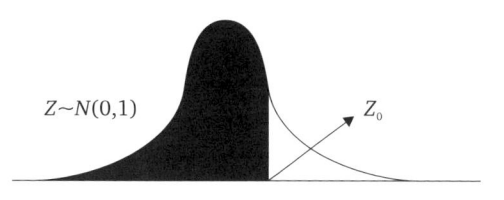

Tabela A $Pr[Z < Z_0]$

$Z \sim N(0,1)$

Z_0	0	0.01	0.02	0.03	0.04	0.05	0.06	0.07	0.08	0.09
0	0.50000	0.50399	0.50798	0.51197	0.51595	0.51994	0.52392	0.52790	0.53188	0.53586
0.1	0.53983	0.54380	0.54776	0.55172	0.55567	0.55962	0.56356	0.56749	0.57142	0.57535
0.2	0.57926	0.58317	0.58706	0.59095	0.59483	0.59871	0.60257	0.60642	0.61026	0.61409
0.3	0.61791	0.62172	0.62552	0.62930	0.63307	0.63683	0.64058	0.64431	0.64803	0.65173
0.4	0.65542	0.65910	0.66276	0.66640	0.67003	0.67364	0.67724	0.68082	0.68439	0.68793
0.5	0.69146	0.69497	0.69847	0.70194	0.70540	0.70884	0.71226	0.71566	0.71904	0.72240
0.6	0.72575	0.72907	0.73237	0.73565	0.73891	0.74215	0.74537	0.74857	0.75175	0.75490
0.7	0.75804	0.76115	0.76424	0.76730	0.77035	0.77337	0.77637	0.77935	0.78230	0.78524
0.8	0.78814	0.79103	0.79389	0.79673	0.79955	0.80234	0.80511	0.80785	0.81057	0.81327
0.9	0.81594	0.81859	0.82121	0.82381	0.82639	0.82894	0.83147	0.83398	0.83646	0.83891
1	0.84134	0.84375	0.84614	0.84849	0.85083	0.85314	0.85543	0.85769	0.85993	0.86214
1.1	0.86433	0.86650	0.86864	0.87076	0.87286	0.87493	0.87698	0.87900	0.88100	0.88298
1.2	0.88493	0.88686	0.88877	0.89065	0.89251	0.89435	0.89617	0.89796	0.89973	0.90147
1.3	0.90320	0.90490	0.90658	0.90824	0.90988	0.91149	0.91308	0.91466	0.91621	0.91774
1.4	0.91924	0.92073	0.92220	0.92364	0.92507	0.92647	0.92785	0.92922	0.93056	0.93189
1.5	0.93319	0.93448	0.93574	0.93699	0.93822	0.93943	0.94062	0.94179	0.94295	0.94408
1.6	0.94520	0.94630	0.94738	0.94845	0.94950	0.95053	0.95154	0.95254	0.95352	0.95449
1.7	0.95543	0.95637	0.95728	0.95818	0.95907	0.95994	0.96080	0.96164	0.96246	0.96327
1.8	0.96407	0.96485	0.96562	0.96638	0.96712	0.96784	0.96856	0.96926	0.96995	0.97062
1.9	0.97128	0.97193	0.97257	0.97320	0.97381	0.97441	0.97500	0.97558	0.97615	0.97670
2	0.97725	0.97778	0.97831	0.97882	0.97932	0.97982	0.98030	0.98077	0.98124	0.98169
2.1	0.98214	0.98257	0.98300	0.98341	0.98382	0.98422	0.98461	0.98500	0.98537	0.98574
2.2	0.98610	0.98645	0.98679	0.98713	0.98745	0.98778	0.98809	0.98840	0.98870	0.98899
2.3	0.98928	0.98956	0.98983	0.99010	0.99036	0.99061	0.99086	0.99111	0.99134	0.99158
2.4	0.99180	0.99202	0.99224	0.99245	0.99266	0.99286	0.99305	0.99324	0.99343	0.99361
2.5	0.99379	0.99396	0.99413	0.99430	0.99446	0.99461	0.99477	0.99492	0.99506	0.99520
2.6	0.99534	0.99547	0.99560	0.99573	0.99585	0.99598	0.99609	0.99621	0.99632	0.99643
2.7	0.99653	0.99664	0.99674	0.99683	0.99693	0.99702	0.99711	0.99720	0.99728	0.99736
2.8	0.99952	0.99952	0.99953	0.99954	0.99954	0.99955	0.99956	0.99956	0.99957	0.99957
2.9	0.99813	0.99819	0.99825	0.99831	0.99836	0.99841	0.99846	0.99851	0.99856	0.99861
3	0.99865	0.99869	0.99874	0.99878	0.99882	0.99886	0.99889	0.99893	0.99896	0.99900
3.1	0.99903	0.99906	0.99910	0.99913	0.99916	0.99918	0.99921	0.99924	0.99926	0.99929
3.2	0.99931	0.99934	0.99936	0.99938	0.99940	0.99942	0.99944	0.99946	0.99948	0.99950
3.3	0.99952	0.99953	0.99955	0.99957	0.99958	0.99960	0.99961	0.99962	0.99964	0.99965
3.4	0.99966	0.99968	0.99969	0.99970	0.99971	0.99972	0.99973	0.99974	0.99975	0.99976
3.5	0.99977	0.99978	0.99978	0.99979	0.99980	0.99981	0.99981	0.99982	0.99983	0.99983
3.6	0.99984	0.99985	0.99985	0.99986	0.99986	0.99987	0.99987	0.99988	0.99988	0.99989
3.7	0.99989	0.99990	0.99990	0.99990	0.99991	0.99991	0.99992	0.99992	0.99992	0.99992
3.8	0.99993	0.99993	0.99993	0.99994	0.99994	0.99994	0.99994	0.99995	0.99995	0.99995
3.9	0.99995	0.99995	0.99996	0.99996	0.99996	0.99996	0.99996	0.99996	0.99997	0.99997

Tabela B Valores de t_0 ($P_r[|t_{\alpha/2,v}|>t_0]$)

Distribuição t de Student

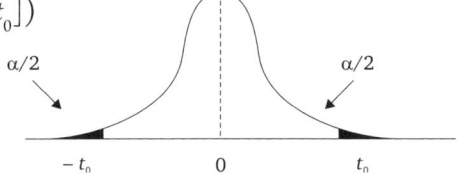

$v = n - 1$	α				
	0,10	0,05	0,01	0,005	0,001
1	6,314	12,706	63,656	127,321	636,578
2	2,920	4,303	9,925	14,089	31,600
3	2,353	3,182	5,841	7,453	12,924
4	2,132	2,776	4,604	5,598	8,610
5	2,015	2,571	4,032	4,773	6,869
6	1,943	2,447	3,707	4,317	5,959
7	1,895	2,365	3,499	4,029	5,408
8	1,860	2,306	3,355	3,833	5,041
9	1,833	2,262	3,250	3,690	4,781
10	1,812	2,228	3,169	3,581	4,587
11	1,796	2,201	3,106	3,497	4,437
12	1,782	2,179	3,055	3,428	4,318
13	1,771	2,160	3,012	3,372	4,221
14	1,761	2,145	2,977	3,326	4,140
15	1,753	2,131	2,947	3,286	4,073
16	1,746	2,120	2,921	3,252	4,015
17	1,740	2,110	2,898	3,222	3,965
18	1,734	2,101	2,878	3,197	3,922
19	1,729	2,093	2,861	3,174	3,883
20	1,725	2,086	2,845	3,153	3,850
21	1,721	2,080	2,831	3,135	3,819
22	1,717	2,074	2,819	3,119	3,792
23	1,714	2,069	2,807	3,104	3,768
24	1,711	2,064	2,797	3,091	3,745
25	1,708	2,060	2,787	3,078	3,725
26	1,706	2,056	2,779	3,067	3,707
27	1,703	2,052	2,771	3,057	3,689
28	1,701	2,048	2,763	3,047	3,674
29	1,699	2,045	2,756	3,038	3,660
30	1,697	2,042	2,750	3,030	3,646
40	1,684	2,021	2,704	2,971	3,551
60	1,671	2,000	2,660	2,915	3,460
∞	1,645	1,960	2,576	2,807	3,291

Tabela C Valores críticos de $F_{0.01, v_1, v_2}$

Graus de Liberdade do Numerador (v_1)

v_2 \ v_1	1	2	3	4	5	6	7	8	9	10	12	15	20	24	30	40	60	120	∞
1	4052	4999.5	5403	5625	5764	5859	5928	5982	6022	6056	6106	6157	6209	6235	6261	6287	6313	6339	6366
2	98.50	99.00	99.17	99.25	99.30	99.33	99.36	99.37	99.39	99.40	99.42	99.43	99.45	99.46	99.47	99.47	99.48	99.49	99.50
3	34.12	30.82	29.46	28.71	28.24	27.91	27.67	27.49	27.35	27.23	27.05	26.87	26.69	26.60	26.50	26.41	26.32	26.22	26.13
4	21.20	18.00	16.69	15.98	15.52	15.21	14.98	14.80	14.66	14.55	14.37	14.20	14.02	13.93	13.84	13.75	13.65	13.56	13.46
5	16.26	13.27	12.06	11.39	10.97	10.67	10.46	10.29	10.16	10.05	9.89	9.72	9.55	9.47	9.38	9.29	9.20	9.11	9.02
6	13.75	10.92	9.78	9.15	8.75	8.47	8.26	8.10	7.98	7.87	7.72	7.56	7.40	7.31	7.23	7.14	7.06	6.97	6.88
7	12.25	9.55	8.45	7.85	7.46	7.19	6.99	6.84	6.72	6.62	6.47	6.31	6.16	6.07	5.99	5.91	5.82	5.74	5.65
8	11.26	8.65	7.59	7.01	6.63	6.37	6.18	6.03	5.91	5.81	5.67	5.52	5.36	5.28	5.20	5.12	5.03	4.95	4.86
9	10.56	8.02	6.99	6.42	6.06	5.80	5.61	5.47	5.35	5.26	5.11	4.96	4.81	4.73	4.65	4.57	4.48	4.40	4.31
10	10.04	7.56	6.55	5.99	5.64	5.39	5.20	5.06	4.94	4.85	4.71	4.56	4.41	4.33	4.25	4.17	4.08	4.00	3.91
11	9.65	7.21	6.22	5.67	5.32	5.07	4.89	4.74	4.63	4.54	4.40	4.25	4.10	4.02	3.94	3.86	3.78	3.69	3.60
12	9.33	6.93	5.95	5.41	5.06	4.82	4.64	4.50	4.39	4.30	4.16	4.01	3.86	3.78	3.70	3.62	3.54	3.45	3.36
13	9.07	6.70	5.74	5.21	4.86	4.62	4.44	4.30	4.19	4.10	3.96	3.82	3.66	3.59	3.51	3.43	3.34	3.25	3.17
14	8.86	6.51	5.56	5.04	4.69	4.46	4.28	4.14	4.03	3.94	3.80	3.66	3.51	3.43	3.35	3.27	3.18	3.09	3.00
15	8.68	6.36	5.42	4.89	4.56	4.32	4.14	4.00	3.89	3.80	3.67	3.52	3.37	3.29	3.21	3.13	3.05	2.96	2.87
16	8.53	6.23	5.29	4.77	4.44	4.20	4.03	3.89	3.78	3.69	3.55	3.41	3.26	3.18	3.10	3.02	2.93	2.84	2.75
17	8.40	6.11	5.18	4.67	4.34	4.10	3.93	3.79	3.68	3.59	3.46	3.31	3.16	3.08	3.00	2.92	2.83	2.75	2.65
18	8.29	6.01	5.09	4.58	4.25	4.01	3.84	3.71	3.60	3.51	3.37	3.23	3.08	3.00	2.92	2.84	2.75	2.66	2.57
19	8.18	5.93	5.01	4.50	4.17	3.94	3.77	3.63	3.52	3.43	3.30	3.15	3.00	2.92	2.84	2.76	2.67	2.58	2.49
20	8.10	5.85	4.94	4.43	4.10	3.87	3.70	3.56	3.46	3.37	3.23	3.09	2.94	2.86	2.78	2.69	2.61	2.52	2.42
21	8.02	5.78	4.87	4.37	4.04	3.81	3.64	3.51	3.40	3.31	3.17	3.03	2.88	2.80	2.72	2.64	2.55	2.46	2.36
22	7.95	5.72	4.82	4.31	3.99	3.76	3.59	3.45	3.35	3.26	3.12	2.98	2.83	2.75	2.67	2.58	2.50	2.40	2.31
23	7.88	5.66	4.76	4.26	3.94	3.71	3.54	3.41	3.30	3.21	3.07	2.93	2.78	2.70	2.62	2.54	2.45	2.35	2.26
24	7.82	5.61	4.72	4.22	3.90	3.67	3.50	3.36	3.26	3.17	3.03	2.89	2.74	2.66	2.58	2.49	2.40	2.31	2.21
25	7.77	5.57	4.68	4.18	3.85	3.63	3.46	3.32	3.22	3.13	2.99	2.85	2.70	2.62	2.54	2.45	2.36	2.27	2.17
26	7.72	5.53	4.64	4.14	3.82	3.59	3.42	3.29	3.18	3.09	2.96	2.81	2.66	2.58	2.50	2.42	2.33	2.23	2.13
27	7.68	5.49	4.60	4.11	3.78	3.56	3.39	3.26	3.15	3.06	2.93	2.78	2.63	2.55	2.47	2.38	2.29	2.20	2.10
28	7.64	5.45	4.57	4.07	3.75	3.53	3.36	3.23	3.12	3.03	2.90	2.75	2.60	2.52	2.44	2.35	2.26	2.17	2.06
29	7.60	5.42	4.54	4.04	3.73	3.50	3.33	3.20	3.09	3.00	2.87	2.73	2.57	2.49	2.41	2.33	2.23	2.14	2.03
30	7.56	5.39	4.51	4.02	3.70	3.47	3.30	3.17	3.07	2.98	2.84	2.70	2.55	2.47	2.39	2.30	2.21	2.11	2.01
40	7.31	5.18	4.31	3.83	3.51	3.29	3.12	2.99	2.89	2.80	2.66	2.52	2.37	2.29	2.20	2.11	2.02	1.92	1.80
60	7.08	4.98	4.13	3.65	3.34	3.12	2.95	2.82	2.72	2.63	2.50	2.35	2.20	2.12	2.03	1.94	1.84	1.73	1.60
120	6.85	4.79	3.95	3.48	3.17	2.96	2.79	2.66	2.56	2.47	2.34	2.19	2.03	1.95	1.86	1.76	1.66	1.53	1.38
∞	6.63	4.61	3.78	3.32	3.02	2.80	2.64	2.51	2.41	2.32	2.18	2.04	1.88	1.79	1.70	1.59	1.47	1.32	1.00

Graus de liberdade do Denominador (v_2)

Tabela D Valores críticos de $F_{0.05, v_1, v_2}$

Graus de Liberdade do Numerador (v_1)

v_2 \ v_1	1	2	3	4	5	6	7	8	9	10	12	15	20	24	30	40	60	120	∞
1	161.4	199.5	215.7	224.6	230.2	234.0	236.8	238.9	240.5	241.9	243.9	245.9	248.0	249.1	250.1	251.1	252.2	253.3	254.3
2	18.51	19.00	19.16	19.25	19.30	19.33	19.35	19.37	19.38	19.40	19.41	19.43	19.45	19.45	19.46	19.47	19.48	19.49	19.50
3	10.13	9.55	9.28	9.12	9.01	8.94	8.89	8.85	8.81	8.79	8.74	8.70	8.66	8.64	8.62	8.59	8.57	8.55	8.53
4	7.71	6.94	6.59	6.39	6.26	6.16	6.09	6.04	6.00	5.96	5.91	5.86	5.80	5.77	5.75	5.72	5.69	5.66	5.63
5	6.61	5.79	5.41	5.19	5.05	4.95	4.88	4.82	4.77	4.74	4.68	4.62	4.56	4.53	4.50	4.46	4.43	4.40	4.36
6	5.99	5.14	4.76	4.53	4.39	4.28	4.21	4.15	4.10	4.06	4.00	3.94	3.87	3.84	3.81	3.77	3.74	3.70	3.67
7	5.59	4.74	4.35	4.12	3.97	3.87	3.79	3.73	3.68	3.64	3.57	3.51	3.44	3.41	3.38	3.34	3.30	3.27	3.23
8	5.32	4.46	4.07	3.84	3.69	3.58	3.50	3.44	3.39	3.35	3.28	3.22	3.15	3.12	3.08	3.04	3.01	2.97	2.93
9	5.12	4.26	3.86	3.63	3.48	3.37	3.29	3.23	3.18	3.14	3.07	3.01	2.94	2.90	2.86	2.83	2.79	2.75	2.71
10	4.96	4.10	3.71	3.48	3.33	3.22	3.14	3.07	3.02	2.98	2.91	2.85	2.77	2.74	2.70	2.66	2.62	2.58	2.54
11	4.84	3.98	3.59	3.36	3.20	3.09	3.01	2.95	2.90	2.85	2.79	2.72	2.65	2.61	2.57	2.53	2.49	2.45	2.40
12	4.75	3.89	3.49	3.26	3.11	3.00	2.91	2.85	2.80	2.75	2.69	2.62	2.54	2.51	2.47	2.43	2.38	2.34	2.30
13	4.67	3.81	3.41	3.18	3.03	2.92	2.83	2.77	2.71	2.67	2.60	2.53	2.46	2.42	2.38	2.34	2.30	2.25	2.21
14	4.60	3.74	3.34	3.11	2.96	2.85	2.76	2.70	2.65	2.60	2.53	2.46	2.39	2.35	2.31	2.27	2.22	2.18	2.13
15	4.54	3.68	3.29	3.06	2.90	2.79	2.71	2.64	2.59	2.54	2.48	2.40	2.33	2.29	2.25	2.20	2.16	2.11	2.07
16	4.49	3.63	3.24	3.01	2.85	2.74	2.66	2.59	2.54	2.49	2.42	2.35	2.28	2.24	2.19	2.15	2.11	2.06	2.01
17	4.45	3.59	3.20	2.96	2.81	2.70	2.61	2.55	2.49	2.45	2.38	2.31	2.23	2.19	2.15	2.10	2.06	2.01	1.96
18	4.41	3.55	3.16	2.93	2.77	2.66	2.58	2.51	2.46	2.41	2.34	2.27	2.19	2.15	2.11	2.06	2.02	1.97	1.92
19	4.38	3.52	3.13	2.90	2.74	2.63	2.54	2.48	2.42	2.38	2.31	2.23	2.16	2.11	2.07	2.03	1.98	1.93	1.88
20	4.35	3.49	3.10	2.87	2.71	2.60	2.51	2.45	2.39	2.35	2.28	2.20	2.12	2.08	2.04	1.99	1.95	1.90	1.84
21	4.32	3.47	3.07	2.84	2.68	2.57	2.49	2.42	2.37	2.32	2.25	2.18	2.10	2.05	2.01	1.96	1.92	1.87	1.81
22	4.30	3.44	3.05	2.82	2.66	2.55	2.46	2.40	2.34	2.30	2.23	2.15	2.07	2.03	1.98	1.94	1.89	1.84	1.78
23	4.28	3.42	3.03	2.80	2.64	2.53	2.44	2.37	2.32	2.27	2.20	2.13	2.05	2.01	1.96	1.91	1.86	1.81	1.76
24	4.26	3.40	3.01	2.78	2.62	2.51	2.42	2.36	2.30	2.25	2.18	2.11	2.03	1.98	1.94	1.89	1.84	1.79	1.73
25	4.24	3.39	2.99	2.76	2.60	2.49	2.40	2.34	2.28	2.24	2.16	2.09	2.01	1.96	1.92	1.87	1.82	1.77	1.71
26	4.23	3.37	2.98	2.74	2.59	2.47	2.39	2.32	2.27	2.22	2.15	2.07	1.99	1.95	1.90	1.85	1.80	1.75	1.69
27	4.21	3.35	2.96	2.73	2.57	2.46	2.37	2.31	2.25	2.20	2.13	2.06	1.97	1.93	1.88	1.84	1.79	1.73	1.67
28	4.20	3.34	2.95	2.71	2.56	2.45	2.36	2.29	2.24	2.19	2.12	2.04	1.96	1.91	1.87	1.82	1.77	1.71	1.65
29	4.18	3.33	2.93	2.70	2.55	2.43	2.35	2.28	2.22	2.18	2.10	2.03	1.94	1.90	1.85	1.81	1.75	1.70	1.64
30	4.17	3.32	2.92	2.69	2.53	2.42	2.33	2.27	2.21	2.16	2.09	2.01	1.93	1.89	1.84	1.79	1.74	1.68	1.62
40	4.08	3.23	2.84	2.61	2.45	2.34	2.25	2.18	2.12	2.08	2.00	1.92	1.84	1.79	1.74	1.69	1.64	1.58	1.51
60	4.00	3.15	2.76	2.53	2.37	2.25	2.17	2.10	2.04	1.99	1.92	1.84	1.75	1.70	1.65	1.59	1.53	1.47	1.39
120	3.92	3.07	2.68	2.45	2.29	2.17	2.09	2.02	1.96	1.91	1.83	1.75	1.66	1.61	1.55	1.55	1.43	1.35	1.25
∞	3.84	3.00	2.60	2.37	2.21	2.10	2.01	1.94	1.88	1.83	1.75	1.67	1.57	1.52	1.46	1.39	1.32	1.22	1.00

Graus de Liberdade do Denominador (v_2)

Tabela E Valores críticos de $F_{0.1, v_1, v_2}$

Graus de Liberdade do Numerador (v_1)

v_2 \ v_1	1	2	3	4	5	6	7	8	9	10	12	15	20	24	30	40	60	120	∞
1	39.86	49.50	53.59	55.83	57.24	58.20	58.91	59.44	59.86	60.19	60.71	61.22	61.74	62.00	62.26	62.53	62.79	63.06	63.33
2	8.53	9.00	9.16	9.24	9.29	9.33	9.35	9.37	9.38	9.39	9.41	9.42	9.44	9.45	9.46	9.47	9.47	9.48	9.49
3	5.54	5.46	5.39	5.34	5.31	5.28	5.27	5.25	5.24	5.23	5.22	5.20	5.18	5.18	5.17	5.16	5.15	5.14	5.13
4	4.54	4.32	4.19	4.11	4.05	4.01	3.98	3.95	3.94	3.92	3.90	3.87	3.84	3.83	3.82	3.80	3.79	3.78	3.76
5	4.06	3.78	3.62	3.52	3.45	3.40	3.37	3.34	3.32	3.30	3.27	3.24	3.21	3.19	3.17	3.16	3.14	3.12	3.10
6	3.78	3.46	3.29	3.18	3.11	3.05	3.01	2.98	2.96	2.94	2.90	2.87	2.84	2.82	2.80	2.78	2.76	2.74	2.72
7	3.59	3.26	3.07	2.96	2.88	2.83	2.78	2.75	2.72	2.70	2.67	2.63	2.59	2.58	2.56	2.54	2.51	2.49	2.47
8	3.46	3.11	2.92	2.81	2.73	2.67	2.62	2.59	2.56	2.54	2.50	2.46	2.42	2.40	2.38	2.36	2.34	2.32	2.29
9	3.36	3.01	2.81	2.69	2.61	2.55	2.51	2.47	2.44	2.42	2.38	2.34	2.30	2.28	2.25	2.23	2.21	2.18	2.16
10	3.29	2.92	2.73	2.61	2.52	2.46	2.41	2.38	2.35	2.32	2.28	2.24	2.20	2.18	2.16	2.13	2.11	2.08	2.06
11	3.23	2.86	2.66	2.54	2.45	2.39	2.34	2.30	2.27	2.25	2.21	2.17	2.12	2.10	2.08	2.05	2.03	2.00	1.97
12	3.18	2.81	2.61	2.48	2.39	2.33	2.28	2.24	2.21	2.19	2.15	2.10	2.06	2.04	2.01	1.99	1.96	1.93	1.90
13	3.14	2.76	2.56	2.43	2.35	2.28	2.23	2.20	2.16	2.14	2.10	2.05	2.01	1.98	1.96	1.93	1.90	1.88	1.85
14	3.10	2.73	2.52	2.39	2.31	2.24	2.19	2.15	2.12	2.10	2.05	2.01	1.96	1.94	1.91	1.89	1.86	1.83	1.80
15	3.07	2.70	2.49	2.36	2.27	2.21	2.16	2.12	2.09	2.06	2.02	1.97	1.92	1.90	1.87	1.85	1.82	1.79	1.76
16	3.05	2.67	2.46	2.33	2.24	2.18	2.13	2.09	2.06	2.03	1.99	1.94	1.89	1.87	1.84	1.81	1.78	1.75	1.72
17	3.03	2.64	2.44	2.31	2.22	2.15	2.10	2.06	2.03	2.00	1.96	1.91	1.86	1.84	1.81	1.78	1.75	1.72	1.69
18	3.01	2.62	2.42	2.29	2.20	2.13	2.08	2.04	2.00	1.98	1.93	1.89	1.84	1.81	1.78	1.75	1.72	1.69	1.66
19	2.99	2.61	2.40	2.27	2.18	2.11	2.06	2.02	1.98	1.96	1.91	1.86	1.81	1.79	1.76	1.73	1.70	1.67	1.63
20	2.97	2.59	2.38	2.25	2.16	2.09	2.04	2.00	1.96	1.94	1.89	1.84	1.79	1.77	1.74	1.71	1.68	1.64	1.61
21	2.96	2.57	2.36	2.23	2.14	2.08	2.02	1.98	1.95	1.92	1.87	1.83	1.78	1.75	1.72	1.69	1.66	1.62	1.59
22	2.95	2.56	2.35	2.22	2.13	2.06	2.01	1.97	1.93	1.90	1.86	1.81	1.76	1.73	1.70	1.67	1.64	1.60	1.57
23	2.94	2.55	2.34	2.21	2.11	2.05	1.99	1.95	1.92	1.89	1.84	1.80	1.74	1.72	1.69	1.66	1.62	1.59	1.55
24	2.93	2.54	2.33	2.19	2.10	2.04	1.98	1.94	1.91	1.88	1.83	1.78	1.73	1.70	1.67	1.64	1.61	1.57	1.53
25	2.92	2.53	2.32	2.18	2.09	2.02	1.97	1.93	1.89	1.87	1.82	1.77	1.72	1.69	1.66	1.63	1.59	1.56	1.52
26	2.91	2.52	2.31	2.17	2.08	2.01	1.96	1.92	1.88	1.86	1.81	1.76	1.71	1.68	1.65	1.61	1.58	1.54	1.50
27	2.90	2.51	2.30	2.17	2.07	2.00	1.95	1.91	1.87	1.85	1.80	1.75	1.70	1.67	1.64	1.60	1.57	1.53	1.49
28	2.89	2.50	2.29	2.16	2.06	2.00	1.94	1.90	1.87	1.84	1.79	1.74	1.69	1.66	1.63	1.59	1.56	1.52	1.48
29	2.89	2.50	2.28	2.15	2.06	1.99	1.93	1.89	1.86	1.83	1.78	1.73	1.68	1.65	1.62	1.58	1.55	1.51	1.47
30	2.88	2.49	2.28	2.14	2.03	1.98	1.93	1.88	1.85	1.82	1.77	1.72	1.67	1.64	1.61	1.57	1.54	1.50	1.46
40	2.84	2.44	2.23	2.09	2.00	1.93	1.87	1.83	1.79	1.76	1.71	1.66	1.61	1.57	1.54	1.51	1.47	1.42	1.38
60	2.79	2.39	2.18	2.04	1.95	1.87	1.82	1.77	1.74	1.71	1.66	1.60	1.54	1.51	1.48	1.44	1.40	1.35	1.29
120	2.75	2.35	2.13	1.99	1.90	1.82	1.77	1.72	1.68	1.65	1.60	1.55	1.48	1.45	1.41	1.37	1.32	1.26	1.19
∞	2.71	2.30	2.08	1.94	1.85	1.77	1.72	1.67	1.63	1.60	1.55	1.49	1.42	1.38	1.34	1.30	1.24	1.17	1.00

Graus de liberdade do Denominador (v_2)

Pré-impressão, impressão e acabamento

GRÁFICA SANTUÁRIO

grafica@editorasantuario.com.br
www.graficasantuario.com.br
Aparecida-SP

2019